专项职业能力考核培训教材

农村直播电商

中国国际电子商务中心　组织编写

编写人员

主　编：李　健　薄赋徭

副主编：曹原豪　邓武杰　吴中林　李恩伟　杨昌骏

参　编：马　焘　李　燕　魏春雷　黄　燕　沈　康
胡　璧　凌　飞　汪　银　蔡恒儿　康智伟
陶宇星

中国劳动社会保障出版社

图书在版编目（CIP）数据

农村直播电商 / 李健，薄赋徭主编. -- 北京：中国劳动社会保障出版社，2023
专项职业能力考核培训教材
ISBN 978-7-5167-5938-7

Ⅰ. ①农… Ⅱ. ①李…②薄… Ⅲ. ①农村 – 电子商务 – 网络营销 – 职业培训 – 教材
Ⅳ. ①F713.365.2

中国国家版本馆 CIP 数据核字（2023）第 107390 号

中国劳动社会保障出版社出版发行
（北京市惠新东街 1 号 邮政编码：100029）
*
北京市白帆印务有限公司印刷装订 新华书店经销

787 毫米 ×1092 毫米 16 开本 16 印张 331 千字
2023 年 8 月第 1 版 2023 年 8 月第 1 次印刷
定价：59.00 元

营销中心电话：400-606-6496
出版社网址：http://www.class.com.cn

前言

职业技能培训是全面提升劳动者就业创业能力、促进充分就业、提高就业质量的根本举措，是适应经济发展新常态、培育经济发展新动能、推进供给侧结构性改革的内在要求，对推动大众创业万众创新、推进制造强国建设、推动经济高质量发展具有重要意义。

为了加强职业技能培训，《国务院关于推行终身职业技能培训制度的意见》（国发〔2018〕11号）、《人力资源社会保障部　教育部　发展改革委　财政部关于印发“十四五”职业技能培训规划的通知》（人社部发〔2021〕102号）提出，要完善多元化评价方式，促进评价结果有机衔接，健全以职业资格评价、职业技能等级认定和专项职业能力考核等为主要内容的技能人才评价制度；要鼓励地方紧密结合乡村振兴、特色产业和非物质文化遗产传承项目等，组织开发专项职业能力考核项目。

专项职业能力是可就业的最小技能单元，劳动者经过培训掌握了专项职业能力后，意味着可以胜任相应岗位的工作。专项职业能力考核是对劳动者是否掌握专项职业能力所做出的客观评价，通过考核的人员可获得专项职业能力证书。

为配合专项职业能力考核工作，中国国际电子商务中心组织有关方面的专家编写了这套专项职业能力考核培训教材。该套教材严格按照专项职业能力考核规范编写，教材内容充分反映了专项职业能力考核规范中的核心知识点与技能点，较好地体现了科学性、适用性、先进性与前瞻性。相关行业和考核培训方面的专家参与了教材的编审工作，保证了教材内容与考核规范、题库的紧密衔接。为帮助读者更好地将所学知识与实际应用相结合，扫描书中的二维码可免费查看大型直播节企划与实施、农村直播电商的风险管控等拓展阅读内容。

专项职业能力考核培训教材突出了适应职业技能培训的特色，不但有助于读者通过考核，而且有助于读者真正掌握专项职业能力的知识与技能。

教材编写是一项探索性工作，由于时间紧迫，不足之处在所难免，欢迎各使用单位及读者对教材提出宝贵意见和建议，以便教材修订时补充更正。此外，由于直播平台的系统和规则不断升级与调整，请读者在学习的过程中要特别关注其变化。

目　录

培训任务 5 直播间布置与打造

培训任务 6 直播团队配置

培训任务 7 直播运营企划

培训任务 8 直播相关设置与技巧

培训任务 9 直播实施与场控

培训任务 10 直播订单处理与直播复盘

培训任务 1

认识农村直播电商

学习目标

1. 了解农村直播电商的基础知识及行业发展情况。
2. 找到自己在农村直播电商的职业和创业机会。

农村直播电商概述与发展历程

一、农村直播电商概述

近年来，随着数字经济的深入发展和5G时代的到来，在国家着力发展农村经济、聚焦解决“三农”问题与全面打赢脱贫攻坚战的大背景下，数字乡村建设取得了长足的发展。据商务大数据对重点电商平台监测显示，2022年全国农村网络零售额达2.17万亿元，同比增长3.6%，其中，农产品网络零售额达5 313.8亿元，同比增长9.2%。

科技的不断发展和社会的不断进步，使得许多农产品种植户“放下锄头、拿起鼠标”，开始学习利用自媒体、电商等平台进行网络直播销售，并形成了生产、供给、销售紧密衔接的产业链，农村直播电商已成为助力乡村振兴、带动农民致富的新引擎、新手段。

1. 农村直播电商的定义

农村直播电商是指在新媒体直播平台或具备直播功能的电商平台上，通过直播形式对农特产品及相关服务进行营销推广的商业行为。农村直播电商主要围绕乡村农特产品进行营销，也包括对民宿、民俗、农家乐、农业旅游等农文旅产业的推广，其实施主体一般为农业从业者及农业相关人员。

2. 电商平台发展

（1）传统电商平台。传统电商平台主要是通过互联网平台提供商品展示、交易、推广及相应的服务，具有代表性的传统电商平台有淘宝、天猫、京东、唯品会、拼多多等。传统电商平台入局电商直播的时间各不相同，详见表1–1。

表 1-1　传统电商平台入局直播电商时间表

平台名称	时间	事件
蘑菇街	2016 年 3 月	开始布局电商直播，自建电商直播小程序
淘宝、天猫	2016 年 4 月	上线直播功能
京东	2016 年 9 月	开始布局京东直播
唯品会	2019 年 3 月	开始与陌陌合作，开展电商直播
网易考拉	2019 年 8 月	上线直播模式
苏宁易购	2019 年 8 月	与快手打通，App 上线直播功能
拼多多	2019 年 11 月	上线直播功能

（2）社交媒体平台。社交媒体平台是指适合在移动状态和短时休闲状态下观看的、高频推送的社交或内容平台。平台内容往往具有多元化、广泛性的特点，涵盖了产品销售、知识分享、技能传授、幽默搞怪、时尚潮流、社会热点、街头采访、公益教育、广告创意、商业定制等不同主题。具有代表性的社交媒体平台有快手、抖音、腾讯、小红书等，其入局直播的时间亦不尽相同，详见表 1–2。

表 1–2　社交媒体平台入局直播电商时间表

平台名称	时间	事件
快手	2013 年 10 月	转型为短视频社交平台
	2016 年初	上线直播功能
	2018 年 6 月	上线“快手小店”，并与淘宝、有赞等合作
	2019 年 5 月	与拼多多合作
	2019 年 8—9 月	与苏宁合作
	2020 年 5 月	与京东达成战略合作
抖音	2016 年 9 月	短视频正式上线
	2018 年 2 月	上线直播功能
	2019 年 1 月	接入放心购商城
	2019 年 5 月	上线商品搜索功能
	2019 年 8—9 月	与唯品会合作
腾讯	2019 年 12 月	腾讯直播（微信直播）正式上线，其是腾讯面向微信生态的唯一官方支持的电商直播平台
	2020 年 6 月	微信视频号重点发力直播功能
	2022 年	微信视频号完善商业变现，吸引商家直播，规范内容生态
小红书	2019 年 11 月	推出“创作者 123 计划”，将推出互动直播平台
	2020 年 4 月	直播全部开放

二、农村直播电商的发展历程

1. 农村直播电商的初探期（2014—2016 年）

2014 年 7 月 14 日，财政部办公厅与商务部办公厅联合发布了《关于开展电子商务进农村综合示范的通知》，明确深入推动农村电子商务发展，核心内容是按照工业化、城镇化、信息化、农业现代化总体要求，以农村流通现代化为目标，以电子商务示范县建设为抓手，充分发挥市场与政府合力，有效调动中央和地方两个积极性，重点依托供销合作社、邮政以及大型龙头流通、电商企业，建设完善农村电子商务配送及综合服务网络，并探索建立有利于电子商务在农村发展的体制机制和政策体系，引领电子商务在农村更大范围推广和应用，促进农村现代市场体系进一步完善。以阿里巴巴、京东、苏宁为代表的诸多电商平台，以及一批专业的电子商务服务商纷纷借政策东风进军农村电商市场。农村直播电商进入初探期。

（1）初探期直播平台概况。随着 4G 网络和互联网应用技术的高速发展，直播行业在此期间呈现出百花齐放的局面。从 2014 年到 2016 年的短短三年间，国内接连涌现出 300 多家网络直播平台，直播用户数迅猛增长，直播市场呈现一片繁荣的景象。当时的直播内容多以娱乐、游戏为主，具有代表性的有 YY、花椒、映客、斗鱼、熊猫等平台。2016 年 3 月，蘑菇街开通直播购物功能，率先把直播引入了电商领域。随后，淘宝、京东也先后开通了直播功能，并接连发布直播达人扶持计划，大力发展直播电商。可以说，2016 年既是直播电商的元年，也是农村直播电商的起点。

（2）初探期主播概况。2014—2016 年，由于绝大多数直播平台都是以娱乐、游戏为主，因此，当时行业最大的特点就是网络主播的明星化趋势明显，迅速涌现出了一批知名的明星主播。此时，网络主播主要分为娱乐主播和游戏主播，“三农”主播仍处于孕育阶段。

2. 农村直播电商的成长期（2017—2019 年）

农村电商经过几年的摸索，很快将农产品上行作为发展的重要方向。农产品上行，简单来说就是将农村的土特产品进行标准化、商品化和品牌化打造之后销往城市，继而促进县域经济的发展。同时，越来越多的县域开始把发展电子商务作为推动全民创业、加快特色产业转型升级的重要载体，农村直播电商进入成长期。

在此期间，以微博、西瓜视频、快手等为代表的新媒体平台纷纷推出流量扶持计划，重点扶持“三农”领域的自媒体创作人。2018 年底，微博官方与某知名企业合作打造的“百县千红新农人计划”，计划在 100 个县域培养 1 000 名农民网红，让他们可以借助社交电商的优势，将当地的优质土特产品卖向全国，从而实现增收创富。

（1）成长期直播平台概况。从行业的竞争格局来看，直播电商行业逐渐形成“一超双雄”的局面，即淘宝直播作为超级领军者，抖音和快手双雄并起。2018 年，淘宝直播带货销售规模达到 1 000 亿元，占据当年 71.42% 的市场份额；2019 年，淘宝直播销售规模达到 2 000 亿元，占据当年 46.12% 的市场份额。抖音和快手均在 2018 年入局直播电商，并取得不俗的成绩，2019 年直播带货销售规模分别为 400 亿元和 1 000 亿元，分别占据当年 23.8% 和 9.5% 的市场份额。

在“2018 脱贫攻坚公益直播盛典”上，淘宝直播仅用 4 小时就帮助 50 个贫困县卖掉了超千万元的农产品。“这是来自百亩连片果园安徽砀山的梨膏，它用 20 ~ 30 斤的梨熬制而成，口感干净，喝完不黏腻，还具有润喉作用。”在活动现场，安徽省砀山县委常委、副县长化身主播，和淘宝网红主播共同通过直播推介砀山县特色农产品——砀山梨膏，通过电商平台助力脱贫。

农村直播电商向外界展现了一个充满活力的形象：既能承载消费者交流互动的渴望，满足消费者多元化需求；又能为农业企业和商户调控生产、备货及产品创新提供消费者洞察，最终为农产品上行提供优质的渠道出口，激活农业农村发展活力。

（2）成长期主播概况。头部主播是指礼物收益高、粉丝多的主播。据艾媒咨询（iiMedia Research）2018 年数据显示，按主播性别划分，男性头部主播和女性头部主播占比分别为 50.8% 和 49.2%，主播性别比例相近。按直播类型划分，43.3% 的头部主播为娱乐类主播，游戏主播和秀场主播也较受欢迎，占比分别为 27.3% 和 23.5%，此外，以直播带货为主的主播数量也呈现快速上涨趋势。2018 年中国在线直播平台头部主播类型分布如图 1–1 所示。

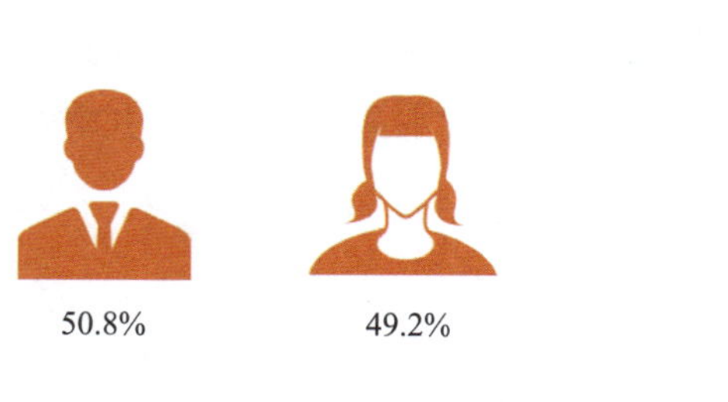

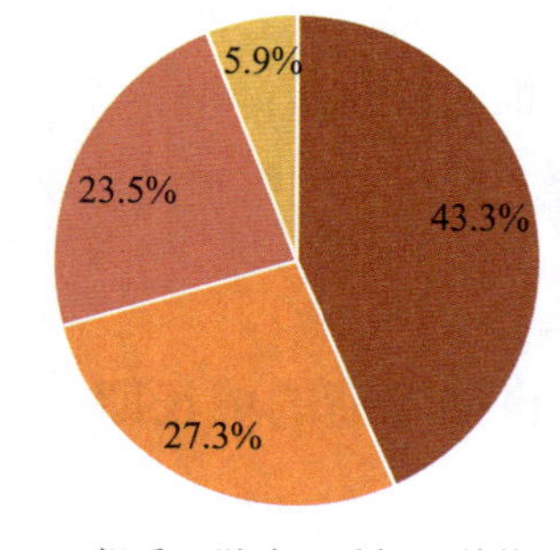

图 1–1　2018 年中国在线直播平台头部主播类型分布

3. 农村直播电商的爆发期（2020 年至今）

近年来，几乎所有传统电商平台、短视频平台、社交平台都在发力直播带货市场。截至 2022 年底，全国已有超过 11 万名农民进驻淘宝直播平台，从忙碌的农民摇身一变成为“三农”主播，淘宝直播平台上农产品相关的直播场次已达 230 万场，通过直播带动农产品销售超过 50 亿元，农村随处可见的田间、大棚、仓库、渔船都变成了“三农”主播们的直播间，农村直播电商由此迈进爆发期。

“三农”主播们不仅可以在直播间通过产品试吃、展示农产品种养殖过程、拍摄幽默搞笑段子等方式来吸引消费者下单购买，同时还可以借助网络直播来宣传推广家乡的风土人情、历史文化、旅游景点等，将更多消费者吸引到线下游玩体验，从而带动当地乡村旅游、农家乐、特色美食的发展，促进农民增收致富，助力农村产业融合升级。

（1）爆发期直播平台概况。2018 年以来，直播电商渗透的范围和领域越来越广泛、越来越深入，整个直播电商行业呈现出淘宝、抖音、快手三足鼎立的局面。根据亿欧智库数据显示，2018—2020 年直播电商头部企业 GMV（Gross Merchandise Volume，商品交易总额）规模如图 1–2 所示。

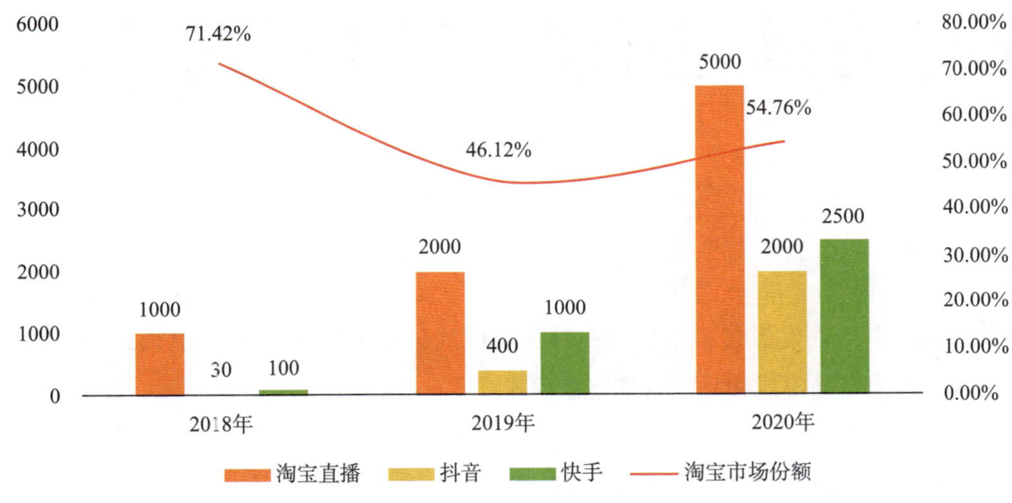

图 1–2　2018—2020 年直播电商头部企业 GMV 规模（亿元）

（2）爆发期主播概况。农村直播电商的主播们在镜头前用平实的口吻、接地气的语言，为自己的家乡、自己的产品代言，这些有想法、有闯劲、有能力的电商创业者们正在成为乡村振兴的生力军。据《快手“三农”生态报告》显示，2021 年，快手平台上“三农”兴趣用户超过 2.4 亿，新增“三农”原创短视频突破 2 亿条，“三农”创作者生产的短视频日均播放量超过 10 亿次，日均消费时长超过 900 小时，平均每 2.2 秒就有一场“三农”直播，直播日均观看时长超过 300 小时。但是，大多数农村“三农”主播目前仍然身处行业中下部，很多人仍在艰难摸索与试错，面临着巨大的流量焦虑。机遇与挑战永远共存，提升直播技能的本土化和专业化，将是农村“三农”主播未来最主要的核心竞争力。

学习单元 2

农村直播电商的典型模式

农村直播电商在发展过程中出现四种典型模式，分别是打造个人 IP 模式、直播电商基地模式、产地走播模式和品牌店铺直播模式。

一、打造个人 IP 模式

个人 IP 是由个人的形象、风格、优势、特点共同构成的标签定位。通俗来讲，就是当提到某人时，就知道其在哪个领域是值得信任的人，拥有高于常人的认知和价值。

主播的成长之路就是主播 IP 的形成之路。常见的个人 IP 类主播有两种，分别是专家类主播和达人类主播。

1. 专家类主播

专家类主播是指在某个领域的知识多于常人并成为该领域的意见领袖。作为农产品专家类主播，必须非常了解所销售农产品的营养价值、口感、种养植条件、储存方式、挑选技巧等知识，如销售小米，主播要了解小米的种类、不同种类小米的营养价值和口感、小米的烹饪方式等，当主播在直播间与粉丝分享这些专业的知识时，会逐渐建立起主播的专家形象，粉丝们会因信任主播而买单。

主播在讲解商品的过程中一定要传递有价值的、真实的、准确的信息，最好用通俗易懂且幽默的语言去讲解，更能增加粉丝的黏性。

案例

抖音里的某位“三农”主播现有 18 万粉丝，别看只有区区十几万粉丝，但他农产品的成交量要比很多拥有百万粉丝的网红主播还要高。那么他是如何做到的呢？

首先，他的形象非常朴实，给人一种踏实可信的感觉；其次，他通过质朴的语言为粉丝讲解水果的特点及口感，帮助粉丝了解如何分辨产品的优劣；最后，他会到不同的产区为粉丝挑选当季最新鲜、口感最好的农产品，有时候他也会通过短视频和直播讲一些自己的创业经历，聊一聊自己电商运营的思路和技巧。经过一段时间的积累，他的粉丝数量虽然不多，但却非常精准且活跃，直播间的转化率也非常高。

精准的专家类主播定位，不仅给他带来众多忠实的粉丝，而且帮助他降低了营销的成本，带来了可观的经济收益。

2. 达人类主播

达人类主播是指在网络购物领域具有一定影响力和号召力的意见领袖。他们与专家类主播专注于某一行业类别不同，其带货品种和范围更为广泛。达人类主播往往具有鲜明的直播风格，有的豪爽大气，有的亲和力很强，有的幽默感十足。需要注意的是，达人类主播切忌风格随性切换、飘忽不定。

案例

某位广西女主播在家人的支持下，于 2017 年 5 月开始尝试拍摄“三农”类短视频，并将其上传到短视频平台，内容主要以分享农村原生态生活及美食为主。炒菜做饭、爬树摘果、撒网捕鱼……丰富多彩的原生态生活场景展示，加上她爱说爱笑开朗的性格，很快吸引了不少用户的关注。同时，借助于近几年短视频平台对“三农”领域自媒体的流量扶持，其粉丝数量在 2018 年呈现爆发式的增长。截至目前，她的全网粉丝已超过 1 000 万，并在全国 20 多家知名电商平台开通了电商销售渠道，其视频的播放量超过 19.76 亿人次，培育发展加盟农产品基地 180 个。这也让她从一个月薪 3 000 元的普通农妇，成长为年入千万元的农民企业家。

可以毫不夸张地说，互联网改变了她的人生，她让更多普通人相信，只要你愿意，只要你坚持，你也可以创造出属于自己的奇迹。在这个社交媒体时代，人人都可以为自己代言，人人都可以打造属于自己的品牌，拥有自己的粉丝，在一定范围内施加自己的影响力，最终实现商业价值。

二、直播电商基地模式

直播电商基地是指以直播电商产业为主的创业孵化基地。基地以打造直播电商生态为主，为入驻的企业或直播团队提供场地、运营、物流、售后、供应链支持等全链条服务。

案例

2020 年 5 月 26 日，浙江省杭州市西湖区电商助农直播基地举办落成仪式，并同步举办首场直播。据了解，这是杭州首个电商助农直播基地，该直播基地的落成是“云上杭行”直播电商季在助农领域的重要尝试，也为杭州对口帮扶工作开辟了新渠道。

直播基地通过探索“电商 + 直播 + 创业”发展新模式，搭建电商直播技能提升平台、农产品展销平台、交流合作平台，结合线下场馆增强体验效果，更好地支持杭州市、西湖区的对口帮扶工作。“河南大蒜上线即售出 5 000 件，恩施小土豆限量 1 000 份秒被抢空，田园居初生蛋 6 000 枚 1 秒售罄……”这是该基地首场直播开播不久的成绩。

三、产地走播模式

产地走播是指主播走进商品原产地通过直播进行商品销售的行为。产地走播模式的优势是主播不用担心货源问题和库存压力。相对于室内直播而言，产地走播使消费者置身于真实场景中，能够更为全面和直观地了解商品，有效降低了购买的信任成本。土鸡、土鸡蛋、大龙虾、腊肉、芒果、榴莲……无论是自产自销还是产地直销，到产地买，性价比更高、产品品质也更令人放心。

案例

作为新兴的农产品出村进城路径，以“网红 + 电商 + 直播”为核心的直播带货模式正逐渐普及。某互联网公司推出了以百万现金扶持产地经纪人的助农计划，以专业培训、流量支持等手段为经纪人群体持续赋能，培育一批基于原产地的直播带货达人，开展优质农产品的产地直播，助力优质农产品产销对接。

该计划推出仅 1 年多的时间，就有超过 4 万名产地主播开通直播间，展示自己的风采。作为以采购商为主要买家群体的平台，通过直播产生的订单中，超过 15% 的订单单笔订单金额达到 1 000 元以上，约 5% 的订单单笔订单金额达到

10 000 元以上。产地经纪人是整个计划的核心，是真正的原产地优质产品代言人，他们以在产品品质、包装物流、服务售后等方面的专业积累，通过直播形式建立个人信誉，服务买家群体。直播卖货正成为大宗农产品上行的有效渠道。

四、品牌店铺直播模式

品牌店铺直播是指由品牌店铺自己的主播或品牌代言人等进行直播带货。直播时，主播可以按计划逐个介绍产品，也可以通过评论区互动，由消费者指定该店铺某款产品要求主播介绍。由于此类主播对品牌和产品非常熟悉且专业，因此，这种模式更容易使消费者对品牌和产品产生信任，直播间的转化率通常比较高，是农村直播电商非常重要的一种模式。

案例

"朗读者"普洱道道是"茶祖之乡"茶品牌的联合创始人，每次开直播她都以民族服装盛装打扮亲自上阵，而且她的直播内容设定非常丰富，有"珍藏普洱茶的编号和防伪技术""说班章、谈贺开""谈谈号级、印级、七子饼""普洱茶的拼配""普洱茶的仓储""普洱熟茶的魅力""古树茶发酵"……在普洱道道看来，不管是读书还是直播，都是想通过茶知识的分享认识更多的茶友，也想让新茶友能够了解原产地第一手的信息和咨询。除了干货直播，普洱道道每天近百份茶样的派发也增强了与粉丝的体验和互动，从线上互动到线下体验，环环相扣。虽然直播间没有特价商品大甩卖，但每天都会有几千元的销售额。

对于商家而言，品牌和店铺直播既有助于推动新用户的首次尝鲜消费，又可以将现有客户转化为长期客户，不断增强粉丝的黏性，增加店铺的复购率，让品牌和店铺越走越远。

学习单元 3

农村直播电商的机遇与挑战

2022 年 2 月 22 日，《中共中央 国务院关于做好 2022 年全面推进乡村振兴重点工作的意见》发布，指出实施“数商兴农”工程，推进电子商务进乡村。这一政策极大促进了农副产品直播带货规范健康发展。

一、发展农村直播电商的意义

1. 提升顾客信任度

直播购物能够为消费者提供一种与实体店类似的场景式购物体验，消费者可以在观看直播时获得有关产品的真实和详细信息，并实时向卖家提出问题，或与其他观看者沟通。对于农村直播电商而言，消费者还可以通过直播看到农特产品的品质。因此，农村直播电商通过商家的实时展示和互动，能在一定程度上增强消费者对农特产品的信任感。

2. 促进农产品销售

利用网络直播促进农产品销售已经成为了新潮流、新亮点，不仅是农产品营销的创新，还弥补了传统农产品营销的“短板”，对于缓解农产品滞销、助力产业发展和促进农民增收都发挥了积极的作用。特别是 2020 年以来，全国上万间的蔬菜大棚瞬间变成了直播间，市长、县长、乡（镇）长纷纷带货，有的网红也帮忙带货，让直播成为“新农活”，为农产品的销售找到了新的出路。

3. 缩短交易中间环节

大部分农产品销售都存在物流成本高、储存和运输过程中会有损耗等问题。因此，缩短中间流通环节更有利于农产品的销售。农村直播电商是从直播现场发起购买，通过直播使农户直接对接消费者，保证产品能够从产地直接运送到消费者手中，减少了中间的流通环节。

4. 带动农民创业就业

农村创业创新是增加农民就业和收入、繁荣乡村产业的重要途径。2020 年，淘宝联合《中国青年报》发布的《淘宝“新农人”主播报告》显示，淘宝直播上的“新农人”主播已经超过 10 万名，足迹遍布了全国 2 000 多个区县。“新农人”主播，带动了电商运营、客服、打包发货等大量农村新型就业岗位的兴起，也为种植、物流等产业链上下游创造了更多机会。据调研发现，1 位农民开通直播，就能帮村里 10 位乡亲一起就业致富。

二、适合开展农村直播电商的群体

长期以来，农村中青年、优质人才持续外流，人才总量不足、结构失衡、素质偏低、老龄化严重等问题较为突出，农村人才总体发展水平与农村直播电商的要求之间还存在较大差距。进入新发展阶段，全面推进农村直播电商，加快农业农村现代化，解决农村人才供求矛盾，就显得至关重要。

那么，哪些群体更适合开展农村直播电商呢？主要包括以下四类：

1. 有一定知识储备的“新农人”

“新农人”在从事农村直播电商的群体中占比较大，他们自身具有农产品知识储备，了解农产品的特性，并能通过产地直播的方式比较直观地向消费者展示农产品的特性。但大部分“新农人”在电商职业素养方面比较欠缺，为他们开展直播电商带来了一定的局限性。如直播的后期配套服务，包括对产品的打包、发货、售后等电商运营常见环节的把控，往往成为“新农人”开展直播电商的一大难题。

2. 传统电商平台从业者

传统电商是指通过在淘宝、京东等电商平台设立店铺进行商品销售的电商模式。近年来，一些从事过传统电商的人员加入到农村直播电商，促进了传统电商的销售品类升级。这类人员往往具备较好的电商职业素养，对网购消费者有较为深入的认识，同时熟悉电商运营的各流程与环节，因此在进入农村直播电商时具有相对优势。但是，他们面临着传统电商与农村直播电商运营技巧存在差异，需要快速提升农产品知识等问题。

3. 直播电商机构主播及运营人员

直播电商机构是指以培养直播电商人才并通过直播带货实现营收的新型电商企业。这类机构中的主播及运营人员熟悉直播电商模式，掌握直播流程及技巧，具有比较丰富的直播带货经验等，进入农村直播电商具有一定优势。但在主播 IP 重新塑造、农产品供应链整合、农村电商运营特点等方面，仍需完善。

4. 有志于农村直播电商的其他人员

一些非电商从业人员，通过业余时间或全职方式，从事农村直播电商。如某农产品主播，目前粉丝数量超过 7 万人，一场直播的观看量少则过千，多则上万。这类人员在从事农村直播电商初期较难入门，因为他们大多数没有从事电商的经验，且需要较大资金储备，才能承担在一段时间内极有可能遇到的无收入压力。

三、农村直播电商的市场机遇

2020 年以来，人们的消费方式和生活习惯发生了很大的变化，线上购物与线下门店购物之间，人们更倾向于线上购物。这也为农村直播电商的爆发奠定了庞大的用户群体基础。

农村直播电商的爆发是互利共赢的，无论是对互联网直播的运营发展，还是对农副产品、生鲜产品的销售都有明显的益处。

1. 国家政策支持

2020 年，农业农村部、中央网络安全和信息化委员会办公室印发的《数字农业农村发展规划（2019—2025 年）》（以下简称《规划》），对新时期推进数字农业农村建设做出明确部署。《规划》明确的五项主要任务包括构建基础数据资源体系、加快生产经营数字化改造、推进管理服务数字化转型、强化关键技术装备创新、加强重大工程设施建设等。

现在，用直播形式经营农村电商的“新农人”，通过系统培训和自我实践，已经从原来的“网络经营门外汉”成为如今的“新晋农民网红”，这背后体现的是国家宏观政策的支持和对农业农村发展的殷切期望。

2022 年 8 月，中国互联网络信息中心发布的第 50 次《中国互联网络发展状况统计报告》显示，截至 2022 年 6 月，我国农村网民规模达 2.93 亿人；2022 年上半年，我国农村网络零售和农产品网络零售分别同比增长 2.5% 和 11.2%。农村电商有效助力乡村振兴，成为巩固拓展脱贫攻坚成果的重要手段。

2. 产品渠道透明

直播形式下的农村电商与其他农村电商的最大区别，是直播能够使消费者实时在线感

知产品的外观、特点、质量等，产品展示更真实，更能得到消费者的信任。很多“新农人”会全天直播，直播的地点就在农田里、大棚里，或者某个农产品仓库，消费者可以看到农产品的状态，随时下单，随时装配。有时，“新农人”们还会直播农产品包装、流通加工、运输的全过程，使消费者感到既安全又可靠。

3. 增效降本显著

传统的农产品外销常常会经过几级分销商，不仅提高了农产品的流通成本和终端售价，还延长了道路运输和存储时间，增大了货损。而直播形式下的农村电商，略掉了中间分销商的环节，农户直接与消费者接触，缩短了供应链的长度，提升了反应速度，不仅使消费者的消费体验得到了提升，农产品供应链的运输成本也得到了相应的改善，提高了运输和响应效率。

四、农村直播电商的践行挑战

农村直播电商的高速发展，对于农产品销售和农村经济赋能的帮助十分明显。与此同时，也面临着各类困难与挑战。

1. 农村主播职业素养亟待提升

农村直播电商发展迅速，但尚未形成成熟稳定的运营模式。随着不同背景、不同知识储备、不同风格的人群大量涌入，农村电商直播也出现了不少市场乱象，如语言不够精练、描述夸大、讲解不够清晰流畅、直播场控力弱等。

主播作为农村直播电商的骨干人员，需要更加专业的职业素养，如对产品知识的快速学习能力、丰富且极具个性的语言表达能力、直播间气氛活跃技能、自信饱满的精神状态、应对突发状况的应变能力等。这需要通过专业培训和共创去提升，同时也需要依赖良好的农村直播电商生态。

2. 缺少专业电商直播团队

一场好的直播不是主播一个人就能完成的，随着直播带货越来越火爆，更多的是拼团队和供应链，一个主播再优秀，也需要团队的合作才能长久发展。因此，一个完整高效的直播团队尤其重要，直播运营团队常见的标配岗位有统筹、导播、主播 / 副播、客服、设计等。目前，农村直播电商领域中，很多主播仍然处于单打独斗的状态，缺少直播团队的配合与支持。

3. 农产品品控和品牌问题突出

（1）农产品标准化。农产品标准化问题一直困扰着我国农业的发展，也在一定程度上阻碍了农村直播电商的发展。标准化即同一级别的农产品指标基本相同。以生鲜水果为例，我国由于农产品标准缺乏、种植成本高及种植技术差异等诸多方面的原因，导致农产品生鲜水果等品质通常都是参差不齐，最常见的非标准化表现为：

1）大小、重量、色泽不一。

2）外观损伤，包括挤压伤、划伤等外界伤害，发霉、冻伤、腐烂等生理伤害，以及包装和保鲜剂等造成的化学伤害。

3）口味不稳定。

标准化除了能避免上述问题以外，还可以使农产品更受欢迎、价值更高，让直播间的用户更有购买信心。标准化是农村直播电商助推农产品上行的重要基础。

（2）农产品品牌化。随着人们生活水平的提高，广大消费者对于品牌的重视程度与日俱增，社会消费已进入“品牌时代”。品牌化农产品代表着信赖、安全和高品质，也更有利于农村直播电商的销售提升。有代表性的品牌化农产品有的以区域划分，如涌泉蜜橘、五常大米、新疆阿克苏的水果等；有的以名人 IP（知识产权）打造品牌化农产品，如褚时健打造的“励志橙”、谢霆锋创立的“锋味”等。农产品的品牌化营销体系，不仅涉及农产品的销售环节，还涉及产品的种植、加工、包装、渠道、物流、销售、售后等各个方面。目前，我国农产品的品牌化建设，仍然处于初级阶段。

4. 农产品供应链遭遇挑战

农产品供应链是指以生鲜农产品为对象，以企业或组织为核心，从生鲜农产品的生产环节开始，直至到达消费者这一环节所构成的功能性网链结构。在农村直播电商领域，主要存在产品质量参差不齐、价格没有竞争力、物流配送速度慢、运输途中损耗大等问题。

从根本上分析，引起这些问题的原因主要是由于农村直播电商供应链在产品采购、信息发布、库存管理及物流配送等方面不到位。因此，需要对农产品供应链进行改革优化，主要有采购环节管理的优化、农产品信息管理优化、农产品库存优化及农产品生产完成以后的物流管理优化等，以支撑农村直播电商的快速发展。

5. 直播人才培养与培训体系缺乏

目前农村直播电商的销售规模不断壮大，主播人才需求存在大量缺口，人才培养与培训体系相对缺乏成为制约农村直播电商发展的重要因素之一。

提高农村直播电商人才培养和培训效果的关键点是本地化、体系化和实效性。

（1）本地化。本地化培养的关键是师资本地化。可通过以下方式进行本地化直播师资的培养：

1）组织当地适合的年轻人、网商从业者及当地培训机构讲师，外出接受专业的培训，转型成为本地农村直播电商讲师。

2）将本地高校、职业院校的教师经专业学习或培训后转化为农村直播电商讲师。

3）鼓励本地优秀农村直播电商从业者积极开展“传帮带”，从自己做到教别人做，从

直播机构到直播导师。

（2）体系化。本地化培养需要体系化支撑。体系化培育人才需要设计系统的培训方案及课程，针对不同人群开展不同内容和形式的培训，根据需要采用线上与线下培训相结合的方式，建立多种形式、常态化的人才培养体系。

（3）实效性。人才培养不仅要注重本地化和系统化，还要注重实效性。目前，很多县域开展了不同形式的培训，人力、资金投入不少，效果却不理想。其主要原因是培训无实效，或者时间安排过于分散。因此，农村直播电商人才培养一定要从简单的授课培训转向实战培育，边学边做，从注重培训数量和人次转向为注重“转化率”和“实效性”。

五、农村直播电商的发展

在“万物皆可播”的直播时代，直播电商已经渗透到各行各业，且其发展趋势还在不断上升。据中国国际贸易促进委员会研究院发布的《2022 年中国电子商务发展趋势报告：电子商务在经济高质量发展中的重要作用》显示，以直播电商为代表的电子商务新模式迭代加速，截至 2022 年 6 月，中国电商直播用户规模为 4.69 亿，较 2020 年 3 月增长 2.04 亿，占网民整体数量的 44.6%。农村直播电商的发展，主要呈现出以下趋势：

1. 直播产品的发展趋势

（1）产品和主播的定位越来越明确。产品和主播标签的绑定是农村直播电商发展的必然结果。对于消费者来说，主播所属的品类标签化，既方便了消费者的网络选购，也有利于主播的长久发展。

（2）直播内容更加倾向于产品体验。农村直播电商的快速发展离不开良好的产品体验，对产品的直观感受是影响消费者购买产品的重要因素之一。因此，农村直播电商越来越注重对产品体验的把控。

（3）产品的选择更加倾向于目标用户。随着流量成本开始变大，主播对自己带货目标人群的锁定将成为必做的工作。只有锁定目标用户，分析目标用户的需求，从而加大相关产品的选择和开发，才能够在农村直播电商市场中长久发展。

2. 产品的供应趋势

目前，农村直播电商领域的产品供应还不规范，一些主播由于没有稳定合作的供应商，推荐的商品价格低廉但是质量堪忧。而拥有供应链管理能力的头部 MCN 机构（帮助签约达人进行内容持续输出和变现的公司）可以通过粉丝数据直接了解客户的需求，从而反馈给原产地或供应商，根据客户的实际需要及数量供应产品。这种 C2M（顾客对工厂）订单模式确保了商品的供应，也使得商品更贴近消费者需求。因此，C2M 订单模式将成为农村直播电商的重要组成形式。

3. 主播职业化趋势

2020年，人力资源社会保障部联合市场监管总局、国家统计局发布了互联网营销师等一批新职业和直播销售员等5个工种，同时，主播持证上岗在多个城市开始推进，农村直播电商日趋规范化。另外，随着垂直场景的拓展，一些细分领域行业协会可能会要求主播必须持证上岗，持证上岗是行业规范化运营的重要基础之一。

实训操作

实训主题： 为家乡的直播电商发展出谋划策。

实训目标： 通过对培训任务一课程的学习，能够分析自己家乡发展农村直播电商所存在的问题，并构思出解决方案。

实训流程和要求：

任务一 发现问题

时长	流程和要求	注意事项
10分钟	小组讨论：分析家乡直播电商现存哪些问题	
10分钟	小组讨论：找出解决问题的途径及方法	

任务二 现场阐述

时长	流程和要求	注意事项
5分钟	现场阐述自己的观点	
5分钟	教师点评和指导	

实训心得：

____

____

____

____

培训任务 2

“三农”主播的塑造与养成

学习目标

1. 根据“三农”主播塑造与养成的要点及步骤，结合自身情况，设计主播能力提升方案。

2. 依据主播定位的工作表格，打造高辨识度、可持续优化的“三农”主播人设。

3. 在确定主播人设的基础上，提升直播带货的销售、控场等基本知识技能。

“三农”主播的基本要求

随着直播平台技术的发展，开通直播越来越便捷，很多人误以为做主播是件容易的事，“不就开通账号，给大家看怎么种地、养猪、干农活吗？”可一旦开播就会发现，有太多的问题没有办法解决，如直播间没有人气、留不住人、气氛尴尬冷场、产品卖不掉、突然被平台处罚等。“三农”主播作为一个刚刚兴起的职业岗位，和其他大多数职业岗位一样，都有其基本要求和行业规范。

一、较好的信息表达能力

信息表达能力是主播必备的基本素质之一。“三农”主播在直播间介绍农产品、当地农业特色等时，通常是边说边做，所以单凭口述是不够的，还需要配合情绪和动作，这样才能有效提升直播现场的感染力，继而引发观众的购买欲望。直播过程中，主播还需要不断回答观众提问，并提供相关建议，因此，临场发挥的功底也非常重要。

1. 语言表达能力

想成为一名专业的“三农”主播，需要坚持做好以下三件事情：

（1）训练自己的结构化思维。结构化思维是从无序到有序的思考过程，将收集到的信息、数据、知识等素材按一定的逻辑进行归总，使烦杂的问题简单化，从而让我们的大脑更快速、更有效地处理信息，结构化思维的结果通常是形成框架结构信息输出。

对比下面两个直播开场话术文案：

开场话术文案 1：……今天晚上给大家带来我们本地土生土长的原生态农产品，有芹菜、水蜜桃、白菜、苹果、黑猪肉、芦蒿、草鸡蛋……

开场话术文案 2：……今天晚上给大家带来我们本地土生土长的原生态农产品，有新鲜的蔬菜——芹菜、白菜、芦蒿，有新鲜的水果——水蜜桃、苹果，还有农户自家散养的畜牧蛋禽——黑猪肉、草鸡蛋……

可见，开场话术文案 2 将所有农产品做了归类，如图 2–1 所示，思路更清晰，更容易给观众留下深刻印象。

图 2–1 开场话术文案 2 的归类法

再如，我们要推荐一款优质农产品，可以如图 2–2 所示做一张结构化思维导图，并填写相关信息，使产品信息更清晰。

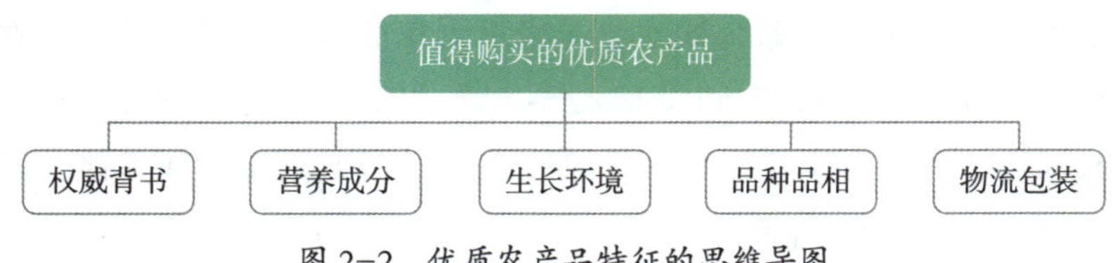

图 2–2 优质农产品特征的思维导图

（2）加强素材收集和整理。初入农村直播电商领域，应常向专业主播学习，既可以帮助自己不断优化思路，又可以了解到各种不同类型直播的特征，梳理出不同类型直播的结构和相关语言表达方式。“三农”直播案例的信息收集渠道见表 2–1。

表 2–1 “三农”直播案例的信息收集渠道

直播案例信息收集渠道	入口	渠道特征
淘宝直播	打开“淘宝直播”App 或打开“淘宝”App 后点击“淘宝直播”，搜索相关主播或产品	1. 搜索某产品，可以看到“好货正在播”，在榜的直播都是比较专业的主播 2. 可以看直播回放
抖音	打开“抖音”App，搜索相关账号	1. 很多头部主播会做直播切片视频，有较大的研究价值 2. 根据点赞、关注、收藏及观看时长，系统会自动推送用户感兴趣的内容。一段时间下来，会发现很多定向研究的、相关度高的账号 3. 不能看直播回放

续表

直播案例信息收集渠道	入口	渠道特征
快手	打开“快手”App，搜索相关账号，或关注同城同领域账号	1. 很多头部主播会做直播切片视频，有较大的研究价值 2. 根据关注、发现和同城，系统会自动推送相关度高的内容。一段时间下来，会刷到很多定向研究的相关账号 3. 不能看直播回放
视频号直播	打开微信小程序，在“发现”栏找到“直播”	1. 观看直播无须下载 App 2. 可看直播回放

在研究不同主播的过程中，一定要按结构化思维导图做好笔记，横向和纵向两个维度同步记录：横向根据直播节奏做思维框架，如开场、聚人、留客、产品推荐，纵向要对每一个环节做深入挖掘。产品推荐环节结构化思维导图如图 2-3 所示，主播如何激发观众购买欲望、如何获取观众信任、如何引导观众下单等，经过一段时间的素材整理，就可以总结出直播销售的话术逻辑，继而形成自己的语言风格。

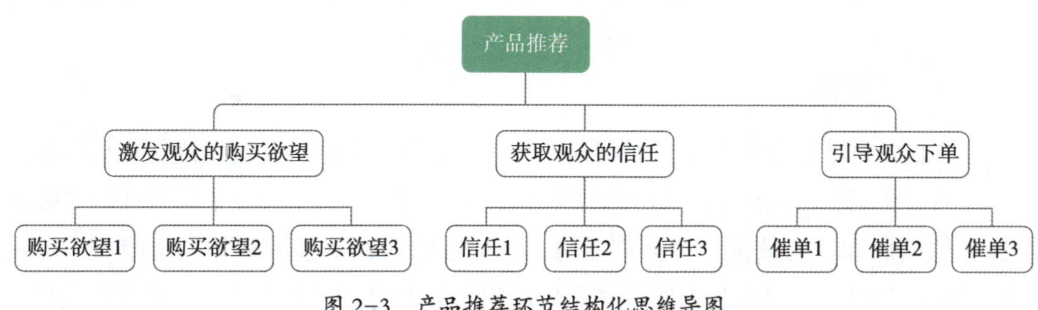

图 2-3　产品推荐环节结构化思维导图

（3）训练语言表达能力。语言表达是将思维传递给观众的最直接方式，直播时语言表达要流畅，吐字要准确清晰，声音要有力量，语速一般是平时的 1.2～1.5 倍，不能卡顿、有拖音，这样很容易将观众带入到你设定的情绪场景中。主播在正式直播前一定要反复训练，避免正式直播时紧张和怯场，训练时用手机录制下来，反复回看，找出不足之处，也可以请亲朋好友帮忙提意见。训练语言表达能力的常用方法见表 2-2。

表 2-2　训练语言表达能力的常用方法

训练方法	具体建议
朗读法	看书阅报的时候要朗诵出来，这样可以训练语速、语感，还可以增加词汇量
复述法	把别人说的话重复一遍，如刷到一条自己喜欢的短视频，把里面的内容重复地讲几遍
速度法	每天一个绕口令，能够使发音标准、讲话流利，快速说话不打结
音乐法	放背景音乐大声朗读美文，可让声音变得有情感、有温度

2. 情绪和动作配合的能力

主播情绪和动作的密切配合，能达到很好的视觉效果，同时，形成主播特有的肢体动作，有利于增强主播的辨识度，因此，主播要用好肢体语言，使直播更生动活泼、有趣，更有观赏性。直播动作设定见表2–3。

表2–3　直播动作设定表

主播的情绪和动作	动作的具体设定
开场动作	
欢迎动作	
感谢动作	
惊讶动作	
兴奋 / 开心动作	
伤心 / 忧愁 / 无奈动作	
连麦开始 / 结束动作	
结束动作	
直播禁忌动作	

3. 临场发挥能力

较好的临场发挥能力需要主播有较强的节奏把控和应变能力。直播是一个动态的营销过程，主播需要根据直播间的实际情况和各种数据调整节奏，如需要根据直播间实际人数决定抽奖的频次和礼物数量，根据直播间观众关心的话题着重讲解并提出相应的解决方案，根据购物车的实际销售数据调整产品数量和促销力度，实施冷场或粉丝突然大量涌入时的及时应对方式等。

面对各种突发情况，如果主播没有良好的应变能力，容易使直播间陷入尬聊，甚至把直播目的和进度带偏。

小贴士

有一类“三农”主播也经常采用留白的直播方式，就是直播时话很少，甚至自己不出镜，主要通过游览产地、采摘过程、生产细节等行为做直播展示。

1. 某“三农”类主播，直播水果铺的水果，镜头对着各种水果和磅秤，全程没有出镜。主播会根据留言区的粉丝要求做各种问题解答，现场称产品、打包贴标签。

2. 某农产品主播在介绍某款手工农产品是如何制作的时候，全程没有讲话，

镜头全程都在拍摄一位老人是如何进行制作的。

3. 某“三农”主播边爬山，边与种植户交流如何采摘、如何游玩，主播全程没有出镜只播放自己与农庄主交流的声音，镜头拍摄的都是采摘的游客、新鲜诱人的水果、戏耍的孩子们。

口头表达能力有欠缺的主播可以参考这种留白式直播方式，如果行为设计得当，不仅能增强说服力，还能极大增加表现力，观众在用眼睛观察的过程中，就已经深深记住了你。留言式直播对拍摄水平要求很高，比如景别的切换、运镜等表现手法。对脚本设计的要求也很高，特别是互动环节的设计很重要。

二、快速挖掘产品卖点的能力

直播电商本质是销售，所以对于主播而言，挖掘产品卖点至关重要。

案例

直播销售某品牌牛肉酱

“为了回馈粉丝宝宝们的热情与支持，支持 ×× 本土产品，今天我们给宝宝们带来一款由 ×× 食品公司生产的香菇牛肉酱。市场价 32.8 元现在只卖 29.9 元，买两瓶再送 1 瓶香菇酱，拍 2 发 3，全国包邮哦，实惠到家，真的很划算！”“……我们介绍一下 1 号链接——香菇口味牛肉酱，我们的香菇口味牛肉酱采用了玻璃瓶包装，密封性强。这款香菇口味牛肉酱的保质期只有三个月，小孩和老人都可以吃。”“待会儿我们打开盖子，给大家看看里面的酱。”“包装瓶打开后，我们可以看到大块的牛肉。哇！还能闻到牛肉的香味哦，我们还可以看到辣椒、食用油、芝麻、花生、豆豉等，牛肉用的是牛身上的腱子肉，食用油是茶陵县农户自家种的菜籽压榨出来的菜籽油，芝麻、辣椒也都是农户家里种植的，都是绿色产品哦。”“我们的工作人员准备了米饭、面条，这款香菇口味牛肉酱可以拌饭、拌面、拌粉，我们试一下（试吃环节，香菇口味牛肉酱试吃分享）哇！太好吃了！……”

上述文案是直播现场的真实还原，主播团队成员都是地道的青年农民，文化水平不高，但他们用最简单朴实的文字反复讲解消费者购买食品时最在意的信息，短短几分钟时间，观众的购物热情就被调动了起来。

农产品的功能性是消费者关注的重点，直接影响消费者的消费决策。直播前，主播必须要快速整理好产品的相关信息，才能更好地介绍和销售产品。

1. 基于品类，熟悉产品的自然属性

不同品类农产品自然属性的标准各不相同，专业的“三农”主播在了解产品特质的时候，要先熟悉产品的品类标准及相关自然属性，农产品的自然属性信息表见表 2–4。

表 2–4　某直播间农产品的自然属性信息表

产品名称	品类标准	品牌	产地	生长环境	质量	等级	保质 / 保鲜期

2. 基于用户痛点，挖掘产品的多维度价值

主播在推荐农产品的时候如果能解决用户的某个需求或者某个难题，会更吸引直播间观众的目光，农产品自然更好卖。这需要主播去捕捉用户痛点，继而深挖产品的多维度价值，产品多维度价值分析表见表 2–5。

表 2–5　产品的多维度价值分析表

产品名称	功能 / 营养价值	品牌 / 资质价值	环境 / 生产价值	外观 / 包装价值	物流 / 渠道价值	情感 / 情怀价值

3. 基于销售，熟记产品的价格和售后

直播带货过程中要让观众感受到产品的高性价比，同时还要强调主播所能保证的后续服务，直播间产品的价格和售后信息表见表 2–6。

表 2–6　直播间产品的价格和售后信息表

产品名称	价格信息				售后服务	
	实体渠道价格	电商平台价格	直播间价格	直播间促销价	物流包装	破损处理

三、良好的直播运营心态

1. 用真诚打开观众的心门

在直播间吸引观众最直接最有效的方法是真诚，主播可以向观众展现真实的自己和产

品的真实信息。如主播可以坦诚告诉观众“我就是主播，以直播为职业”，也可以分享自己过往的经历，与粉丝产生共鸣。

直播前应根据自己真实的个性做好主播定位，找准自己的主播风格，切忌盲目跟风。直播过程中要保持微笑，加强与观众之间的互动，尽可能选择具有代表性的问题予以回答，对于自己的劣势和产品缺点也不必刻意回避。如“……这款产品的确存在这些问题，所以建议大家购买时一定要考虑好……大家挣钱都不容易，产品买回去如果不喜欢，就太浪费、太可惜了。”

2. 以平常心面对所有问题

平常心是主播坚持直播的必备心理素质，直播是一个很容易让人浮躁的行业，流量的高低起伏和评论的时好时坏，很容易让主播心理失衡。所以，若想成为专业主播，一定要有一颗平常心。

小贴士

当直播间有观众对比其他主播说你不好时，如：×× 的产品比你的好，还卖得更便宜。可以回复：“每个人都有自己的判断标准和选择，如果觉得自己的选择是正确的，就要坚持自己的选择。我做事的原则是不求尽如人意，但求无愧于心。我相信大家都是有判断力的成年人，大家对我的支持是对我最大的认可，非常感谢一直以来都在默默支持我的各位粉丝。”

当直播间有观众说其他主播不好时，如：你比 ×× 强多了……。可以回复：“谢谢 ×× 对我的认可，其实每个人都有自己的选择，都有自己的目标，所以我从来不和别人比较，别人的好不会变成我的好，别人的不好也不能证明我有多好。大家说，是不是这个道理啊？”

直播间有时会遇到挑刺甚至进行人身攻击的观众，这种情况更需要用一颗平常心来应对，尽可能忽略他们的中伤言语，切忌与其针锋相对。如当有观众说你长得丑时，你可以幽默地回复：“虽然我长得不是最美的，但我是最有趣的啊，不是有句话说嘛，‘好看的皮囊千篇一律，有趣的灵魂万里挑一’。如果你真的不是很喜欢我，可以去看其他你喜欢的主播哟。”也可以回复：“虽然我长得有点丑，但有你留直播间陪我，我感觉暖暖的。”

通过幽默应对和转移话题的方式，既化解了尴尬，又展示了自己的智慧，会让直播间大多数人更加认可你，甚至欣赏你。

3. 以娱乐之心营造直播间氛围

娱乐的心配合幽默的语言可以很好地活跃直播间气氛。如有粉丝关注主播的感情生活时，主播可以回答："我每天都在陪你们，哪有空社交啊，现在出门吃饭都找不到朋友陪了！"；当粉丝好奇主播的收入时，主播可以回答："多亏了大家的帮助，我也有了一定的积蓄，但每天都在家直播，想出去旅行一次都没有时间！"

在推荐大家非常熟悉的产品时，可以加入一些娱乐性话术，如推荐香蕉的时候，主播可以说"其实香蕉是一种能让人快乐的水果，你们有没有发现，吃了香蕉之后，心情会变得好一点儿。这不是心理作用，而是因为香蕉含有色氨酸，它能让人平静，减轻烦躁抑郁的情绪"。此外，在创新话题和内容的时候一定要有依据，主播可以围绕市场热点、时间属性和观众需求三个核心，不断开发新的话题，引导观众参与互动。

4. 以合作之心贯穿直播全流程

直播间起初就像一个简单的工作室，随着主播的不断成长，工作室的成员也越来越多，直播助理、选品官、场控、运营、经纪人等都会参与进来，工作室慢慢变成有一定规模的大公司。所以主播一定要有合作之心，尊重团队中的每一位成员。为了达成团队目标，主播要经常为团队提出有意义、建设性的意见，分享所有相关或有价值的信息，愿意向团队其他成员学习，将所有成员团结成高度配合、互相信任与支持的团队。团队成员彼此紧密配合，充分发挥各自的潜能与特长，当团队目标与利益同个人目标与利益冲突时，应以团队为先。

四、成熟的职业素养

"三农"主播的职业素养是指"三农"主播在直播活动中应具备的以销售转化为目标的关键能力。

1. 市场敏锐度

对主播而言，市场敏锐度主要体现在选品和引流两个方面。选品环节，要根据季节变化、特殊时间节点、重大事件等，第一时间为直播间选择最合适的产品或者优化产品卖点，并对直播间产品进行分类，可按宠粉产品、爆款产品、利润产品、形象产品等进行有效的分类并制定组合销售策略。引流环节，要明确流量的渠道入口，如私域流量入口有线下实体店、亲朋好友推荐、微信朋友圈、微信群、QQ空间等，公域流量入品有抖音、快手、微博话题、微信视频号、各类社群活动等。

2. 服务意识和创新能力

主播应不断提升服务意识和创新能力，如在直播过程中设计一些创意互动活动等。有

针对性地为观众构建最佳的购物场景，最大化提升观众的购物体验。

例如，主播可在直播间人数不多的时候，对每位进入直播间的观众都打个招呼；直播人气很旺，来不及招呼到每个人时，也一定要对共性的问题做出回复。在一些高单价产品的直播话术上可以做些创新，某品牌大闸蟹主播这样说：“……今天为大家直播 4 两公和 4 两母各 4 只的礼盒……，我们看礼盒上写着‘我们是有身份的大闸蟹’，这‘身份’何来？请看每只螃蟹的脚上都有一个二维码扣，扫描二维码可知道这只蟹的品种、生长环境、食物来源、捕捞时间等信息。我们的养殖基地是国家级虾蟹培育基地，这些大闸蟹可谓‘出身名门’。这么大的螃蟹、这么美的包装、这么好的出身，一盒有‘身份’的大闸蟹，无论是送礼人还是收礼人都会觉得特别有面子。”

此外，很多初入直播间的观众，特别是一些年龄偏长的观众，对于如何领取优惠券、如何下单、如何关注主播等无从下手，所以，主播在直播过程中一定要不断讲解操作方法和步骤，在产品价格推出后，要反复提醒有关产品物流包装等相关售后服务，打消观众的顾虑，营造一种可信赖的直播购物氛围。

3. 风险意识

在整个直播过程中，主播要对时间、成本、人员、效益等商业运营环节可能存在的风险进行全面的预判并制定应对措施。主播还要有较强的规则意识，即熟悉平台规则、行业规则、广告法规则、道德规范等。

4. 自我包装能力

作为主播自我包装是不可或缺的能力，在学习单元 3 中会重点讲如何打造主播形象和 IP。

学习单元 2

“三农”主播的人设打造

主播的形象塑造和人设打造直接影响主播及直播间的关注度。人设鲜明，有强辨识度，更容易吸引粉丝的关注。如很多主播的直播场景就放在美如“人间仙境”的乡野，一些表现力强的主播会有自己的专属语言和动作表情，这些美丽的场景、让人印象深刻的动作和语言，都是可以让观众加深记忆的直播符号。打造主播人设主要包括：主播人设定位、主播性格气质塑造、主播账号包装。

一、主播人设定位

人设是指人物设定，即外形特征、性格特征、兴趣爱好、能力特长等因素形成的人物形象。人设定位前，主播可以对自己的职业背景、专业技能、差异化特征等做一个深度剖析并通过主播人设定位自检表（见表 2–7）进行自检，更有利于定位适合自己的人设。

表 2–7 主播人设定位自检表

序号	自检问题
1	我是谁
2	我擅长什么
3	我走入直播间要干什么
4	我以怎样的形象和风格与镜头前的观众沟通
5	我能提供什么有价值的内容赢得观众对我的信任

1. 职业背景和专业技能

做人设定位首先考虑的是职业背景和专业优势，如职业特征、职业经历、获得过的奖项等。其次，要考虑专业技能，这是长期的社会生活沉淀下来的硬实力，如种植技能、烹饪技能、摄影技能、文案技能等。大部分直播平台上，短视频和直播可以互相引导流量，通过稳定持续地发布展示自身职业优势和技能特长的系列短视频，可以给账号带来源源不断的精准粉丝，每次直播前通过短视频提前发布预告可以为直播间导入更多粉丝。主播人设背景案例见表 2–8。

表 2–8 主播人设背景案例

序号	主播人设背景案例
1	曾在义乌闯荡了 10 年，买下 3 间店铺，5 年前回到家乡溧水种植红心火龙果
2	留学归国，回到美丽的家乡南京，以螃蟹为媒创业 5 年，成功打造螃蟹 IP 形象，创立 ×× 品牌，曾获“第二届中国电子讲师大赛最佳人气奖”“自主创业典型”“江苏省百名电商创业女能人”等荣誉称号
3	90 后职场女性，建筑行业打拼 8 余年，女承父业返乡创业，成为 2 000 亩柚子种植基地的农场主，积极参与政府脱贫攻坚项目，大力传播神农故里（湖南）茶陵的农旅文化
4	退役军人返乡创业，创办 ×× 品牌，专注砀山梨及相关深加工产品的品牌打造和产品销售
5	某职业院校毕业的大学生返乡创业，销售家乡的特色农产品，分享家乡的美丽田园风光，每天都拍摄并发布一小段骑自行车行走在美丽乡间的短视频，配着轻松明快的音乐

2. 凸显主播魅力的兴趣爱好

主播的形象定位需结合自身实际，不能为了定位而定位，更不能一味地模仿其他主播。所以，做主播前需要结合自身情况探寻与目标用户的心智需求互为匹配的兴趣爱好，将其提炼为主播的定位。主播人设兴趣案例见表 2–9。

表 2–9 主播人设兴趣案例

序号	主播人设兴趣案例
1	一边干农活，一边唱山歌的元气小姐姐
2	一边卖农产品，一边讲土味搞笑段子的农家小哥
3	右手执笔，左手捉蟹的返乡大学生
4	一边分享水果，一边望着滞销水果伤心落泪的农村大婶
5	一边分享产品，一边讲述农业艰辛的农场主大叔

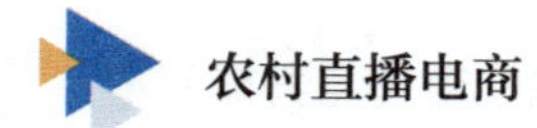

3. 深挖主播的人物特点

深挖主播的与众不同之处，如高颜值的外貌、有特征的外形、迷人的文艺气质、孝顺父母的品德、独特的生活经历等，以此吸引粉丝的关注，引发人们的情感共鸣或情绪变化。主播人物特点案例见表 2-10。

表 2-10　　主播人物特点案例

序号	主播人物特点
1	某乡镇干部，主抓该地区的农村电子商务工作。虽然工作繁忙，仍每周前往农村拍摄素材，坚持每天输出一条反映当地农业种植现状的短视频，相关农产品收获时，经常带着当地农民直播销售农产品
2	某位残疾人，虽身有残疾，但阳光开朗，在乡镇做了 30 年的家用电器维修工作，还有一个高大帅气的儿子。大家被他这种身残志坚的精神吸引，目前，抖音粉丝数量已超过 100 万人
3	大学生毕业返乡照顾残疾的母亲，每天分享照顾母亲的点滴，其孝心感动了很多网友，纷纷关注了他，并经常购买他分享的农产品
4	青春靓丽的农场主女儿，原本在城市里有喜欢的事业，但因为家庭责任，她选择继承父业返乡做农民。她希望借助互联网和自己的人脉打通 2 000 亩果园的销路，了却父亲的心愿

4. 可变现的垂直领域

主播定位时必须要考虑可变现的垂直领域，如销售产品类别、售前售后服务内容、未来可延伸的变现领域等。主播人设变现领域案例见表 2-11。

表 2-11　　主播人设变现领域案例

职业背景和专业技能	兴趣爱好	人物特点	可变现的垂直领域
嫁入农村的外乡妹，种地能手，做一手好菜；其老公在外地打拼多年，熟悉互联网；其侄子在某大学学习传媒专业，毕业后返乡，擅长短视频创意和拍摄	喜欢请客吃饭	孝顺老人 关爱孩子 不拘小节 特别会讲笑话 广西普通话	外乡妹和其老公、侄子成立农产品电商销售公司，为当地农民提供就业机会，通过带动当地农民脱贫增收，获得政府扶持
人设定位：用心过生活、用爱做美食、广交天下朋友的农村“傻大姐”，经常用蹩脚的广西普通话为大家分享当地农产品和农家乐美食做法，并制作成短视频发布			

二、主播性格气质塑造

良好的性格和特别的气质更容易吸引他人的关注。性格和气质可以通过人物角色、语言风格、肢体动作、外形装扮和场景选择等 5 个维度进行塑造，见表 2-12。

表 2–12　　主播性格气质塑造维度表

人物角色	语言风格	肢体动作	外形装扮	场景选择
农场主 农林培训师 宝妈 / 孕妇 小老板 返乡大学生 农民 在校大学生 农家父子组合 创业兄弟组合 ……	搞笑 方言土味 严肃 正能量 治愈 幽默 标准普通话 ……	基本不动 大量手势 边走边说 边干活边说 跳舞 站立 坐着 奔跑 ……	休闲打扮 工作服 西装套装 墨镜 帽子 装饰 ……	果园 农庄 深山 办公室 农家小院 厨房 客厅 花店 渔船上 ……
固定不变	最好保持一致	不要太大变化	可适当变化	可变化

需要强调的是，塑造主播性格气质时，不能哗众取宠，一定要符合主播的人设定位。例如，主播人设定位为水果种植农户，但出镜的时候装扮太时尚，完全没有种植农户的样子。出现这种情况的建议是，主播的妆容设计和服装搭配一定要和账号的定位、表达的内容匹配，尽量显得朴素真实，具有亲和力。

三、主播账号包装

账号的包装基本围绕账号名称、账号头像和账号简介这三个要素做设计。

1. 账号名称

主播账号命名不能随心所欲，符合定位和容易识记是最基本的原则。通过对头部主播账号的命名分析，主播账号命名规则及案例见表 2–13。

表 2–13　　主播账号命名规则及案例

序号	命名规则	案例
1	人物名 + 行业	×× 的家乡美食 ×× 的美食铺 ×× 海产品
2	人物名 + 称呼	×× 夫妻 ×× 胖大哥
3	人物名 + 行为	×× 骑着哈雷 ×× 赶海 ×× 玩花卉说美食
4	人物名 + 状态	×× 饿了 ×× 的幸福生活

2. 账号头像

设置账号头像时应打造强标签记忆，账号头像尽量有人物出镜，选择人物照片时应遵循的原则有：

（1）采用人物特写或人物中景，这样容易记忆。

（2）人物头像最好带有情绪，这样可以加强记忆。

（3）可选择与账号名称呼应的账号头像，具有连带性，可以强化记忆。

3. 账号简介

账号简介相当于主播的名片，通过简介内容可以使更多的人了解主播、喜欢主播、关注主播。很多头部主播的账号简介非常简单，对于新手账号不建议如此。主播账号简介一般可分为三个模块内容：我是谁？我能带给大家什么？如何联系到我？

需要注意的是，能否展示联系方式、以何方式展示联系方式都需要遵循平台的规则。

“三农”主播的知识技能

“三农”主播直播的目的是销售。因此，对于“三农”主播而言，直播过程中的引流方法、销售话术、互动技巧等，都是上播前必须要学习的专业技能。

一、直播销售技能

面对直播间的广大观众，想要找到目标消费者，就需要分析目标用户的角色，即购买者、决策者、使用者和分享者，如直播卖苹果，针对家庭用户，使用者是所有家庭成员，尤其孩子是主要的使用者，购买者是妈妈或者爸爸，决策者多为妈妈，分享者也多以妈妈为主。对主播而言，妈妈既是购买者又是决策者，同时还是使用者和分享者，所以需要重点针对妈妈去设计直播销售话术。也就是说，目标用户人群中的购买者和决策者，是重点研究对象。

直播销售技能主要包括激发观众购买欲望的销售技能、引发观众产生信任感的销售技能、促使观众立即下单的销售技能。

1. 激发观众购买欲望的销售技能

直播销售过程中，只有吸引观众的兴趣，才能激发观众的购买欲望，才有可能产生销售行为。激发观众购买欲望的方法及相关话术见表 2–14。

表 2-14　　激发观众购买欲望的方法及相关话术

方法	相关话术
感官刺激 （眼睛看、耳朵听、舌头尝、鼻子闻、身体感受、内心感受等）	鲜甜的桃汁，混合着绵密的微气泡在口腔中跳跃。——舌头尝 躺在这款凉席上，感觉清爽透气，像是凉席下吹着轻轻的清风。躺上半小时后，你会惊讶地发现，背上居然不出一滴汗。——身体感受 今天给大家推荐的橙子，红润爆汁，细嫩爽口。——眼睛看、舌头尝
痛点刺激 （对现有产品不满意，但又没有办法解决）	烧菜不放味精没有味道，宝宝不爱吃，但长期放味精又担心影响宝宝的健康。今天推荐一款零添加的松茸鲜蔬粉，只放一小撮，即可让口味美翻天，宝宝吃不够
竞品对比	普通的果蔬调味粉，价格较贵且有添加剂，而这款零添加的松茸鲜蔬粉，用松茸做鲜味主要来源，无添加，价格实惠
多场景种草 （工作日、周末、节假日、生活、学习、工作、恋爱、婚姻、教育、送礼……）	我是有“身份”的大闸蟹，送礼绝对有面子。——送礼场景 这款松茸鲜蔬粉，烧菜只放一小撮，让你秒变五星级酒店厨神！挑食娃都会多吃半碗饭，它还是 100% 零添加。——带娃吃饭场景 加班熬夜、长期使用电脑和手机，眼睛容易干涩紧绷，而蓝莓中富含的花青素，可以很好地缓解过度用眼带来的不适感。——工作场景
从众心理驱使	99% 以上的买家都评价说…… 上架就被疯抢 10 000 件，卖到断货的 ××

2. 引发观众产生信任感的销售技能

当观众对产品产生兴趣，有了购买欲望，主播还需要努力让观众对主播产生信任感。主播可通过“权威转嫁”“事实证明”和“化解顾虑”三个方面进行文案设计。引发观众产生信任感的思路见表 2-15。

表 2-15　　引发观众产生信任感的思路

信任感文字设计	具体思路
权威转嫁	产品具备的权威性，如：知名专家参与产品研发，产品具备的资质证书、检测报告，央媒对相关产品的报道等
事实证明	收集高性能数据，如相关权威数据的证明 与熟悉事物的链接，如名人代言、知名合伙人、名师弟子等
化解顾虑	产品问题：收到产品后我不满意，怎么办？没有广告上说的那么好，怎么办？用一段时间坏了，怎么办？ 服务问题：邮费、安装费谁来承担？购买的大件商品是否包含送货上门服务？ 隐私问题：购买隐私产品或特殊礼品，送货时是否会被别人发现？

3. 促使观众立即下单的销售技能

促成销售的“临门一脚”就是引导观众下单。引导观众立即下单的方法及具体思路 / 案例见表 2-16。

表 2–16　　引导观众立即下单的方法及具体思路 / 案例

引导观众立即下单的方法	具体思路 / 案例
价格锚点	观众往往会以第一次接触的价格作为认知原点，因此先告知商品原价，再告知商品促销价，可以促使直播间观众立即下单。如 120 克香菇口味牛肉酱，原价 32.8 元一瓶，现在两瓶只卖 29.9 元，再送 1 瓶香菇酱。这里，32.8 元就是锚价格，当人们看到第一个价格时往往就会以此为参考，紧接着说出促销价“现在两瓶只卖 29.9 元，再送 1 瓶香菇酱”，观众第一时间的心理反应就是“啊！好便宜啊，马上下单！”
算账	主播可以帮观众算一笔账，确定产品的价值远大于其价格，从而使观众愿意下单，常用的方法有化整为零法和节能算账法 化整为零法：把产品价格除以使用天数，算出每天的花费，会使观众感觉很划算 节能算账法：如果产品能节水、节电或替代其他消费，可以帮观众算出产品能帮节省多少钱，使观众感觉划算
限时限量限身份	限时：今晚直播间下单的，只要 ×××；截止到 × 点 × 分，都可以享受此优惠 限量：今晚直播间前 × 名下单者，可享受此优惠 限身份：只要购买 × 号链接，就可以参加抽奖活动

二、直播控场技能

1. 单品发布的节奏把控

单个产品的发布，可根据实际情况设计其销售框架，单品发布类型主要有痛点推理型、种草分享型和故事共鸣型。单品发布类型的框架设计示例见表 2–17。

表 2–17　　单品发布类型的框架设计示例

单品发布类型	框架设计示例（具体做法和节奏控制）
痛点推理型	第 1 步：通过某热点场景或热点事件导入，放大观众的痛点，激发大家的兴趣并继续观看直播 第 2 步：提出一个解决方案，但这个解决方案不是能很好落实的方案 第 3 步：顺势推出产品，说明产品的 1～2 个卖点，引发观众的购买欲望 第 4 步：用具体数据或客观事实证明产品的卖点，让观众信任产品 第 5 步：推出锚价格 / 算账 / 限时限量限身份，引导观众立即下单
种草分享型	第 1 步：通过某热点场景或热点事件导入，自然过渡推出产品 第 2 步：列举产品 1～3 个使用场景或使用体验，引发观众的购买欲望 第 3 步：证明产品的卖点 第 4 步：得出结论，“这产品太牛了，不能错过啊” 第 5 步：推出锚价格 / 算账 / 限时限量限身份，引导观众立即下单

续表

单品发布类型	框架设计示例（具体做法和节奏控制）
故事共鸣型	第 1 步：借助名言、金句或新闻，引发观众的好奇心和兴趣 第 2 步：自然过渡推出故事主角，激发观众情感共鸣 第 3 步：讲述主角故事，穿插产品的卖点 第 4 步：说明产品的价值，让观众产生信任 第 5 步：推出锚价格 / 算账 / 限时限量限身份，引导观众立即下单

2. 直播话术和互动技巧

直播带货能被众多买家喜爱并认可，很重要的一个原因就是高互动性。对主播而言，直播话术和互动技巧是非常重要的能力，主播互动类型及话术参考案例见表 2–18。

表 2–18　　主播互动类型及话术参考案例

互动类型及话术	参考案例
暖场话术	大家知道今天晚上是什么日子吗？今天是 ×× 超级上新直播的日子。×× 通过大数据，对淘宝趋势引领性人群感兴趣的商品进行了分析和对比。进而告诉大家目前流行什么，作为潮人你该买什么……
自我介绍话术	Hi，我们来啦，我是 ××
开场话术	大家知道今天晚上是什么日子吗？今天是 ×× 超级上新直播的日子
氛围话术	我们马上进入抽奖环节，大家在弹幕发送 ×× 参与抽奖，数量有限哦
荐品话术	这款瑜伽垫是 ×× 的环保材质，没有异味，不褪色，也不变形，而且是单面防滑设计
导购话术	26 号链接是一款儿童专用舞蹈瑜伽垫，现在下单赠送一个价值 15.9 元的瑜伽小球
关单话术	×× 的售价是 790 元一瓶，今晚在直播间里，×× 买一送一，相当于两瓶只要 790 元。来，3、2、1，上链接……
转场话术	马上冬至就要到了，冬至怎么能少得了饺子呢？我们下一个新品就是 ×× 的 ×× 营养水饺
抽奖话术	这样吧，我们先直接送 5 瓶 ×× 吧……好！5 瓶 ×× 已经全部加入抽奖袋，大家弹幕上发送 ×× 参与抽奖 我们的抽奖方式很简单，大家在直播间的弹幕上发送 ×× 即可参与
引导认同话术	提到护肤品，大家就会想到 ×× 品牌；提到水饺，大家也会想到 ×× 这些系列，最近 ×× 家新推出了一款不含人工色素、防腐剂的营养水饺……
感谢话术	感谢大家的支持
下播话术	没有关注的可以关注我们，我们后天见，拜拜，早点休息

3. 直播间可能遇到的突发事件及对策

主播在直播前一定要尽量考虑到所有可能出现的情况，并提前做好准备。直播间突发

事件及应对措施见表 2-19。

表 2-19　直播间突发事件及应对措施

突发事件	应对措施
直播时卡顿或黑屏	1. 检查网络环境，建议采用 100 M 及以上的光纤宽带，同时建议一个 Wi-Fi 只供给一台直播设备 2. 如果用电脑直播，建议使用英特尔 I7 及以上处理器 3. 如果用手机直播，建议选择品牌的旗舰机，直播前清理手机缓存等以确保充足的内存
观众无法加群	观众无法加群是因为观众拥有商家身份，只需要让观众自查是否为商家身份即可
观众互动不可见	这种情况通常是观众 ID 或者发言的内容存在违规情况，需要耐心和观众解释清楚
观众对产品不满意	观众对收到的产品不满意，在直播间表达负面情绪时，应让工作人员私信联系该观众，帮助其解决问题
观众恶意评论	遇到观众恶意评论，主播一定要摆正心态，不要与观众产生正面冲突。尽量换角度回复此类评论，如针对“主播好丑”，可以回复“哎呀，今天忘记开美颜了”或者“你一定是位美女或者帅哥吧？一般美女和帅哥都比较看重颜值的呢！”

三、流量管理技能

直播间的流量大小和流量管理，直接影响直播间的销售转化。主播应特别关注直播前、直播中、直播后的流量导入和流量管理。

1. 直播前的引流计划

直播平台通常会对固定时间直播的账号给予更多关注，会为该直播间带来更多的流量。直播前的引流计划见表 2-20。

表 2-20　直播前的引流计划

引流计划	具体做法
账号引流	在账号简介中说明直播的固定时间和频率
直播预告	直播封面预告或提前 3～7 天做引流短视频预告
第三方引流	通过私域平台做引流推广，如设计直播裂变推广海报，通过微信朋友圈、微信好友私聊等渠道发放
线下渠道	通过线下渠道，如门店、线下社交、名片等，将直播账号推广出去，以吸引更多的观众关注

2. 直播过程的流量管理

直播过程中，可以继续通过微信平台或直播平台做流量推送，一般 20 分钟推一次。

直播过程中，主播要注意和观众的互动，引导观众点赞、关注、领取直播优惠券、点击购物车链接等操作，主播的话术和主播互动技巧特别关键。

3. 直播后的持续营销和流量沉淀

直播结束后，主播还需要将直播中的精华部分，切片剪辑成 15 ~ 30 s 的视频，发布到各大短视频平台，持续为直播间做观众导流。

实训操作

实训主题：打造符合产品调性和自身气质的主播人设。

实训目标：根据主播包装三要素，完成直播账号的搭建。

实训流程和要求：

时长	流程和要求	注意事项
10 分钟	根据表 2-13，撰写直播账号的昵称	
15 分钟	设置账号头像 要求 1：采用人物特写或人物中景 要求 2：人物头像最好带有情绪 要求 3：头像和账号名称最好有一定的连带性	若没有现场的照片，可以用文字说明账号的头像设计
20 分钟	请按照以下要求完成账号简介 要求 1：我是谁？ 要求 2：我能带给大家什么？ 要求 3：如何联系到我？	

实训心得：

培训任务 3

直播间选品策略

学习目标

1. 了解农产品流通基本条件并掌握产品基本信息的编写方法。

2. 熟练掌握直播的选品方法，以达到促进产地农产品发展和直播带货销售最大化的目的。

俗话说，选品定江山。在直播过程中，选品十分重要，产品选得好，可以直接提升直播间的转化率和销售率；产品选得不好，不但影响直播间的转化率和销售率，还容易导致粉丝对直播间失去兴趣。因此，要做好农村直播电商，优秀的选品能力是必备技能。

选品的基本要求

一、农产品流通基本条件

我国县域的农产品种类很多，但不是每一种产品都适合以直播的方式进行销售。农产品在直播销售前，应注意产品标准、产品规模、商品化条件与生产能力、产品包装、仓储物流费用等，还要从产品性价比和粉丝人群兴趣度等方面进行综合考量，才能最终选定适合直播的产品。

1. 产品标准

产品有标准，品质更有保障，这也是提升客户体验感和满意度的重要基础条件之一。产品标准的内容主要包括食品安全标准、品相外观标准、规格重量标准、品质口感标准、包装标准等。以生鲜水果梅县金柚为例，选品的标准包括农残及重金属检测、品相外观、单果重量、甜度、口感等。

2. 产品规模

直播带货的农产品，对数量有一定的要求。季节性的生鲜农产品、手工制作的农特产品等，都需要提前备好一定数量的货品，否则难以满足大规模带货和急速发货的要求。货源充足，可避免出现不够卖、中途断货或者有订单发不出货的情况。

3. 商品化条件与生产能力

不是所有农产品都适合在直播间进行销售，如绿叶蔬菜、手工豆腐、活鱼活鸡等。我们需要对农产品进行商品化的转换，使其成为商品。

农产品的商品化是指初级农产品经过清洗、分级、加工和包装，使其成为更适合销售的商品。这类农产品往往具有更高附加值，更适合物流运输，令人更有购买欲等特点。

生产能力，主要体现在深加工类的农产品或食品，主要是为了保障产品供应的能力，以适应直播间销售的短期爆发和急速发货的需求。

4. 产品包装

产品包装可从外观和牢固耐用两个维度进行考量。

（1）外观。在视觉即营销的时代，一款拥有高颜值包装的产品，往往更能吸引直播间粉丝的兴趣，从而解囊购买。

（2）牢固耐用。产品在流通过程中，需要经过多次中转、摔碰甚至会遭遇暴力分拣，此时包装的牢固耐用性就非常重要。既要保障内容物不会破损，又要保证外包装不变形、不损坏。如易碎类商品——鸡蛋，内包装要用珍珠棉，将鸡蛋放置于独立的坑位内并进行整体固定，保证鸡蛋在运输过程中不会晃动和互相碰撞，外包装则需要使用克重超过 200 克的五层瓦楞纸的箱体，确保纸箱结构合理、承压性高，保障纸箱在运输过程中不变形、不破损。

5. 仓储能力

仓储能力是指仓库或者冷库的存储能力，这是保障产品存储规模的硬件设施，也是农村直播电商高效运营的有力支撑。好的仓储能力应具备吞吐量大、流通效率高、单位产品仓储成本低等特点。

例如，菜鸟在义乌、东莞等电商消费活跃的产业带专门建设了直播仓，以满足商家的发货需求。菜鸟的供应链规划团队与商家的工厂联动，提前获知上游的单量信息。在商品生产和出库时，就能预知货品总量和到车时间，保证车到即发。菜鸟还简化了操作流程和仓内设计，入库无须预约，存储空间被大大缩减，操作空间占仓内面积的 60%，能够满足快速出库的需要。数据显示，菜鸟直播仓的坪效比普通仓高 5 倍，人效比普通仓高 3 倍，其运营效率提升后，能有效控制物流成本，仓内整体成本可降低 40% 以上。

6. 快递价格

直播间销售的产品需要通过快递的方式送到客户手中，快递价格的高低直接影响产品的性价比和直播间的销售转化。很多县域的农产品同质化比较严重，因此，快递价格也成为衡量产品竞争力的重要指标。以柑橘为例，四川成都浦江发 3 千克以内的柑橘，除新疆、内蒙古等偏远地区以外，发全国大多数地区的快递费只需 3 元。

7. 产品性价比

产品在销售之前需要经过生产、加工、仓储、物流、快递、配送等诸多环节，在这个过程中会产生各种成本，如果成本管控不严或者受客观条件影响使成本居高不下，会影响

产品售价和性价比，直接降低直播间的竞争力。

8. 消费人群分析

县域农特产品，不管是初级农产品、初加工农产品还是深加工产品，口感口味均具有一定的区域特征。本地人喜欢，不代表外地人也喜欢。受众的兴趣程度决定产品的受欢迎程度，继而影响销量。如口感苦涩的青橄榄在广东潮汕地区广受欢迎，当地人把青橄榄当作零食，认为其寓意为苦尽甘来。但是潮汕地区以外的很多人都无法接受这种口味，这种产品在面向全国范围直播的时候要慎重选择。

9. 相关资质

在农村电商直播间进行特定产品销售时，销售主体要取得国家所规定的各项合法资质，所销售的产品也要达到国家行业标准要求。如一个食品生产企业要在直播间进行食品销售，必须要具有“食品流通许可证”和“食品生产许可证”等。

二、产品基本信息

产品基本信息主要指产品的品名、规格、价格等信息，产品基本信息应展示在产品详情页或产品外包装上，便于消费者了解产品的基本情况。

1. 初级农产品信息

初级农产品是指未经加工的农产品，包括种植、畜牧和渔业产品。如生鲜水果、土豆、猪牛羊肉等。产品信息主要包括产品名称、产品规格、产地、物流方式及售后服务等，如图 3–1 所示。

2. 初加工农产品信息

初加工农产品是指不涉及农产品内在成分改变的加工农产品，如大米、有机红枣等，这类产品需办理生产许可证方可生产。产品信息主要包括产品名称、品牌名称、产地、生产日期、保质期、产品规格、物流方式、存储方式、售后服务、执行标准、食品生产许可证号、生产单位、地址和联系电话等，如图 3–2 所示。

3. 深加工产品信息

农产品深加工是指对农产品进行深度加工制作以实现其效益最大化的生产环节。如将大米加工为爆米花、将玉米粉加工为玉米糊、将小麦加工成面条等，称为深加工。这类产品信息与初加工农产品类似，主要包括产品名称、品牌名称、产地、生产日期、保质期、产品规格、物流方式、存储方式、售后服务、食品生产许可证号、生产单位、地址和联系电话等，如图 3–3 所示。

【产品名称】隰县玉露香梨
【产品规格】9 枚装约 6 斤装
【单果规格】果径 90-95mm
【产地】山西省临汾市隰县
【产品特点】玉露香梨表面光洁、皮薄肉酥、香甜可口
【快递公司】顺丰
【发货区域】新疆、西藏不发货，云南、海南、青海加 20 元运费，其他地区包邮
【发货地】产地直发
【存储方式】冷藏或放置阴冷通风处
【售后服务】如有破损问题，收到货后 24 小时内，将面单和坏果拍照联系客服，可退可换

图 3-1　玉露香梨产品信息

【产品名称】新疆有机红枣
【品牌名称】楼兰娇紫
【产地】新疆若羌县
【商品等级】优等
【执行标准】GB/T 26510
【产品规格】2斤装 (单包 500g)
【产品特点】有机种植、果肉紧致、核小。口感自然甘甜
【生产日期】见封口处
【保质期】180 天
【储存方式】阴凉干燥处存放
【生产许可证号】SC11765282400024
【生产厂家】××有限责任公司
【地址】新疆巴州若羌县
【联系电话】40069400**
【快递公司】德邦、圆通、韵达等快递随机发货
【发货区域】产地直发，全国包邮
【售后政策】如有开包或其他问题，请在签收后24小时内与快递面单-起拍照发给客服处理

图 3-2　有机红枣产品信息

【产品名称】铁棍山药鸡蛋面条
【品牌名称】怀山宝宝
【产地】河南焦作
【商品等级】优等
【执行标准】Q/ZFLN 0006 S -2019
【主要成分】新鲜山药，鸡蛋，面粉
【产品规格】130g*10 袋
【产品特点】Q弹，爽滑，劲道
【生产日期】见封口处
【保质期】90 天
【储存方式】阴凉干燥处存放
【生产许可证号】SC115520382000**
【生产厂家】××有限公司
【地址】河南省焦作市
【联系电话】40069400**
【快递公司】中通快递
【发货区域】产地直发，除新疆、内蒙不发，其他地区包邮
【售后政策】如出现破损、影响食用的在收货 24 小时内联系客服，可退可换

图 3-3　铁棍山药鸡蛋面条产品信息

直播间选品要素

一、直播电商选品原则

1. 选择合法合规的产品

合法合规是商务活动的第一原则，直播电商选品也一样。不符合法律规定、没有生产许可、假冒伪劣、涉嫌虚假宣传的产品都不可选。

2. 选择符合网货标准的产品

农产品成为网货是走入电商销售的第一步，需要将农产品进行商品化转换后，再评判其是否能成为合格的网货。农产品成为合格网货需具备四个标准：环境标准（该品种植环境的要求）、产品标准（保障产品品质稳定性）、包装标准（是否具备流通属性）、生产者标准（生产者的种植规模、发货的时效性及售后服务等）。只有符合网货标准的产品才能给直播销售带来长久利益的保障，提升粉丝在直播间的购物体验。

3. 选择高频刚需和应季产品

高频意味着消耗大、复购率高，可以随时购买并囤货，非常适合直播间的销售属性。“刚需”意味着硬性需要，必须进行购买，可以有效降低粉丝在直播间购买时的心理负担。选择高性价比的高频和刚需产品进行销售，直播间的选品已经成功了一半。应季性产品具有十分突出的时令消费特征，更容易引起消费者的购买冲动，容易为直播带来冲量效果，提升直播整体的业绩水平。如夏天卖手工凉席、西瓜等产品，冬天推荐毛毯、萝卜等产品，就十分适宜。应季产品也包括各类节假日的特定产品，如端午节的粽子、中秋节的月饼、春节期间的年货等。

4. 选择有核心卖点的产品

直播是一种浸入式、场景化的销售过程，主播通过讲解和展示商品，吸引观众下单购买。因此，具有核心卖点的产品会更具吸引力，也更容易引起观众的兴趣并激发其购买欲，反之，如果商品不具备核心卖点且无品牌背书、价格优势等，这类商品不建议选择。

5. 选择利润空间合理的产品

直播间的商品要有较大的降价空间，才能让观众觉得物有所值、物超所值。不同商品的降价空间不同，在保质保量的前提下尽量做大折扣，这样对粉丝才会更具有冲击力。因此，我们要优先选择利润高、降价空间大的商品，有利于刺激用户下单。

6. 选择市场热度高的产品

粉丝的购物需求一直在变化，唯一不变的是他们愿意为潮流买单。因此，在直播间的选品过程中，要多关注消费潮流、热销产品和人气爆品。在直播间销售市场热度高的商品，既能够满足粉丝的消费需求、提升销售规模，也可以为主播加分，提升主播的魅力值。

7. 选择满足粉丝需求的产品

通过直播平台运营后台的粉丝数据分析，能够清楚了解粉丝画像，粉丝画像就是根据粉丝属性、粉丝习惯、粉丝偏好等信息而抽象描绘的标签化模型。基于粉丝画像选择产品，可以让直播销售更具精准性，转化能力更强。此外，与粉丝互动交流，通过直播提问等方式收集粉丝的消费需求，也是一种直接有效的方法，还能起到让粉丝感知主播重视他们的效果，从而增强直播间的粉丝黏性。

二、直播电商选品策略

1. 引流产品

引流产品是指通过低价吸引直播间粉丝快速抢购的产品，其主要价值在于提升直播间的人气和信任度，扩大直播间首次下单人群基数。引流产品通常具有适用群体广、价格低、毛利低或负毛利的特点，有些直播间为了增加引流产品的爆发力，甚至采取完全亏本的象征性价格，如 1 元包邮、9.9 元包邮等。

2. 爆款产品

爆款产品通常是指具有极致性价比的畅销商品，也就是我们常说的热销产品或人气商

品，其主要价值是提升直播间的销售规模和人气指数。爆款产品的选择至关重要，主播可以利用消费者的从众心理，选择当前市场上具有强竞争力的热门商品，也可以通过直播数据分析，挖掘具有爆款潜力的产品进行直播销售测试。

3. 利润产品

利润产品，顾名思义就是利润率高或利润值高的产品，其主要价值是提高直播间的盈利，并提取出高质量的粉丝群体。

利润产品对产品的卖点和品质提出了更高要求，一定要与平价的同类商品形成明显差异，用卖点或品质优势弥补价格劣势，才能令粉丝满意收货。

为了避免库存风险，利润产品的供应链应以轻量、灵活为主，如直播间预售就是一种很好的方式。

4. 组合行销

对于粉丝量不高的“三农”主播而言，在一段时间内，直播间的粉丝群体往往相对固定。因此，提升粉丝的单次购买件数和单场购买金额就显得十分重要。把关联性强的商品组合在一起讲解销售，可以在粉丝基数不变的情况下，有效提升直播间的销售能力。如“枣 + 核桃”是天然的营养搭档，酒、茶不分家等。

三、直播电商选品方法

农村直播电商除了推广和销售农产品，还肩负着促进本地农产品质量提升和产业发展的重任。因此，主播应利用本地产品资源和优势，选择和开发适合直播的产品。

1. 因地制宜选品法

中国有 2 800 多个县域，因气候、温差、土质、地势等的不同，各县域的农产品都具有不同的特色。因地制宜选品，就是根据当地农产品的资源和特色，选择合适的直播产品。

（1）搜罗本地产品。走进田间地头，有瓜果蔬菜等初级农产品；走到房前屋后，有柿饼、地瓜干、豆角干等经过初加工的农副产品；走进厂房车间，有经过深加工的产品，如面条、米粉、水果罐头、锅巴等。细细数来，会发现一个县的农产品的品类非常丰富，可供选择的产品较多。

（2）建立产品库。把搜罗出来的产品分门别类，制表归档，建立产品库，为直播带货提供产品支持。以广东省梅州市梅县区特色农产品为例，详见表 3–1。

表 3-1　　广东省梅州市梅县区特色农产品列表

产品类别	产品名称列表
初级农产品	金柚、蜜柚、脐橙、蕉柑、红薯、粉葛、沙葛、蜂蜜、各类蔬菜等
初加工农产品	绿茶、梅菜干、豆干、腐竹、豆角干、苦瓜干、木薯粉、萝卜苗茶等
深加工产品	腊肠、猪肉丸、牛肉丸、牛筋丸、鱼丸、盐焗鸡、盐焗鸡爪、盐焗鸭爪、柚皮蜜饯、金柚汁、金柚啤酒、白渡牛肉干、菊花糕、姜糖、麦芽糖等

2. “无中生有”选品法

县域农产品虽然品类丰富，但也存在产品同质化或者产能过剩的情况。

产品同质化增加了产品差异化的难度。以脐橙为例，江西赣州、湖南邵阳、湖北秭归、重庆奉节、大凉山雷波均有种植，这些产品流通到市场上，不管是品质、外观、口感都差不多，普通消费者很难分出哪个地方的脐橙更好，给销售增加了难度，各地脐橙也常常打价格战。

产能过剩则会导致产品价格低、利润空间小。以灰枣为例，20 世纪 80 年代开始主要在新疆若羌县种植，随后几年在新疆各地大量种植，随着产量的提高，价格也从 20 世纪 90 年代的 30 元 / 千克，降到了 2020 年的 10 元 / 千克。

这时候就需要进行创新，“生”一个新产品出来，突出差异避开竞争，提高附加值和销量。

案例

枣夹核桃。大枣约 10 元 / 千克，核桃约 7.5 元 / 千克，这两个产品在过去的数十年里，一直都平淡无奇、不温不火地卖着。直到有人将大枣跟核桃结合在一起，美其名曰“枣想和你在一起”，如图 3-4 所示，使其成为了人们竞相购买的爆款，价格更是高至 45 元 / 千克。

每日坚果。坚果种类繁多，每种坚果的营养价值有所不同，单一坚果无法满足营养均衡的需求，一次性购买多种坚果又不便储存和携带。

直到有人将榛子仁、腰果仁、扁桃仁、核桃仁、蓝莓干、蔓越莓干进行组合，小包装出售，每小包 25 克，如图 3-5 所示，每天吃一包，既方便携带，又满足了人们对不同营养的需求，一时间成为一种时尚，受到了人们的追捧。30 袋装的每日坚果一盒共 750 克，卖到了 168 元，远远高于原材料的价格。

图 3-4 枣想和你在一起

图 3-5 每日坚果

奶枣。2020 年冬天，一款将红枣去核，把杏仁或巴旦木果实夹在其中，外层再裹上奶粉的“奶枣”横空出世，如图 3-6 所示，迅速火遍大江南北。

图 3-6 新疆奶枣

这些新“生”产品既丰富了消费者的口味，又增加了消费者的乐趣，一下子激发了人们的新需求，同时，全新的组合更容易引发人们的好奇心，可作为特色产品在直播中销售。

四、直播产品卖点提炼

1. 产品基本信息提炼

（1）产地。对于地域属性较强的产品，可在直播中进行特别强调。如广东省最出名的荔枝在广州市增城区、从化区，那么将此荔枝、加上产地标签更能增加产品卖点。

（2）种植方式。不同的种植方式对不同产品有加分的作用，主播应在直播中进行合理介绍，以增加消费者对此认知。主播的专业性能够促成更多的交易。

2. 产品特性提炼

（1）特殊含量。如刺梨营养价值和药用价值都很高，每 100 克果肉中含维生素 C 2 054 ~ 2 725 毫克，所以，刺梨也有“维 C 之王”之称。这些特殊含量，应在直播中被多次强调，以区分和其他产品的不同。

（2）专利与获奖情况。产品拥有的专利越多，获奖越多，消费者认可程度也会越高。

（3）媒体报道。媒体自行报道得越多，说明产品的价值被认可度越高。在直播中，应充分展示这些报道信息，增强产品的识别度、可信度。

（4）文化。文化民俗在不同的地域、群体当中表现形式不同，也是差异化标签的最强特征，把当地个性化的文化、民俗特征带到直播间，直播场景会形成鲜明的特征。文化卖点的提炼应以突出产品特性为主，将当地文化植入产品当中，赋予产品更多的灵性，和不同文化背景的人进行互动，可以有效增加直播间的文化氛围。

（5）名人。名人效应不可小觑，不仅仅可以带来流量，还可以突出品牌形象，强化产品的公信力。邀请名人参与是有成本的，应注意经济效益的把控，而且名人的形象风格要与所销售产品相匹配。此外，在直播中充分挖掘主播的优势，带与主播标签属性关联强的产品，不断强化主播的“名人”IP，也是一种不错的方法。

（6）匠心。工匠精神是一种始于专注、成于极致的打磨过程，一个直播间的打造，一个 IP 的打造同样需要工匠精神。将工匠精神带入到选品上，带入到直播间，会让粉丝对主播更加信任，且能够大大强化粉丝黏性。

五、直播间常见选品品类

1. 生鲜果蔬

生鲜果蔬类产品是在农村电商直播间经常出现的品类，这类产品在上市前就要选定，开展预热预售，以免贻误销售时机。选品时尽量选择保存期长、损耗小的产品。

2. 米面粮油及干货

食用油、袋装米面等因为高频刚需的属性特征，已成为农村电商直播间冲击销售额的绝对主力。木耳、菌菇、海产品、粉丝等系列商品，因其溢价相对较高，通常是直播间冲击利润的主力干货品类。

3. 零食特产

不同年龄段的人对零食的选择不同，尽可能关注年轻人的消费习惯，特别是 18 ~ 30

岁主流消费群体的喜好。可加入“小时候的味道”等标签，吸引消费者下单，如大白兔奶糖又在很多地方卷土重来。

4. 手工艺品

手工艺品的品类繁多，如服饰、画作、雕塑、玩偶、木制玩具、编织品、枕头、毛毯、家具、手工皂、宠物玩具等，在选品上不要贪大求全，最好选择特色鲜明且普遍适用的产品，更容易吸引粉丝兴趣。此外，选择手工艺品时，也要紧跟时代步伐和流行趋势，更容易俘获粉丝。

5. 农旅休闲产品

随着大健康战略的不断推进，农旅、休闲产品成为消费热门，将休闲旅游和产品打包是选品的关键，能够起到相互促进的作用，如“中国四季康养之都”是黔西南的一张名片，当地的农旅特色项目有民宿、高空跳台、山地越野等，将特色项目与刺梨、刺梨酒等产品组合打包，既可以推特色旅游路线又可以推产品。

实训操作

实训主题：根据自己所在县域或区域的农产品特点，完成直播选品。

实训目标：掌握选品的基本方法和流程。

实训流程和要求：

任务一

时长	流程和要求	注意事项
5 分钟	列举本县域或区域的 10 种农产品	
20 分钟	将列举的 10 种农产品分别按照产品流通要素进行分析，选出适合直播的产品，并说明理由	

任务二

时长	流程和要求	注意事项
20 分钟	将任务一中选出的适合直播的农产品依据选品要求编写出相应的产品信息	
10 分钟	选择出一种最适合农村电商直播间的产品，并阐述理由	

实训心得：

____

____

____

____

培训任务 4

直播平台的选择与实施

学习目标

1. 掌握抖音直播、淘宝直播、快手直播、视频号直播及其他直播平台的操作流程与技巧。

2. 熟练运用各直播平台。

开展农村直播电商首先要选择直播平台，解决在哪里播的问题，其次是了解具体的开播流程，解决怎么播的问题。本培训任务对抖音直播、淘宝直播、快手直播、视频号直播几个直播平台做详细的讲解，以帮助大家了解开播方法。

抖音直播

抖音是一个帮助用户“表达自我、记录美好生活”的平台，2022年抖音用户数量为8.42亿左右，日活跃人数已超过7亿，是国内主流的电商、短视频和直播平台之一。

乡村及“三农”是抖音平台重要的电商和内容类目。根据抖音电商发布的《2022丰收节抖音电商助力乡村发展报告》显示，从2021年9月至2022年9月，共有28.3亿单农特产通过抖音电商出村进城，卖向大江南北。该平台“三农”电商达人数量同比增长252%，农货商家数量同比增长152%，成为连接品质农特产和全国消费者的重要纽带。该平台的“三农”电商挂车短视频播放了2 873亿次，电商直播间里讲解农产品的时长累计达到3 195万小时。抖音商城带动的农特产销量同比增长了527%，搜索和店铺橱窗带动的农特产销量同比增幅也都在300%以上，为各地农产品提供了增量市场。

为长期助力乡村发展，抖音集团于2021年推出了“抖音乡村计划”，包括“乡村守护人”“乡村英才计划”“山货上头条”“山里DOU是好风光”等公益项目，分别聚焦人、货、景，通过创作者激励、数字化人才培训、电商助农、文旅宣传等方式助力乡村全方位发展。

在抖音平台开展助农业务，可先关注平台的相关扶持计划，寻找合适机会参与其中，为业务发展引入更多助力。

一、开通抖音直播

1. 注册抖音账号和开通直播权限

抖音目前有三个版本，分别是“抖音”“抖音极速版”和“抖音火山版”，它们的Logo

如图 4–1 所示。三个版本各有不同，其主要的功能见表 4–1。

抖音

抖音极速版

抖音火山版

图 4–1　抖音三个版本的 Logo

表 4–1　抖音三个版本的功能

版本	短视频	直播	其他功能	内容和商品	适合用户
抖音	手机端可发布 15 分钟以内视频，电脑端可发布 30 分钟以内视频	可直播，功能全面	抖音完整版，最全最新的功能呈现	抖音全部内容和今日头条、西瓜视频的精选内容，以及抖音商城全部商品	适合想发短视频，并想充分使用抖音各项功能的用户
抖音极速版	不能发布短视频	不能直播	相对完整版来说，功能有精简，安装包更小，运行速度更快，可通过刷视频或完成任务来获得收益	内容和商品跟抖音完整版一致	适合手机配置不高或希望通过做任务赚钱且不需要发布内容的用户
抖音火山版	可发布时长 1 分钟以内短视频	可直播，功能同抖音完整版一致	改版自原来的“火山小视频”，功能继承了火山的原有特点	融合了原“火山小视频”的内容和抖音完整版的部分内容，商品与抖音商城一致	适合面向原“火山小视频”主要布局的下沉市场

抖音上述三个版本的账号是互通的，抖音极速版和抖音火山版都可以直接使用抖音上注册的账号进行登录。为避免混淆，下面的全部内容将以“抖音”的操作方法为准。

（1）抖音账号注册。下载安装并打开抖音 App，点击底部右下角的“我”进入账号注册登录界面，可以选择使用手机号码登录，也可以选择其他方式登录。

1）注册方式一：使用手机号码注册登录（见图 4–2）。

步骤 1：输入手机号码，获取验证码并填入。

步骤 2：设置昵称和头像，或者点击右上角“跳过”，昵称和头像可以登录后随时修改。

步骤 3：选择“查看通讯录”可以查看到自己通讯录好友的抖音账号，或者点击“跳过”，后续随时查看。这样就完成了账号注册和登录。

2）注册方式二：使用其他方式注册。

如果用户已有今日头条、QQ、微信、微博的账号，也可以使用该账号注册。

步骤 1：点击“获取短信验证码”右下方的“其他方式登录”。

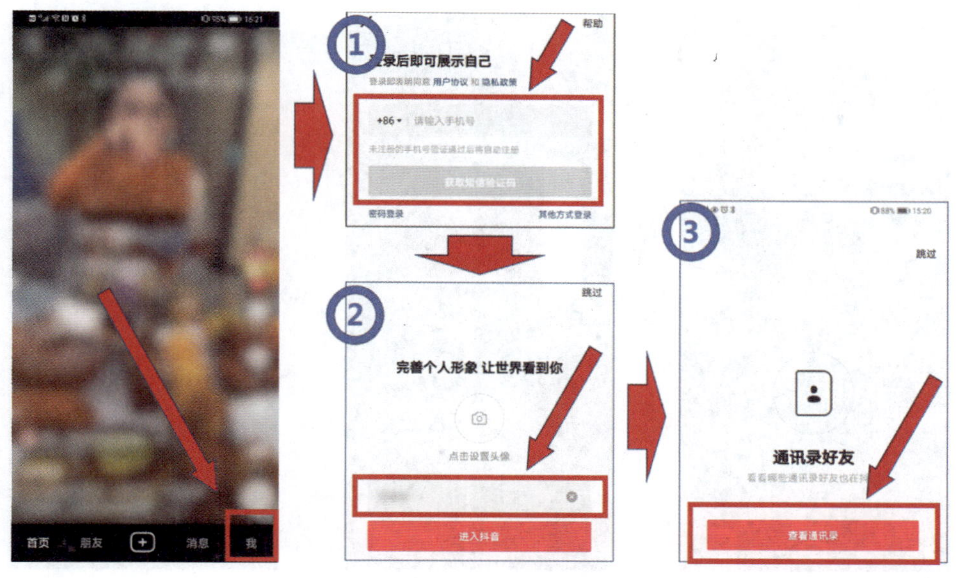

图 4-2　使用手机号码注册登录抖音

步骤 2：点击计划使用的账号图标，系统会自动打开相应的 App 申请授权。

步骤 3：授权通过后即可完成注册。

（2）开通直播权限（即实名认证）。在抖音平台，完成实名认证即可开通直播权限。实名认证分为个人认证和企业认证，个人认证的账号为个人号，企业认证的账号为企业号，抖音平台个人号与企业号的主要区别见表 4–2。

表 4–2　　　抖音平台个人号与企业号的主要区别

账号性质	功能特点	直播相关特点	费用
个人号	账号昵称不唯一（会有重名） 无认证标识 抖音通用功能 适合个人用户使用	主播须为认证人 认证后须满足一定要求方可开通带货功能	不收费
企业号	账号昵称唯一（不会出现重名） 有认证标识 具有企业号专属功能 适合企业用户推广品牌和销售产品	主播无限定，可任意人出镜 认证通过即可开通带货功能 享有预约服务、团购等企业直播专用组件	费用为 600 元 / 年，可能有不定时的优惠活动

1）进入主设置界面（见图 4–3）。抖音常用的功能设置和查询都会通过主设置界面进入，进入方式如下。

步骤 1：打开抖音 App，点击右下角的“我”。

步骤 2：点击右上方的“≡”。

此时弹出的右边栏就是主设置界面，包括订单查询、观看历史、创作者或企业服务中心和设置等功能。个人号和企业号的主设置界面略有不同。

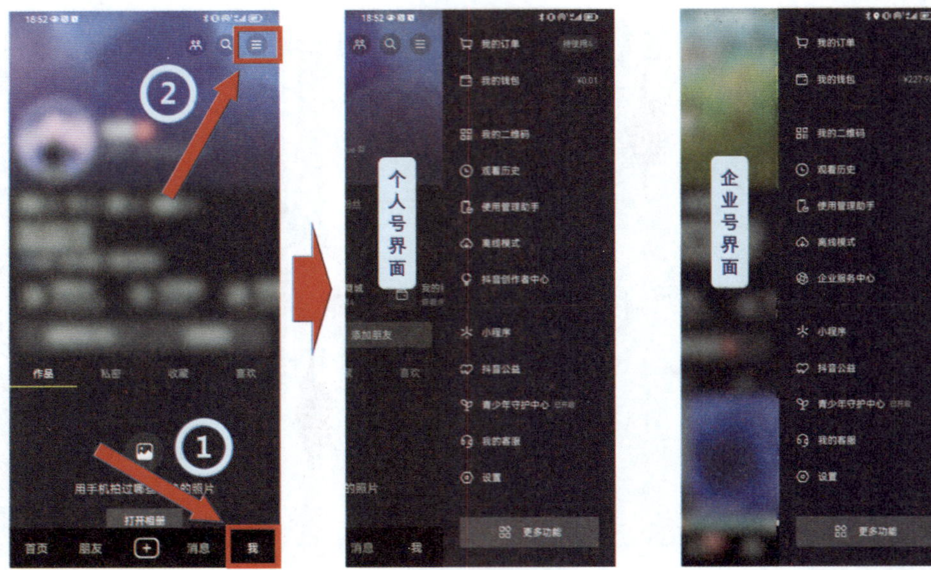

图 4-3　进入主设置界面的步骤

注：在后续的内容中，主设置界面的进入方法不再重复介绍，会直接描述为“在主设置界面选择某项功能”。

2）个人实名认证操作步骤（见图 4–4）。

步骤 1：在主设置界面选择“设置”。

步骤 2：在“设置”栏目中选择“账号与安全”，进入后再选择“实名认证”。

步骤 3：进入个人实名认证界面后，根据提示填写真实姓名和身份证号，再进行人脸验证，通过后就完成了个人实名认证。

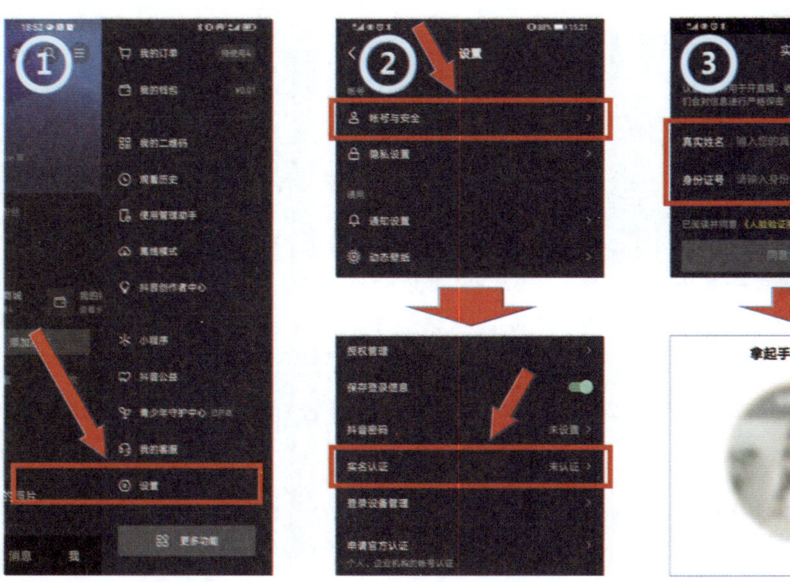

图 4-4　个人实名认证操作步骤

3）企业实名认证操作步骤（见图 4–5）。

步骤 1：从“设置”进入“账号与安全”界面后，选择“申请官方认证”。

步骤 2：进入后选择“企业认证”。

步骤 3：根据提示依次完成“上传营业执照”“进行企业身份验证”和“付费人工审核”，即可完成企业认证。

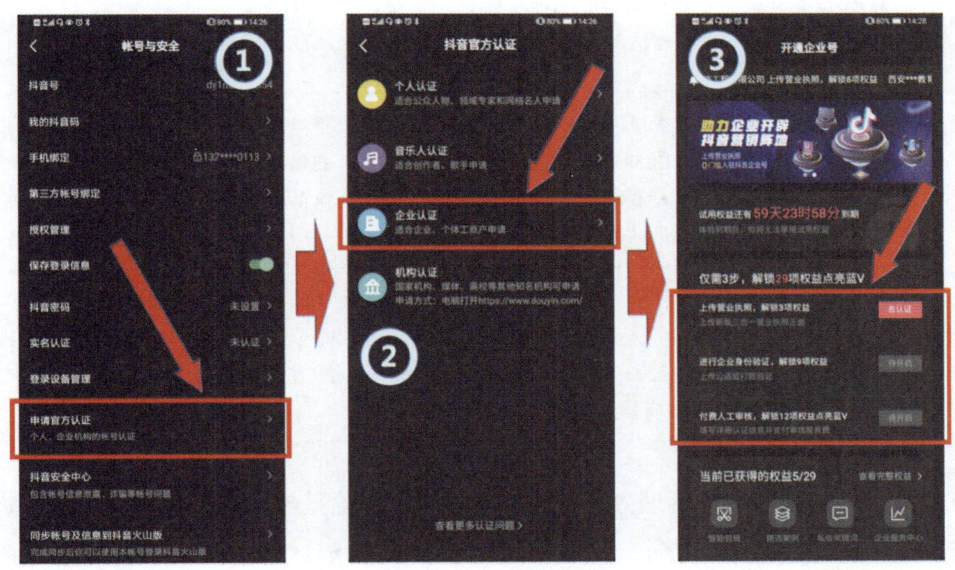

图 4–5　企业实名认证操作步骤

小贴士

实名认证

1. 实名认证是直播的必要前提，目前，互联网开播都需要进行本人真实身份信息认证。

2. 按照相关法律要求未满 18 周岁的未成年人不可以进行直播。

3. 实名认证要求是“一证一号”，即一个账号完成实名认证后，不可以再更改认证信息，实名信息必须是本人真实信息。

4. 如果不是主播本人的实名信息，当系统检测到开播人和实名人不一致时，可能会对账号进行封禁处理；此外，非本人实名的账号，相关权益也很难得到保护。

5. 实名认证不会暴露用户的隐私，抖音平台会严格保护用户隐私信息。

2. 开通直播带货相关功能

抖音直播带货涉及的基础功能包括商品橱窗、直播间购物车和抖音小店。这三个功能的主要用途、呈现形式和功能特点见表 4–3。

表 4–3　　抖音直播带货基础功能详情表

功能	主要用途	呈现形式	功能特点
商品橱窗	“商品橱窗”中展示的是跟该账号建立关联的商品	点击账号头像进入该账号主页，在简介信息下方显示有“进入橱窗”横栏，点击该横栏即可进入“商品橱窗”界面	用户需要先把商品添加到自身账号的“商品橱窗”里，才能再添加到短视频或直播间里
直播间购物车	“直播间购物车”中显示的是可以在该直播间下单购买的商品	在直播间最下方的一排图标中，手推车形状的图标就是“直播间购物车”，点击该图标可查看购物车中有哪些商品，点击商品即可查看详情并下单	“直播间购物车”里的商品只能来自本账号的“商品橱窗”或“抖音店铺”，每次开播都需要重新设置
抖音小店	抖音小店就是抖音平台上的电商店铺，需要使用企业资质注册开通	在抖音平台首页最上面一排选项中选择“购物”，或者点击右下角“我”进入账号主页，点击“抖音商城”，即可进入，可通过“抖音商城”搜索店铺或商品	根据抖音平台规则，抖音直播间只能销售来自抖音小店的商品，他人或自己的店铺均可

（1）商品橱窗的开通和管理方法。在抖音平台，无论是短视频带货还是直播带货，都需要先开通账号的商品橱窗功能，也就是让账号能够关联具体的商品，之后才能把商品购买链接添加到短视频或者直播间里。企业用户通过企业认证后会自动开通商品橱窗功能，个人用户在完成实名认证后，需要公开发布通过审核的短视频超过 10 条，积累粉丝数量超过 1 000 个，才能开通商品橱窗功能。

个人用户开通商品橱窗的步骤如图 4–6 所示。

图 4–6　个人用户开通商品橱窗的步骤

步骤 1：在主设置界面选择“抖音创作者中心”，进入后再选择“全部”。

步骤 2：在“全部”界面中选择“电商带货”。

步骤 3：进入“电商带货”界面即可看到开通商品橱窗的三项要求及完成情况。待三项要求全部达成后，点击“立即加入电商带货”按钮，提交带货资质并开通收款账户即可。

开通商品橱窗功能后，在用户个人主界面的账号简介下面会出现“商品橱窗”的图标，点击即可进入橱窗。对于平台观众来说，点击某个账号的橱窗就能够查看其中的商品并下单购买。对于账号用户来说，点击橱窗即可进入橱窗管理界面，在橱窗管理界面能够完成对橱窗商品的添加删除、位置调整、数据查看等操作。上述操作步骤如图 4-7 所示。

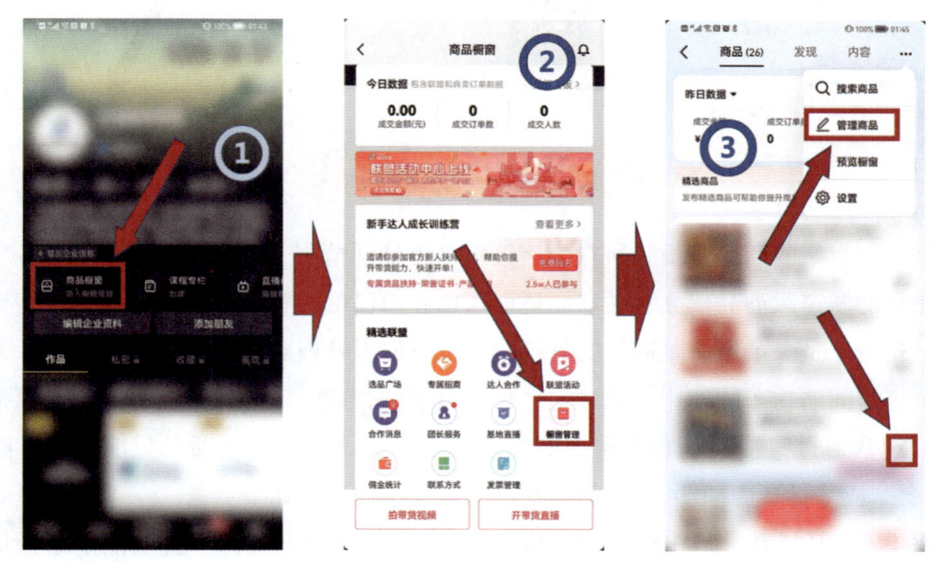

图 4-7 进入橱窗管理界面的操作步骤

在账号的橱窗中，用户可以添加抖音“精选联盟”或账号绑定店铺中的任意商品。进入“精选联盟”模块中的“选品广场”，选择或搜索想要查看的商品。在商品界面中能够看到该商品的详情信息、佣金率、近 30 天推广数据等。对于想要带货的商品，点击右下角的“加入橱窗”，即可添加到个人账号的橱窗里。上述操作步骤如图 4-8 所示。

小贴士

精选联盟

抖音平台上的“精选联盟”，实际上就是一个优质商品库，只有进入精选联盟的商品才能够被平台众多创作者添加到自己的橱窗里进行销售。商品进入“精选联盟”，需要由店铺提出申请，满足一定条件（包括店铺体验分、有无处罚等）后商品方可进入“精选联盟”。

图 4-8 添加商品的方法

可见，橱窗里的商品是由其所在的店铺负责维护详情页、处理订单和售后服务，用户只是把账号的橱窗跟商品建立了关联，进而可以在自己的短视频或者直播间里销售橱窗中的商品，相当于是一个不需要进货的分销商，没有权限处理商品的详情页和订单。

（2）直播间购物车的使用方法。主播想在直播间带货，需要先把商品添加到直播间购物车中，观众通过直播间购物车选择商品下单购买。购物车中的商品只能来自本账号的“商品橱窗”或“抖音店铺”。直播间购物车的商品添加步骤如下：

步骤 1：打开抖音，点击最下方中间“+”按钮，在界面底部一排功能中选择最右边的“开直播”。点击“商品”图标进入直播间购物车设置界面。

步骤 2：可在“我的橱窗”或“我的店铺”中查看可选择的产品，也可以通过搜索或者“粘贴链接”找到目标商品，在左侧勾选后点击“确认添加”即可加入本场直播的购物车。

步骤 3：添加商品后如需调整，可点击右下方带有角标数字的购物袋样式的图标进入设置界面，点击“管理商品”即可删除商品或调整排序，也可点击“去添加商品”继续添加商品。上述操作步骤如图 4-9 所示。

（3）抖音小店的开通方法。对于没有自己商品的主播来说，开通橱窗功能就能够满足直播带货的需要。但如果想要销售自己的商品，就需要在抖音上开设店铺（也就是“抖音小店”），通过店铺上架商品后才能在抖音短视频和抖音直播间里销售。只凭个人身份证是不能开通抖音小店的，必须使用合法注册的个人工商户营业执照或相关企业资质才可开通抖音小店。抖音小店的开通步骤如下。

步骤 1：在主设置界面的“抖音创作者中心”中选择“全部”，进入后选择“开通小店”。

步骤 2：点击并认真阅读《账号绑定服务协议》后，勾选“已阅读并同意《账号绑定服务协议》”并选择“立即入驻”。

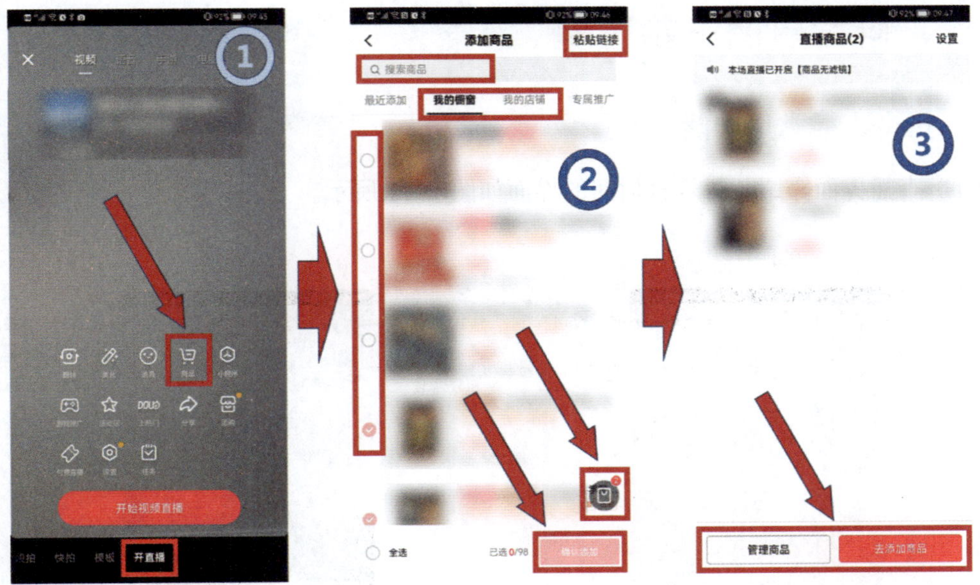

图 4–9 “直播间购物车”设置方法

步骤 3：根据自身情况，选择“个体工商户”或者“企业 / 公司”对应的“立即认证”。认证阶段按要求提供企业营业执照和法定代表人等相关信息（可点击左下角的“入驻攻略”了解所需材料和操作方法），认证通过即完成抖音小店的开通。上述操作步骤如图 4–10 所示。

图 4–10 抖音小店开通步骤

（4）直播带货相关规则和教程。抖音电商和直播带货的相关规则及教程可以在“抖音电商学习中心”的官方网站、“抖音数字学堂”和“巨量学”上免费学习。

二、抖音直播主要功能

1. 抖音直播常用功能

（1）直播界面介绍。抖音直播间的界面如图 4-11 所示。

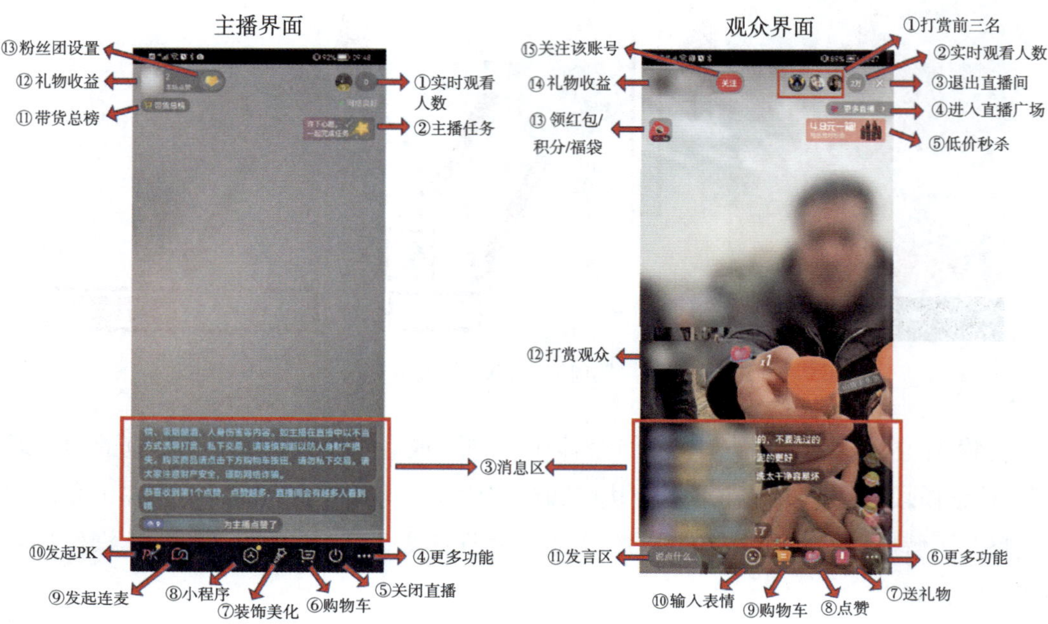

图 4-11　直播间界面介绍（主播界面和观众界面）

上述编号对应的具体信息或功能如下：

1）主播界面（左图从右上角开始顺时针排序）。

①实时观看人数：显示本直播间实时在线观看人数。

②主播任务：显示抖音给全平台主播布置的各种促进活跃度的任务。

③消息区：显示观众和主播在本直播间的留言，以及平台提醒内容。

④更多功能：查看除界面上已有按钮外的更多功能，包括“互动能力”“直播工具”“基础功能”三个模块和多项具体功能。

⑤关闭直播：结束本场直播，关闭该直播间。

⑥购物车：查看和设置本直播间购物车里的商品。

⑦装饰美化：可对本直播间进行装饰美化的各种功能。

⑧小程序：可查看和使用直播间的各种互动及游戏小程序。

⑨发起连麦：申请与其他在线主播进行连线对话。

⑩发起 PK：申请与其他在线主播进行“PK”互动。

⑪带货总榜：可查看最近一小时平台上带货金额最高的账号及排名。

⑫礼物收益：显示主播在本场直播中已收到的礼物、点赞等对应的收益。

⑬粉丝团设置：可设置自身粉丝团的相关指标参数。

2）观众界面（右图从右上角开始顺时针排序）。

①打赏前三名：显示本直播间到目前为止观众打赏前三名的头像。

②实时观看人数：显示本直播间实时在线观看人数。

③退出直播间：点击后会退出该直播间。

④进入直播广场：可进入“直播广场”，会展示当前所有在播的直播间。展示的直播间由平台根据一定算法自动排序。

⑤低价秒杀：显示平台上正在售卖的低价秒杀产品和热卖产品列表。

⑥更多功能：可查看除界面上已有按钮外的更多功能，包括“分享”“聊天频道”“投屏”“设置”“小窗播放”等多项功能。

⑦送礼物：点击后可选择各种可以给主播赠送的虚拟礼物，虚拟礼物需要付费购买。

⑧点赞：点击可以为直播间点赞，每个点赞需要支付 1 抖币，也就是 0.1 元人民币。

⑨购物车：点击可查看在本直播间售卖的商品。

⑩输入表情：点击选择想要显示在直播间“消息区”的表情。

⑪发言区：可在该位置输入想要显示在直播间“消息区”的文字。

⑫打赏观众：显示正在直播间打赏的观众昵称及打赏的虚拟礼物。

⑬领红包 / 积分 / 福袋：可领取直播间正在发放的红包、积分和福袋等。

⑭礼物收益：显示本直播间在本场直播中已经收到的礼物对应的点赞值。

⑮关注该账号：点击可直接关注本直播间账号。

（2）镜头设置。开始直播前，需要确认直播时使用手机的后置摄像头还是前置摄像头进行拍摄，通常手机的前置摄像头配置比后置摄像头配置低，应根据需要进行设置。试播时，若直播间显示的画面（特别是文字）是左右颠倒的，应使用镜像功能让文字和画面归正。要注意，镜像功能只在使用前置摄像头时生效，使用后置摄像头时该功能无法使用。

（3）直播美化。抖音直播平台的美化功能、能够在直播时对直播背景、主播的肤色、脸型等进行美化，提高直播界面的美观度。直播时，在主播界面点击“装饰美化”按钮（见图 4–11，左图⑦），进入装饰美化界面，根据需要选择相应的功能进行设置即可。具体功能如下。

1）美化：可以对主播进行人像美颜，如磨皮、瘦脸、大眼、美白、妆效等，且美化效果可调节，主播根据需求自行调节即可。

2）道具：可以显示在直播界面上的虚拟装饰物，如给主播加一副虚拟墨镜等，以增加直播的娱乐性。

3）贴纸：可以显示在直播界面上的贴纸，类似于在屏幕上放置了一个可以显示文字的图片，让所有观众都能看到。

4）手势魔法：设置一个特定手势对应的特效，设置好后，当主播比出这个手势时，屏幕就会出现相应的特效。

5）变声器：可以对主播的声音进行变声处理，如明亮、磁性、麦霸、回音等，观众听到的是经过处理的声音效果。

（4）打赏收入和提现。抖音直播间允许观众为自己喜欢的主播打赏，打赏是通过购买和赠送虚拟礼物实现的。不同礼物的价格不同，也就对应着不同的打赏金额。

主播收到的礼物都会折算成一定的现金，如果需要提现，主播可在“主设置界面”中“我的钱包”里查看全部的直播收入，选择提现即可将打赏收入提取到已绑定的跟主播实名认证身份一致的银行卡上了。

2. 直播互动功能

为提高直播间的互动性，丰富直播内容，抖音平台提供了很多直播互动功能，常用的互动功能如下。

（1）连麦功能。连麦是指 1 ~ 6 个观众账号连线到直播间，这时直播间的画面就会变成同时显示所有连线账号的镜头，连麦观众可以与主播对话交流，其他观众可以观看连麦各账号的对话场景。

1）发起连麦。开播后，主播可以点击“连麦”按钮，选择“双人聊”（最多支持 2 个观众连线）或者“聊天室”（最多支持 6 个观众连线），等待观众连线进来；也可以在列表中主动选择或搜索想要连麦的账号，发起“连麦”，当对方同意连麦后，直播间就会进入“连麦”状态。

2）接受连麦。被申请连麦的主播会看到系统提示某个账号想要与自己连麦。选择“同意”就会进入连麦状态，选择“拒绝”则不会连麦。

（2）PK 功能。PK 是指两个直播间的主播互相发起挑战，与直播间观众互动，共同完成比赛。如在规定时间内哪个直播间获得的点赞或虚拟礼物最多等。主播可以在 PK 正式开始前约定好失败方的“惩罚”，通常是表演一段才艺，或做简单的小游戏等，增加直播的娱乐效果。

直播时，在主播界面点击“PK”按钮，即可发起“PK”，主播可以发起随机 PK，也可以通过搜索想 PK 主播的昵称或账号 ID 来邀请 PK。

需要注意的是，PK 与连麦是不同的，连麦是观众与主播之间的连线，是在同一个直播间进行；而 PK 是两个主播之间的连线和互动，是两个直播间的一种连麦。

（3）礼物投票和福袋功能。

礼物投票：主播可以围绕某个主题发起投票，请观众通过赠送虚拟礼物的方式对不同选项进行投票。

福袋：主播可以通过使用“福袋”向观众发放抖币奖励，是主播回馈观众、留住观众的方法之一。

礼物投票和福袋在主播界面的“小程序”中（见图 4-11，左图⑧），在小程序界面，根据需要选择“礼物投票”或“福袋”，并设置好内容后即可发起。

（4）K 歌、游戏等功能。在主播界面的“小程序”中，还有“K 歌”和一系列游戏。主播需要在直播间唱歌时，可在“K 歌”中选择歌曲伴奏，然后直接在直播间跟着伴奏演唱即可。各种游戏功能则是用于主播和观众之间的互动，如“你比我猜”，就是主播根据看到的词语进行手势比划，观众来猜是什么词语。抖音平台的直播间游戏程序在不断增加，使主播和观众的互动越来越丰富和有趣，提高了抖音直播的可看性。

三、抖音直播带货操作流程

1. 开播

打开抖音，完成实名认证后，点击主界面最下方中间“+”按钮，然后点击右下方的“开直播”。此时可以进行开播前的相关设置，包括镜头设置、美化、商品等，设置完毕后点击“开始视频直播”即可正式开播。上述操作步骤如图 4–12 所示。

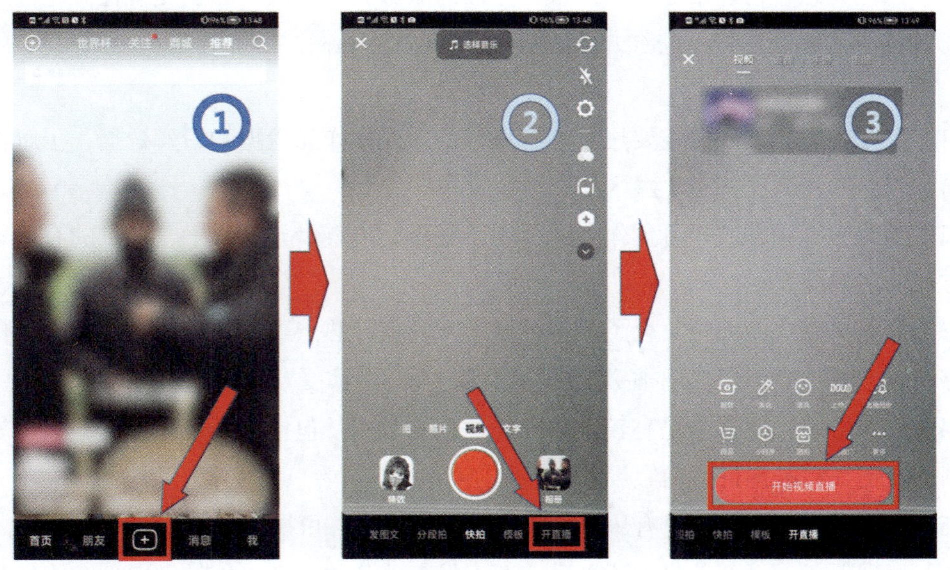

图 4–12　抖音开播步骤

2. 直播间商品上架下架

对于已经开通商品分享功能的账号，在开始直播前的设置界面和开播后的主播界面都能看到购物车样式的图标，通过这个图标可以随时进行商品的添加、删除和排序，方便主播在直播间分享商品。

3. 结束直播

从操作方面来说，主播可以随时结束直播，只需点击主播界面的“关闭直播”按钮并确认即可。

从观众体验方面来说，直播不应该仓促结束。主播可以在直播中同观众充分说明时间计划，在结束前通过福袋、抽奖、表达感谢等方式回馈观众，并预告下一次的开播时间和主题，这样有利于观众对主播的认可和持续关注。

4. 查看直播数据

直播数据是每个主播都应关注的重要内容。

主播可通过直播结束时直播间结束界面显示的“收获音浪”“新增粉丝”“观众人数”“更多数据”等，了解本场直播的相关数据信息。

还可以在“抖音创作者中心”中的“主播中心”和“数据中心”里，查看和分析当天和近期的各种直播数据。

5. 常用平台功能

抖音平台还为用户提供一系列的平台服务，包括学创作方面的服务，如数据中心、学习中心、创作灵感、粉丝中心等。涨收入方面的服务，如收入中心、变现任务、开通小店和电商带货、团购带货等。进阶方面的服务，如主播中心、上热门、企业号开通、团购开店等。

（1）数据中心：该部分主要用于查看账号的短视频作品数据和粉丝数据，了解作品质量和粉丝画像（性别比例、年龄区间、地域分布等）。

（2）学习中心：在“抖音创作者学习中心”里，可查看并学习平台提供的有关短视频创作方面的免费课程。

（3）创作灵感：该部分集合了最近可供学习的各种热点事件和热门视频，为创作者提供灵感，也方便主播仿照热门拍摄自己的内容，提高内容受欢迎程度。

（4）粉丝中心：该部分里有较全面的粉丝相关数据，包括粉丝变化和互动数据等，可指导创作者更加精准地进行内容设计。

（5）收入中心：该部分里有用户的收入数据统计，并可操作提现。

（6）变现任务：该部分集中了平台或商家发布的各种任务，创作者通过完成任务可获得收入。

（7）开通小店和电商带货：开通抖音店铺和开通橱窗功能的入口。

（8）团购带货：创作者开通团购带货功能的入口，该功能允许创作者为抖音平台上的团购业务（代金券、门票、酒店套餐等）带货。

（9）主播中心：该部分聚合了为主播提供的各类功能和服务，包括直播数据、观众分析、直播回放、主播诊断、粉丝群管理、主播任务等。

（10）上热门：上热门是用户通过购买和投放 DOU+（一种付费流量）来提高视频作品热度的功能。

（11）企业号开通：企业用户可通过此入口申请开通企业号。

（12）团购开店：团购是抖音为本地生活服务商家提供的一种营销功能，餐饮、美容美发、休闲娱乐、酒店旅游等商家可以通过开通团购功能，在抖音上推广销售代金券、预订券、套餐券等，用户购买后可到店进行核销。

抖音直播的学习资源

抖音为促进就业创业搭建了一个培训及服务平台——抖音数字学堂（原头条学堂），该平台面向乡村领域用户持续提供线上和线下的公益培训。此外，该平台面向企业、个人和院校师生都有专门的培训支持，读者可根据自身情况关注相应人群的培训课程。

抖音直播电商涉及的功能、操作、方法等有很多，且在快速发展变化，希望用户通过该平台优质学习资源的支持，能不断成长提高。

实训操作

实训主题：尝试独立完成在抖音平台直播带货。

实训目标：通过本单元的学习，学员能够掌握在抖音平台开展直播电商所需的基础操作，并有能力进行直播带货。

实训流程和要求：

任务一　在抖音平台直播 30 分钟

时长	流程和要求	注意事项
10 分钟	开通抖音账号，完成实名认证	
30 分钟	进行一场 30 分钟以上的直播	1. 直播内容可以是聊天、讲课、才艺等，不需要挂购物车 2. 注意总结留住观众的方法和与观众互动交流的技巧

任务二　在抖音平台直播带货 60 分钟以上

时长	流程和要求	注意事项
3 周	通过发布短视频和直播等方法将粉丝数量提高到 1 000 个以上，开通橱窗功能	自学抖音涨粉方法，提高涨粉效率
60 分钟	选择精选联盟中的优质农产品进行一场 60 分钟以上的带货直播	1. 直播内容应以销售商品为主 2. 注意总结选品技巧和直播销售话术

实训心得：

学习单元 2

淘宝直播

2016年，淘宝直播品牌正式发布，并逐步发展成为商家销售运营的主要工具。淘宝直播包括店铺自播和达人直播两种类型。

店铺自播指本身有淘宝店铺并以商家身份开通直播权限的一种直播方式。很多农特产品店铺利用靠近农产品供应链的优势，用直播展现产品、实现销售，田间地头、基地果园都成为“三农”主播展示店铺产品的直播场景。店铺自播让消费者的购买行为从传统的搜索、活动等不断向内容性更强的直播场景转移。

1. 80后淘宝店主在直播间烹饪黑猪肉，1小时吸引10万网友观看。

2. 农村淘宝合伙人直播龙虾捕捞、烹制，10分钟卖出3 000份龙虾。

3. 某实体店店主用“边参观、边讲解、边玩耍”的模式，直播山头抓土鸡、树林里捡土鸡蛋、寻找农家腊肉源头等，使得当天27种农产品全部售罄。

达人直播指达人作为主播，不需要自己开设店铺，而是通过销售其他店铺的商品，以佣金的形式获得收益的直播方式。达人主播一般都有自己专属的粉丝和消费群体。

案例

1. 某知名达人主播，“双十一”期间，一场直播预售金额近 70 亿元。

2. 某淘宝达人直播账号在“家乡好货”类排行中占据比较靠前的位置，近 30 天实现 3 600 多件产品的销售，如图 4–13 所示，吸粉能力和带货能力都表现突出。

排行	播主信息	指数	粉丝数	点赞数	观看次数	操作
01 ↑647		455	63.40万	7,548	1,060	☆
02 ↓366		452	12.69万	1.02万	1.29万	☆
03 ↓50		409	2.79万	4.70万	3.32万	☆
04 ↓140		398	4.97万	6,036	1.33万	☆
05 ↑9,471		395	7.84万	900	2.09万	☆
06 ↑1,305		394	2.35万	8.67万	1.74万	☆

基本信息

455	12.69万
指数	粉丝数
706	31.87万
开播场次	评论数

数据概览（以下为近30天数据）

21	9,442	3,697
开播场次	场均观看次数	带货销量(件)
8,022	1,399	
场均点赞	场均评论	

图 4–13　淘宝达人行业榜

2020 年 3 月 30 日，淘宝正式发布村播计划 2.0。村播是指淘宝计划在全国 100 个县培育 1 000 名月入过万元的农民主播，用电商直播的形式助力农产品推广和销售。淘宝村播是平台对“三农”直播领域的资源倾斜，帮助区域发展原产经济，助力农产品上行，通过直播新技术带动当地农民创业的渠道。

村播要求直播间的货物 70% 必须是农土产品，如腊肉、野菜、水果等，还有 30% 可以是相关联的产品，如铁锅、传统手工艺品等。农民、网红、KOL（影响力较大、受众广泛的意见领袖）都可以成为村播主播。

此外，淘宝直播还为“三农”类产品开辟了“家乡好货”“产地直供”等频道，为“三农”类产品做曝光和引流，如图 4–14 所示。

一、开通淘宝直播

步骤 1：用手机直播的用户需要在手机应用商城中搜索并下载淘宝主播 App，如图 4–15 所示。

步骤 2：打开淘宝主播 App，使用淘宝或支付宝账号登录后进入淘宝主播首页，点击“立即入驻，即可开启直播”，如图 4–16 所示。

图 4–14　淘宝直播

图 4–15　下载淘宝主播 App　　图 4–16　主播入驻界面

步骤 3：在“立即入驻，即可开启直播”界面中点击实人认证中的“去认证”，如图 4–17 所示。

步骤 4：认真阅读实人认证服务通用规则并勾选“同意以下协议”，点击“完成”后进入人像认证，如图 4–18 所示。按系统提示完成人像认证即可完成入驻。

图 4–17　实人认证界面

图 4–18　完成实人认证界面

步骤 5：入驻完成后，可在“账号设置”中修改头像、昵称，如图 4–19 所示。头像和昵称可以与店铺一致，也可以根据直播需要另起昵称，昵称每 15 天可以修改一次。

图 4−19　账号设置、修改昵称界面

用电脑直播的用户，需要先下载淘宝直播电脑客户端（只支持 Windows 系统），如图 4–20 所示。其他操作参照手机端操作即可。

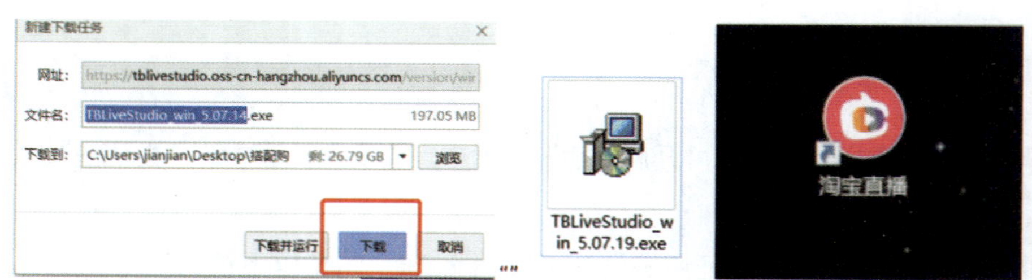

图 4−20　淘宝直播电脑客户端下载

二、开启淘宝直播

1. 发布直播预告

开播前可以发布直播预告，以便更好地引流预热。直播预告可以提示开播时间，通知粉丝在特定的开播时间观看直播。粉丝通过直播预告预约后，直播前会弹出界面提示开播。

步骤 1：打开淘宝主播 App，点击“发预告”，如图 4–21 所示。

步骤 2：上传直播预告封面图。点击“1∶1 封面图”，选择手机中的封面图片，系统

会根据 1∶1 的框架进行裁剪，可拖动图片框，选择需要的图片展现区域，并点击“下一步”，再点击“完成”，即可完成 1∶1 封面图上传，如图 4–22 所示。

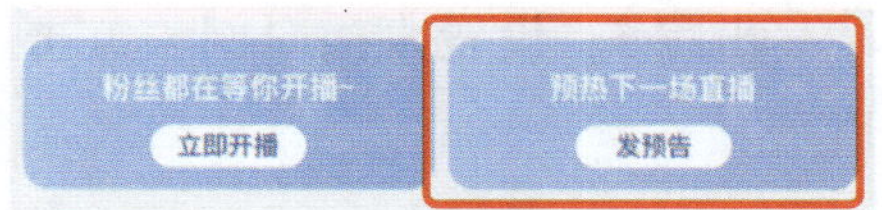

图 4–21　创建预告界面

步骤 3：上传直播预告视频。点击“竖版视频”，选择已拍好的直播预告视频，上传即可，如图 4–23 所示。需要注意的是，预告视频的最大时长为 60 s，文件大小不要大于 10 M。

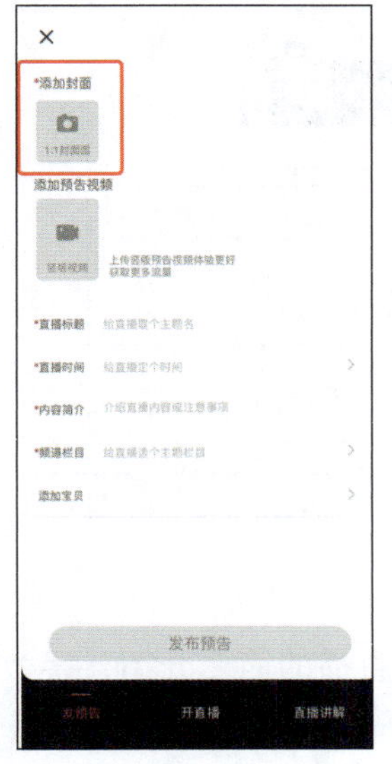

图 4–22　上传直播预告封面图

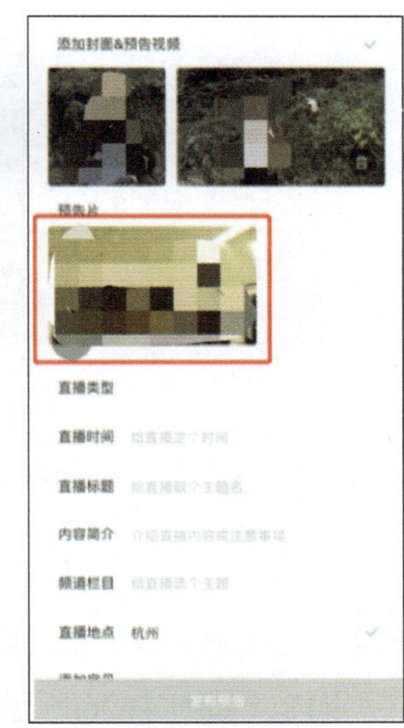

图 4–23　上传直播预告视频

步骤 4：填写直播标题。点击“直播标题”，编辑本场直播的标题，如图 4–24 所示。直播标题的内容不要超过 10 个字，最好用简明的标题点明核心主题和利益点，帮助用户了解本场直播的主要内容，并吸引用户观看直播。

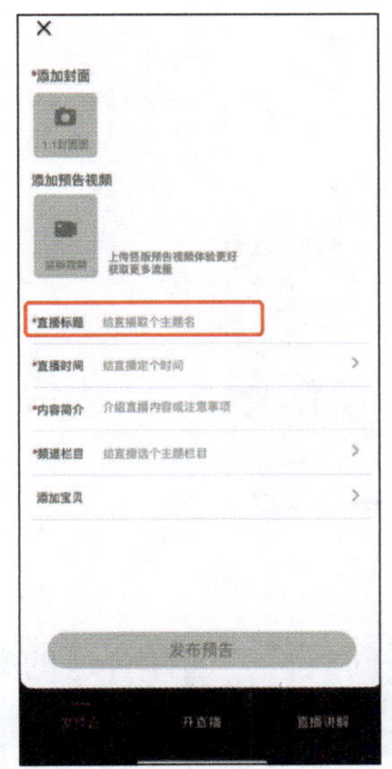

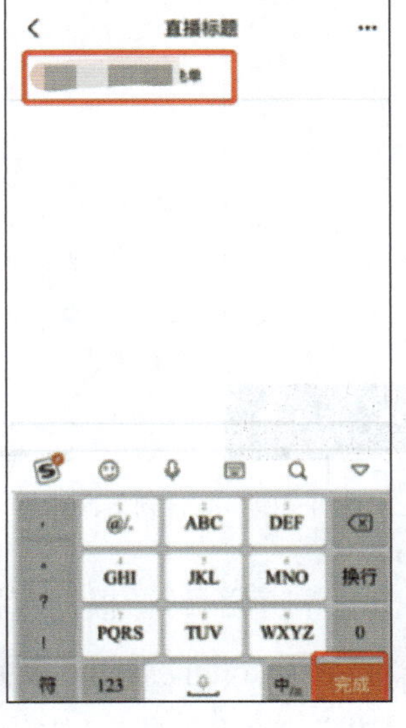

图 4–24　填写直播标题

步骤 5：设置直播时间。点击“直播时间”，设置直播日期和具体时间，如图 4–25 所示。

图 4–25　设置直播时间

步骤 6：编辑内容简介。点击“内容简介”编写对本场直播的简要介绍，字数需控制在 140 字以内，如图 4–26 所示。

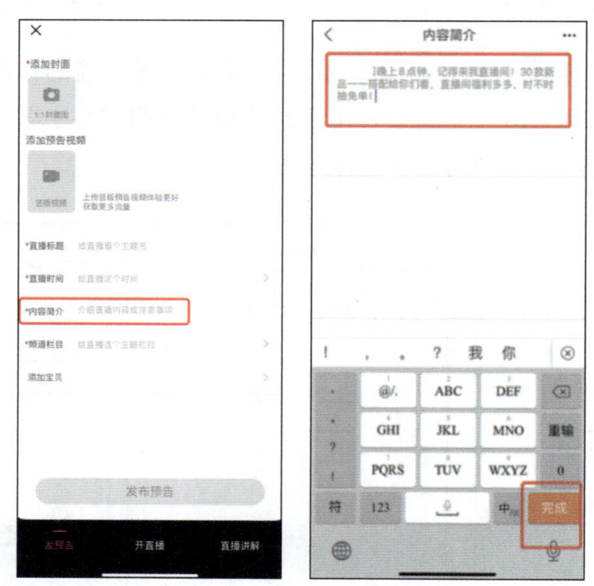

图 4–26　编辑内容简介

步骤 7：选择频道栏目。点击“频道栏目”，根据直播间属性，选择合适的频道栏目和直播间标签，如图 4–27 所示，便于平台将直播间匹配到更精准的观看人群。“三农”直播间，一般选择的频道为“产地直供”“家乡好货”“吃货力荐”等。

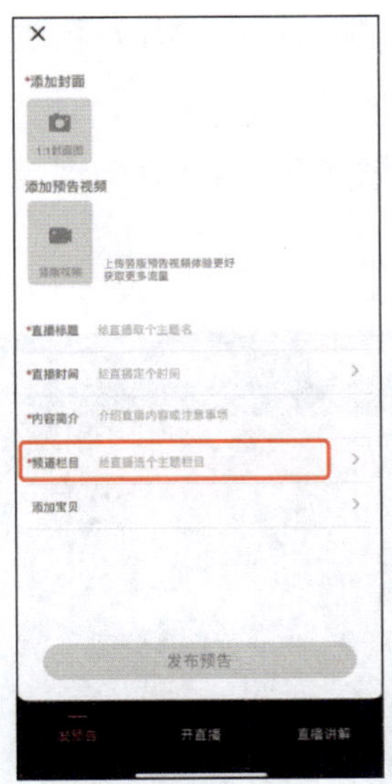

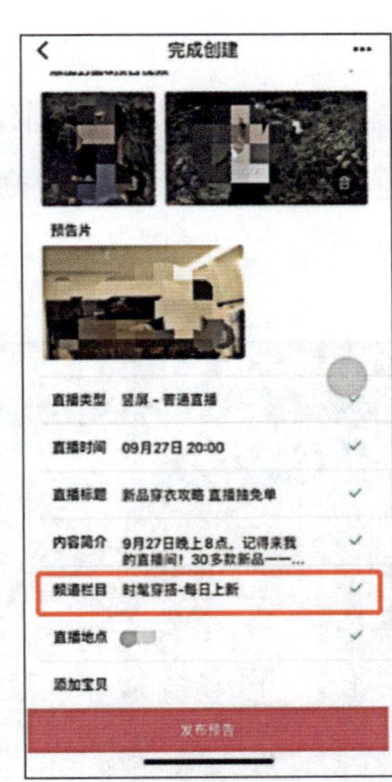

图 4–27　选择频道栏目

步骤 8：为直播预告添加宝贝。直播预告时，可以添加商品链接，提前让客户看到直播商品（也可以正式直播时再添加）。点击“添加宝贝”，点击“+”，选择要直播的商品并确认，即完成商品的添加，如图 4–28 所示。

步骤 9：点击“发布预告”，即可完成手机直播预告的发布。

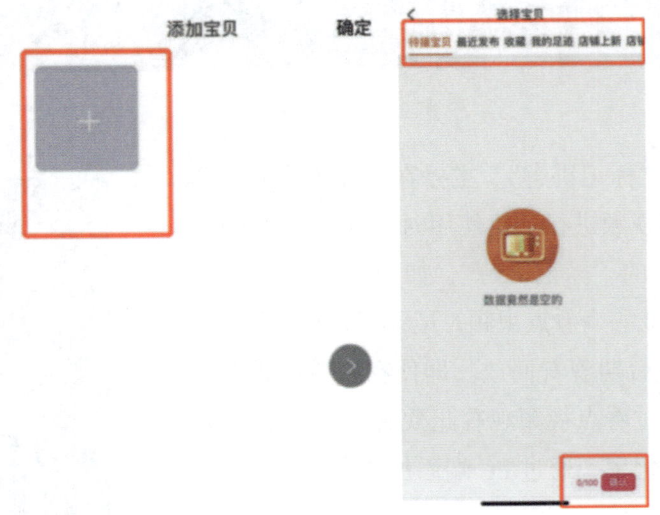

图 4–28　为直播预告添加宝贝

2. 淘宝直播开播流程

步骤 1：创建淘宝直播。

打开淘宝主播 App，针对已经发布的直播预告，点击“开始直播”，如图 4–29 所示，弹出“是

图 4–29　手机端创建直播

否开启高清直播？”的提示框，选择“是，我要开高清”，随后点击“开始直播”。若未发布直播预告，可以直接点击“创建直播”，即可开启直播流程。

如果通过 PC 端开启直播，则打开淘宝直播电脑客户端，进入中控台，点击“创建直播”，即可开始直播流程，如图 4–30 所示。

图 4–30　PC 端创建直播

步骤 2：添加“标记讲解”。主播在直播中讲解某款商品并需要对讲解视频进行重复使用时，可以在“宝贝”列表中点击该商品的“标记讲解”，如图 4–31 所示，系统会在该时间点生成一个看点视频，记录下讲解这款商品的画面，方便观众后期观看回放。即使在直播间未开播时，用户也可以通过看点视频观看此款商品的主播讲解，有助于提升销售转化率。通过 PC 端添加“直播讲解”如图 4–32 所示。

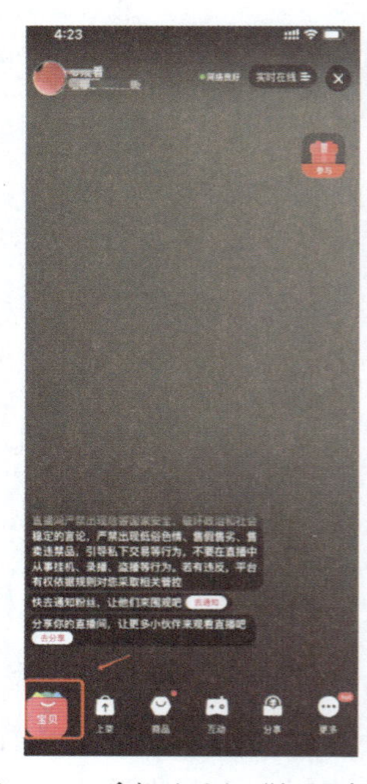

图 4–31　手机端添加“标记讲解”

步骤 3：设置直播互动。这是为直播间增加粉丝互动的重要步骤。可以在 PC 端中控台的面板中进行设置，针对拉新涨粉、时长提升、商品转化、人群营销、内容营销几个维度选择相应的活动模块，如图 4–33 所示。

步骤 4：直播装修。在 PC 端中控台的面板中进行设置，在直播装修模块中可以对前置贴片、智能商品卡、主

播信息卡、2D 绿幕、3D 绿幕等进行设置，帮助商家和主播快速美化直播间，如图 4–34 所示。

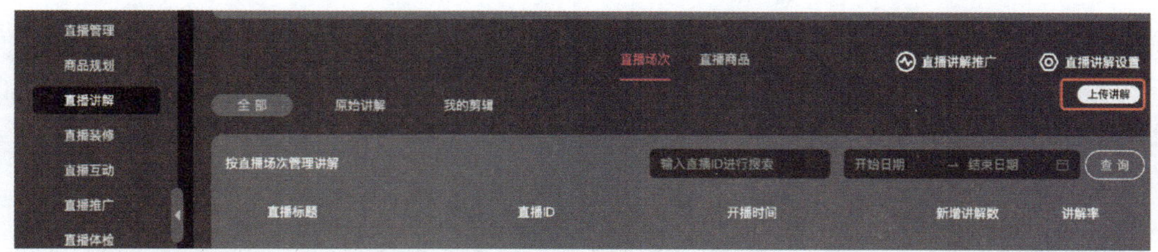

图 4–32　PC 端添加“直播讲解”

图 4–33　设置直播互动

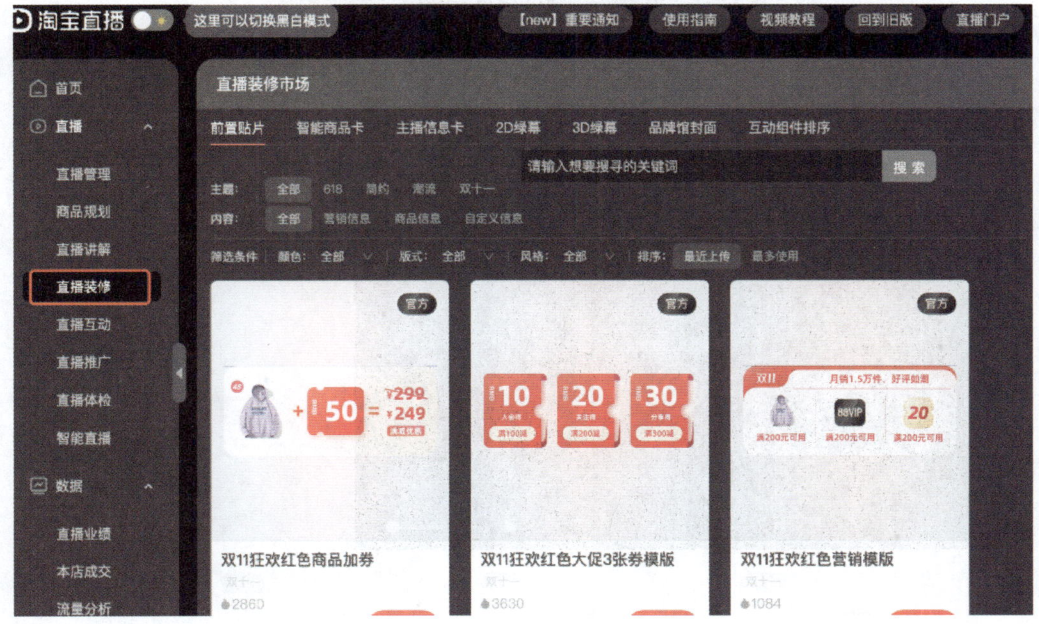

图 4–34　直播装修

步骤 5：为直播间添加商品。在 PC 端中控台面板中选择并点击“商品规划”图标，选中要添加的宝贝即可，如图 4–35 所示。

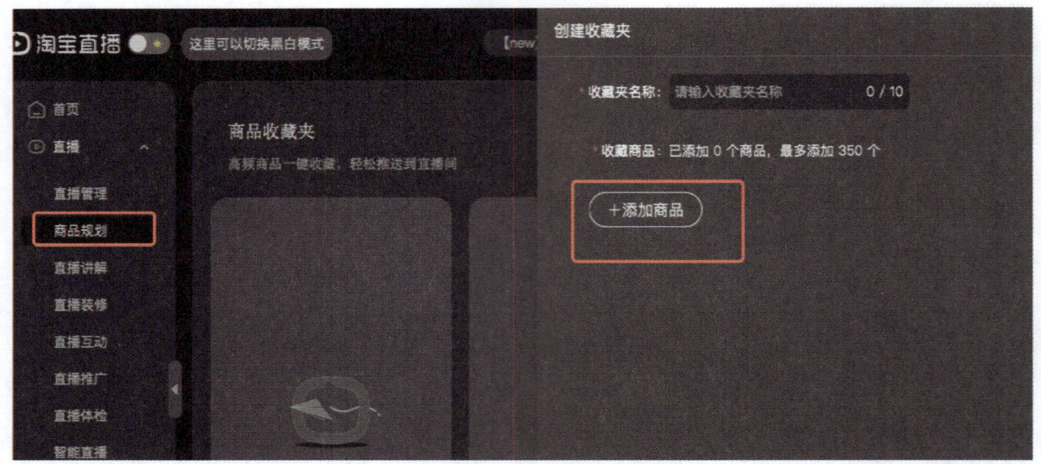

图 4–35 PC 端添加宝贝

步骤 6：结束本场直播。手机端用户结束直播只需点击直播界面右下角的“结束直播”即可，如图 4–36 所示；PC 端用户结束直播需点击中控台直播界面右上角的“结束直播”即可，如图 4–37 所示。

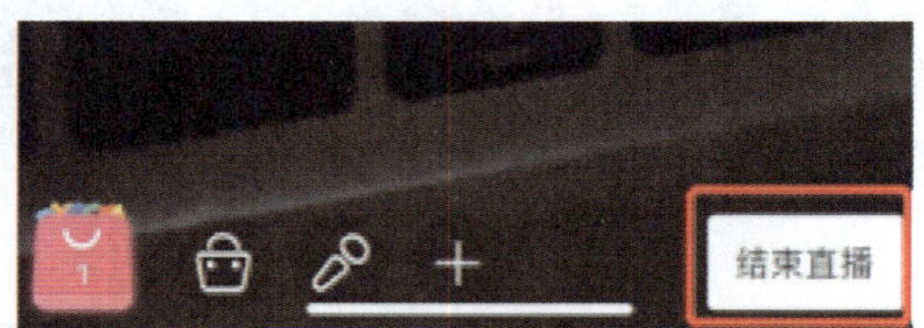

图 4–36 手机端结束直播

图 4–37 PC 端结束直播

实训操作

实训主题： 完成淘宝达人直播入驻并进行一场直播。

实训目标： 掌握淘宝平台直播的入驻及开播流程，并能够落实实践，在实际开播中巩固知识要点。

实训流程和要求：

任务一 下载淘宝主播 App，完成淘宝达人入驻。

时长	流程和要求	注意事项
5 分钟	下载淘宝主播 App	
30 分钟	完成淘宝达人入驻，进行账号、头像和昵称设置	

任务二 发布直播预告，进行一场淘宝直播。

时长	流程和要求	注意事项
10 分钟	熟悉直播预告流程，发布直播预告	提前进行直播主题规划，设计直播封面，确定直播标题等
30 分钟	用手机进行一场 30 分钟以上的直播，掌握淘宝直播的基本操作流程	

实训心得：

学习单元 3

快手直播

近几年，快手平台不断加大对“三农”类直播的资源扶持，推出针对农产品的“源头好货”策略，主打“货源地，一件也是批发价”，通过主播的力量传播原产地产品，全面助力乡村振兴。

一、开通快手直播

1. 开通账号

步骤 1：在手机应用商城中搜索并下载快手 App，如图 4–38 所示，安装完成后打开即可进入快手界面。

图 4–38　下载快手 App

步骤 2：打开快手 App 后，点击右下角“我”进入个人主界面，点击“登录”，可以选择使用手机号登录，也可以使用微信、QQ、微博等方式进行授权登录。这里以使用手机号登录为例，输入手机号码后，点击“获取验证码”，输入快手平台发送的验证码后，认真阅读相关政策、协议并勾选“我已阅读并同意快手软件许可及服务协议、隐私政策、儿童守护协议和儿童个人信息保护规则”，点击“登录”即可进入快手用户使用界面，如图 4–39 所示。

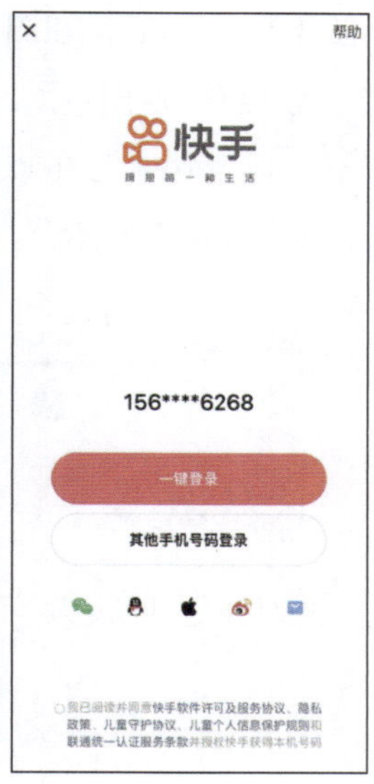

图 4–39　快手账号登录

2. 设置账号

设置主播昵称、简介等相关资料，形成个人的 IP 识别，为开播做好准备。

步骤 1：点击快手主界面右下角的“我”，进入个人主页界面，如图 4–40 所示，在这里可以看到用户的昵称、快手号、简介和所有作品。

图 4–40　快手个人主页

步骤 2：点击“完善资料”即可对头像、昵称、快手号、个人介绍等内容进行编辑设置。如图 4–41 所示。内容信息填写越详细，后期匹配的粉丝人群越精准。

（1）头像。编辑头像时需要注意，头像以圆形呈现，要让重点信息能够展示完全。头像最好是真人头像，信息真实更容易使粉丝产生信任感。

（2）昵称。设置昵称时可以选择和自己人设或所销售的产品相关的昵称，或加入地域等前后缀更容易被记住，如农村李姐，大理小雪等。需要注意的是，昵称尽量不要使用符号或繁体字、错别字，营销色彩很重的词语也不建议使用。快手昵称一周可修改 2 次，但昵称要尽量固定，以便于粉丝记忆，如图 4–42 所示。

（3）快手号。快手号是账号在快手上的符号识别，通过搜索快手号也可以找到账号，每个账号的快手号都不一样。快手号可以修改，仅支持 8 ~ 20 个字母、数字、下划线或减号，必须以字母开头，如图 4–43 所示。

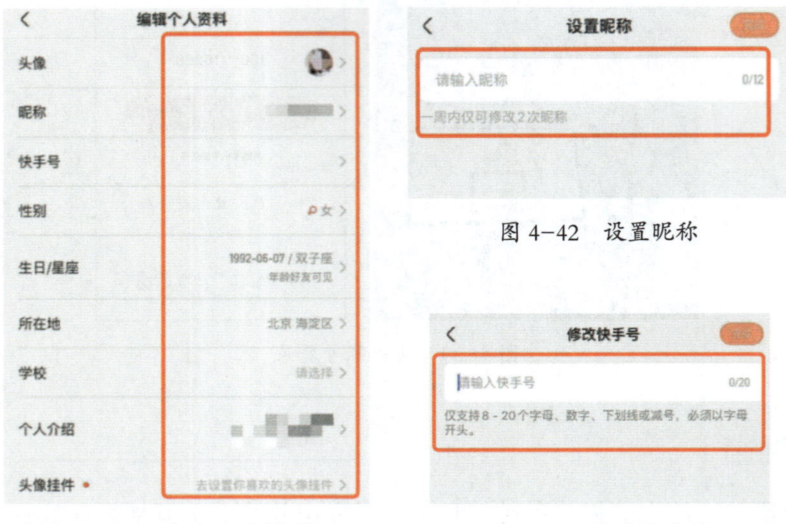

图 4–42　设置昵称

图 4–41　编辑个人资料界面

图 4–43　修改快手号

（4）个人介绍。个人介绍最多可以写 255 个字，需要注意的是，在个人主页展示的介绍只会显示前三行，后面的内容会被折叠，点击展开后才可以看到。因此，重要的信息、希望让粉丝第一眼看到的信息，尽量写在前面，如图 4–44 所示。

图 4–44　设置个人介绍

3. 设置作品权限

点击快手主界面右下角的“我”，进入个人主界面后可以看到自己发布的包括私密作品在内的全部作品及点赞和收藏的作品，私密作品指的是只有自己可看而别人看不到的作品。作品权限可通过点击作品右下角的“权限设置”，对作品进行相应操作，如图 4–45 所示。

图 4-45　作品权限设置

4. 开通直播权限

点击快手主界面左上角的图标，可以看到“设置”模块，点击“设置”中的“开通直播”，按照要求开通即可，如图 4-46 所示。需要注意的是，如果是使用微信号、QQ 号或其他方式登录的，需要绑定手机号；如果是使用手机号登录，则不需要再另外进行绑定。

图 4-46　开通直播权限

5. 设置直播界面

开通直播权限后，点击主界面下方中间“+”按钮，如图 4-47 所示，然后点击右下方的“开直播”，即可进入直播界面。

图 4-47　点击图标进入直播界面

（1）添加封面与标题。直播界面上部为“添加封面”及填写标题的位置，封面可直接选取相册中的图片，也可直接拍摄；标题建议 6 个字以上，好的封面和标题可以提高直播间的点击率和转化率。如图 4–48 所示。

（2）选择开播形式。在直播界面下部可以选择开播的形式，包括视频、语音、聊天室、游戏几种模式。视频直播是最常见的真实画面的直播，语音直播是只能听到声音、看不到画面的直播形式，可以根据直播需要进行选择。

（3）“魔法”。“魔法”是指直播间的特效展示，有针对人、景物的不同效果，也会随着热点经常更新，如图 4–49 所示。

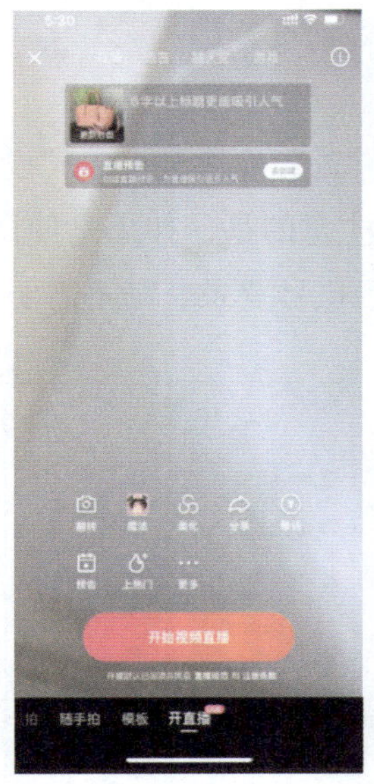

图 4-48　开播前界面

图 4-49　“魔法”功能

（4）“美化”。“美化”功能在直播界面的右侧，包含美颜、美妆和滤镜功能，如图 4–50 所示。要注意的是，滤镜和美妆开太过的话可能会使画面清晰度降低，人物也会失去真实感，要适度使用。

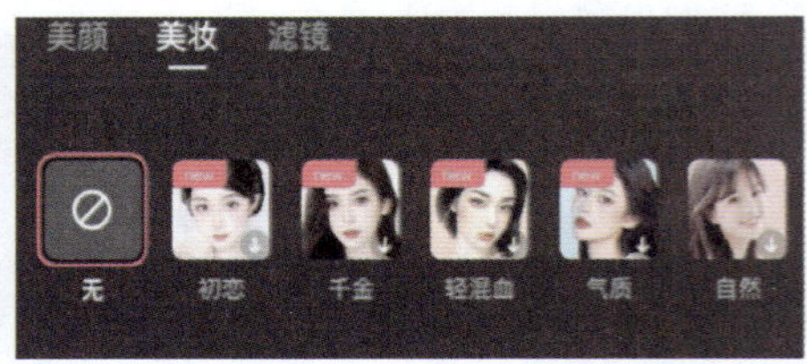

图 4-50　“美化”功能

（5）“分享”。“分享”是指把直播间分享到各个渠道进行引流和宣传，如图 4–51 所示。

（6）“上热门”。如图 4–52 所示，“上热门”是指通过付费的方式为直播间引流，根据直播间的具体需求，提升观看人数、粉丝数。建议投放时一次数额不要太大，可以小金额多批次投放，以降低投放风险。在自定义人群投放中，可以选择具体投放人群的性别、年龄、地域等，以便与直播间进行更加精准的匹配。

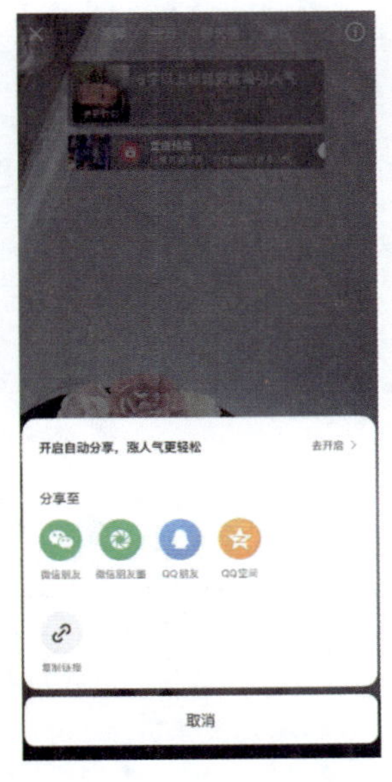

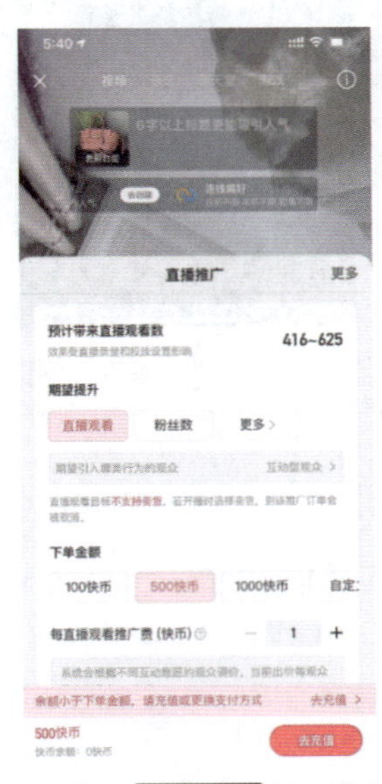

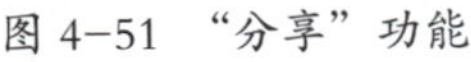
图 4–51 “分享”功能

图 4–52 直播间“上热门”推广界面

（7）“更多”。包括互动玩法，如直播心愿、语音评论等；直播工具，如直播公告、钱包等；常用功能，如敏感词设置、私密设置等。其中，通过敏感词设置可以设置不希望在直播里出现的敏感词，如脏话、侮辱性语言、黑称等。如图 4–53 所示。

6. 添加商品链接

（1）开通快手小店。如图 4–54 所示，点击快手主界面左上角的图标，点击“快手小店”，选择“开店”后，按平台提示完成相关操作，即可开通快手小店。

（2）添加商品。开通快手小店后，通过“常用应用”中的“添加商品”，将产品上架到小店中，如图 4–55 所示。添加商品时，需要选择商品的类别、填写商品标题、添加商品主图、描述商品详情、添加详情页、设置库存和价格等，如图 4–56 所示。提交审核通过后，在快手平台就拥有了自己的店铺，便可以对店铺产品进行各项管理和操作，有订单产生后也可以直接看到订单信息，进行打单发货等相关操作。

（3）推广其他店铺的商品。如果没有自己的货源，也可以选择通过直播推广其他店铺的商品赚取佣金。点击“选品中心”进入“快分销”，如图 4–57 所示，有丰富的商品可供选择。选好想要推广的商品后，点击“加入货架”即可。如图 4–58 所示。

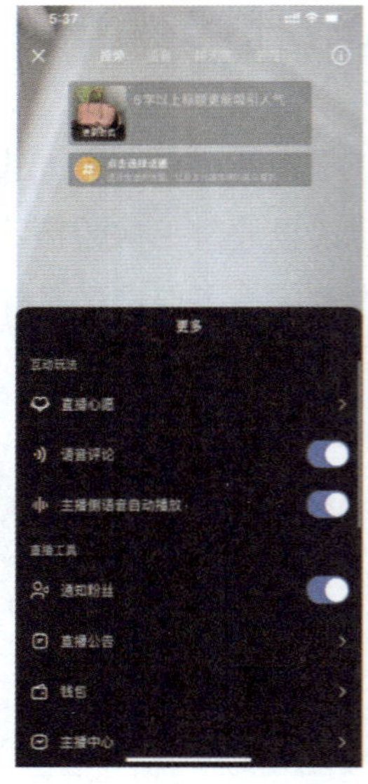

图 4-53 “更多”功能

图 4-54 开通快手小店

图 4-55 快手小店管理界面

图 4-56 添加商品界面

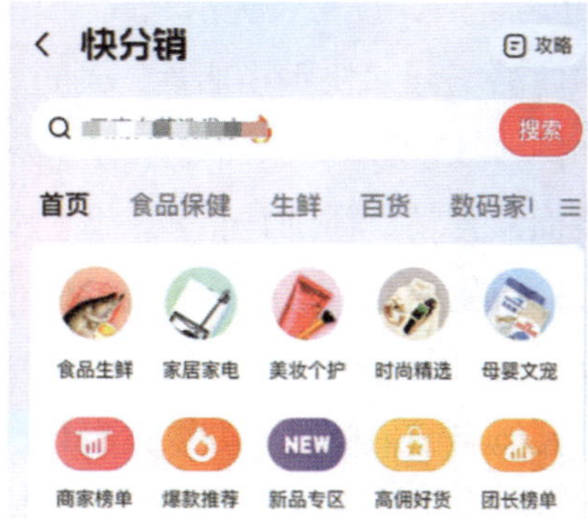

图 4-57 选品中心界面

图 4-58 推广商品赚取佣金

（4）将商品链接到直播间。如图 4-59 所示，在直播前，点击直播界面中的“赚钱”—“直播卖货”，即可出现“进入商品列表”。在商品列表中勾选想要售卖的商品，点击“确定”，即可将商品添加到直播间的小黄车。

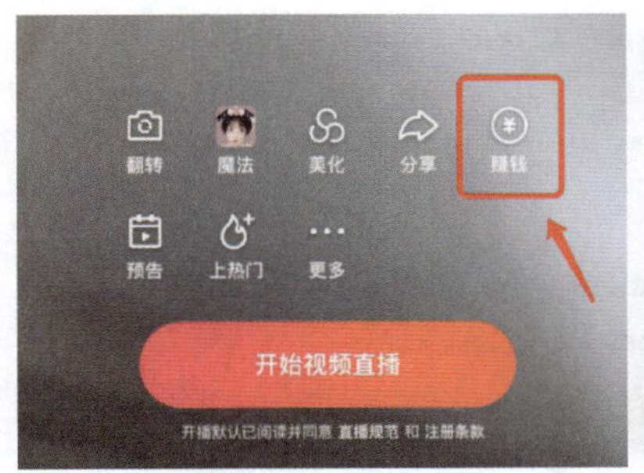

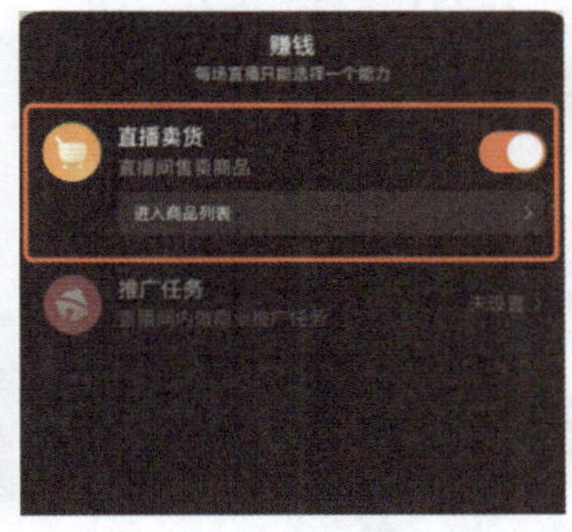

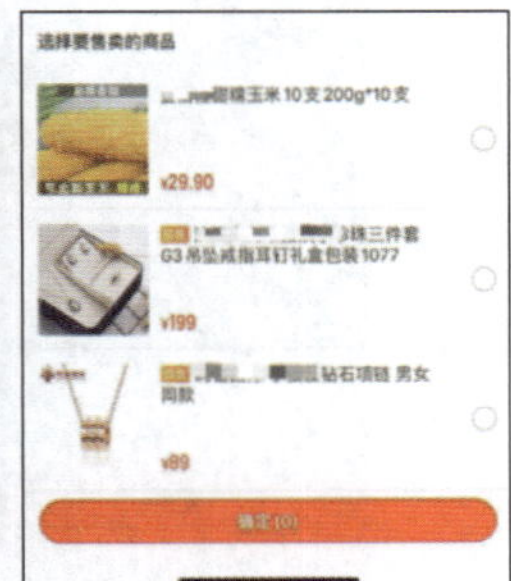

图 4-59 直播间挂链商品

二、快手直播主要功能

1. 连线对战

点击直播界面上的“连线对战”即可进入连线界面，如图 4-60、图 4-61 所示。可在连线界面选择与其他主播进行 PK、聊天或 PK 卖货，连线时可以邀请自己熟悉的朋友进行连线，也可以由系统推荐主播互相认识进行连线。连线时的 PK 互动和粉丝流动能够增加直播间流量，帮助涨粉，因此，这也是提升直播间人气和影响力的一种有效方法。

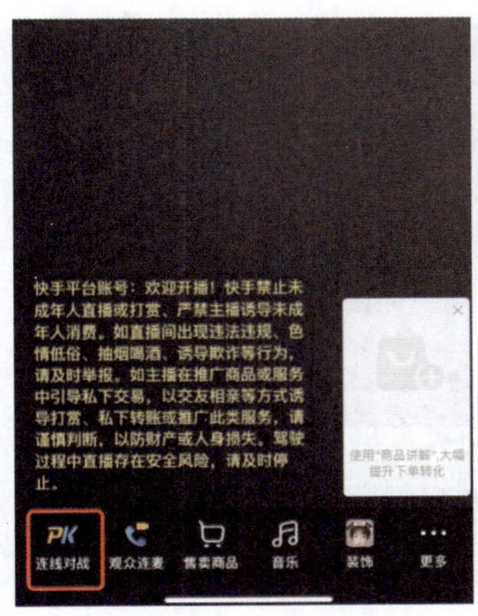

图 4-60 直播界面

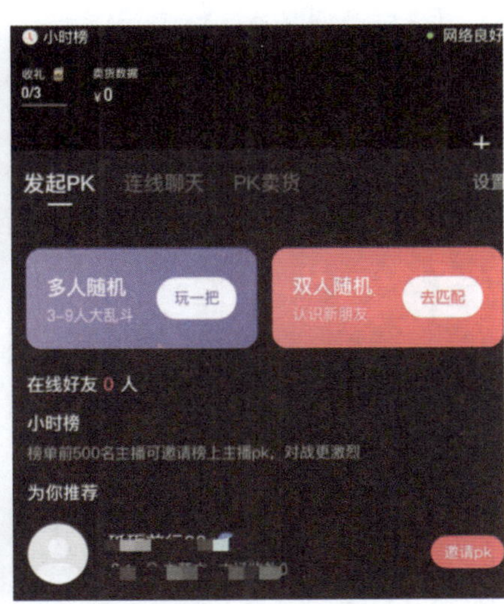

图 4-61 主播连线界面

2. 录制直播讲解

直播间带货时，为方便观众了解所售商品的详细情况，提高直播间转化率，主播可在讲解商品时，录制商品讲解视频，方便观众在直播期间随时观看。如图 4–62 所示，点击直播界面上出现的录制直播讲解的悬浮窗，进入后选择要讲解的在售商品，点击“开始讲解”后即开始录制。

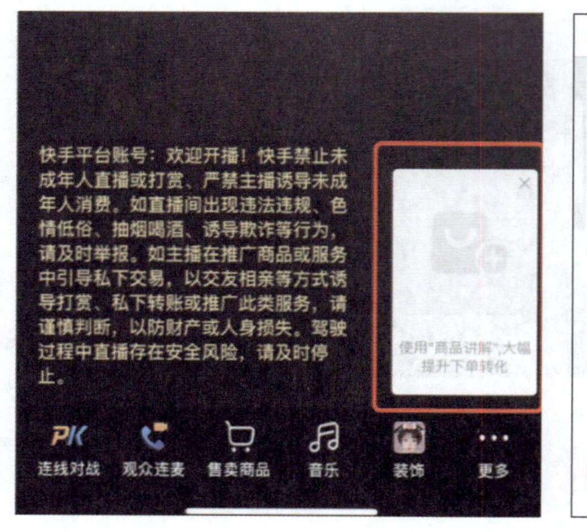

图 4–62　录制商品讲解界面

3. 发布公告

在直播过程中，为了提高直播效率，有时需要发布公告对重点信息、活动优惠、注意事项等进行提示。如图 4–63 所示，点击直播界面下方的“更多”，在弹出的界面中选择“直播公告”并点击进入，开启“启用直播公告”，根据需要填写相关内容后，点击“保存并更新”即可完成。

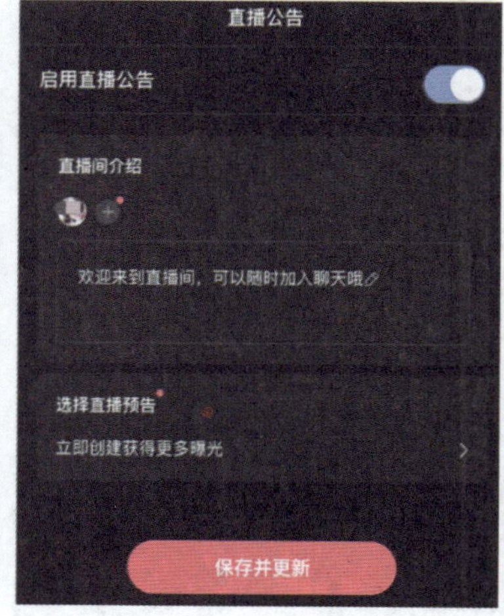

图 4–63　直播中发布公告界面

此外，在直播界面中的“更多”中，还有“上热门”“分享”直播间等功能。

4. 结束直播

点击直播界面右上角的“×”会弹出关闭直播的弹窗，点击弹窗中的“我要关闭”即可关闭直播，如图 4-64 所示。直播结束后，主播可以看到本场直播的各项数据，如直播观看人数、新增粉丝、点赞数等直播数据和商品销量、商品浏览等小店数据，主播需要对这些数据进行及时分析、复盘和优化，使下一次直播获得更好的效果。

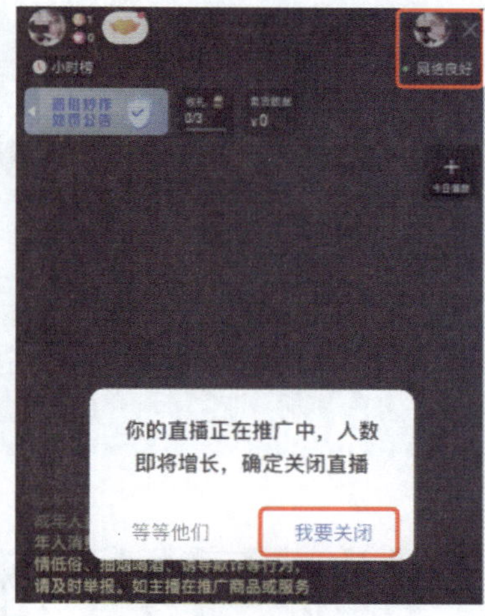

图 4-64　直播结束界面

实训操作

实训主题：完成快手直播的账号开通并进行一场直播。

实训目标：学员通过本章节学习，成功开通快手直播，并在实际开播中巩固知识要点。

实训流程和要求：

任务一　开通快手账号，并进行一场直播

时长	流程和要求	注意事项
10 分钟	开通快手账号	注意账号的头像、昵称、简介要根据账号定位进行内容编辑
30 分钟	完成实名认证，并进行一场 30 分钟以上的直播	

任务二　发布一条直播预告视频

时长	流程和要求	注意事项
30 分钟	自学短视频发布，在开播前发布一条直播预告视频，引导粉丝了解直播时间、权益并进入直播间	

实训心得：

____

____

____

____

学习单元 4

视频号直播

2020 年 1 月，腾讯公司推出微信视频号（以下简称“视频号”），视频号支持评论、点赞、链接公众号文章、发送给好友（包括群组）、分享到朋友圈、收藏等功能。视频号所创作的内容，不仅能被微信好友看到，还能通过社交推荐、个性化推荐等方式，走出微信好友的小圈子，进入 12 亿微信用户的视线，其直播价值潜力巨大。

一、开通视频号直播权限

想要在视频号进行直播，需要开通视频号直播权限。

步骤 1：开通视频号并完善资料。

在手机端打开微信 App，点击“发现”，会看到视频号入口，如图 4-65 所示。进入“视频号”后，点击界面右上角的人像图标进入个人界面，填写名字、简介并上传头像。

图 4-65　视频号入口

需要注意的是，账号的名字、头像、简介等资料需保证客观、可识别、可信赖，禁止有夸大性、误导性、过度广告性（包括各种形式的推广、营销、商业宣传）的表述。不得仿冒公众人物或造成用户误会该账号与公众人物有关，不得侵害他人的姓名权、名誉权、肖像权、隐私权、知识产权、商业秘密以及其他合法权利。账号名字要与简介的内容相符，且不得与已注册成功的账号名称重复。

步骤 2：开启直播。

点击右上角人像图标进入个人界面，如图 4–66 所示。进入界面后，在下方有两个入口，第一个是“发表视频”，点击右下角的“发起直播”会出现两个选项，分别是直播和直播预告，按需选择即可。直播就是直接开播。直播预告就是直播前的预热，提醒粉丝直播时间、直播主题等相关信息。

图 4–66　发起直播界面

也可以点击微信界面右下角的“我”中的“视频号”，进入后点击右上角相机位置发起直播，如图 4–67 所示。

图 4–67　发起直播界面

步骤 3：视频号直播开播认证。

首次开播的账号，点击发起直播会进入到认证界面，需进行实名认证和年龄认证，按提示填写并提交相关资料信息即可完成认证，如图 4–68 所示。

图 4–68　开播认证界面

二、视频号直播开播流程

1. 确定直播类型

视频号直播前，除与其他直播平台一样上传封面和主题外，还可以选择直播类型，如在“分类”中选择“日常生活”，然后进入日常聊天、运动、户外等子选项，每项子选项中还有比较细致的二级选项，主播可以根据开播的类型，进行针对性的选择。如图 4–69 所示。

图 4–69　直播分类选择

此外，视频号直播还有一个特殊的功能，就是可以群发红包（这里的群是指我们已有的微信群），这个功能可以在直播前快速激活群活跃度，为直播间引流。

2. 上架带货商品

在视频号直播间推广带货，添加商品，需要缴纳橱窗保证金。如图 4–70 所示。若视频号橱窗商家、视频号橱窗达人在经营期间发生违反相关规则行为时，会对橱窗保证金进行罚扣。经营结束后符合条件可申请保证金全额提现。

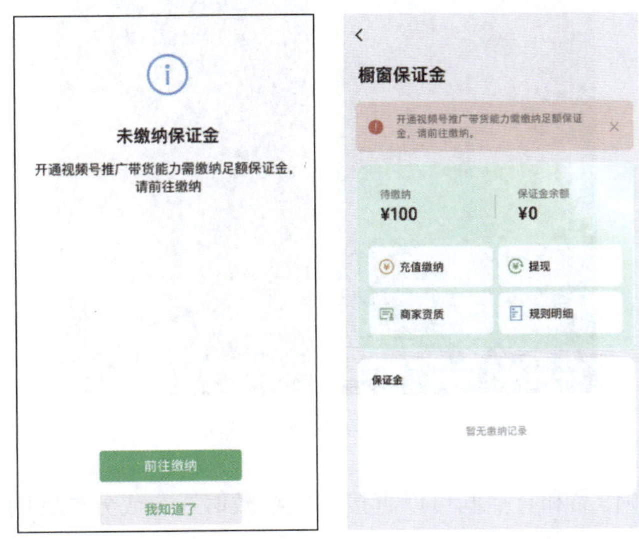

图 4–70　橱窗保证金缴纳界面

缴纳保证金后点击直播界面下方的“商品”进入商品模块，可在此模块中对商品的标题、价格、详情等进行编辑，编辑好后点击“上架售卖”即可在直播间进行销售，如图 4–71 所示。

图 4–71　上架商品

3. 设置直播界面

如图 4–72 所示，在直播界面点击“开始”即可正式开播，开播后，可进行美颜、滤镜、镜像、翻转等操作，这些具体操作与其他平台类似。

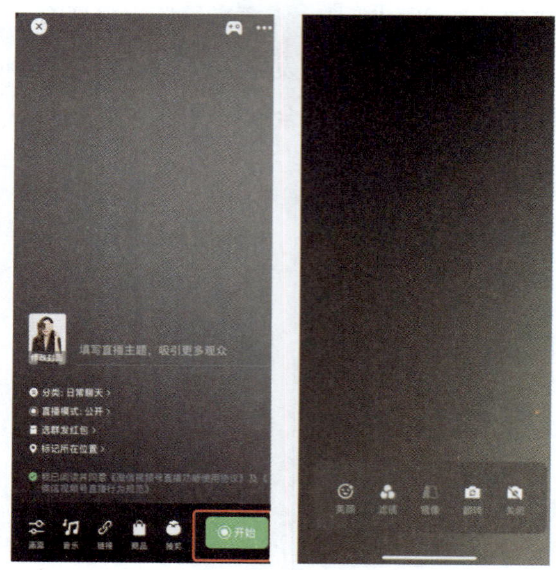

图 4–72　视频号直播界面

视频号里的视频作品和直播间可以直接转发给微信好友或分享到朋友圈，吸引好友点击观看，引导关注，提升销量。此外，我们还可以将视频号直播间或者视频号主页挂在公众号文章里面，提升视频号的曝光度和影响力。

实训操作

实训主题： 开通视频号账号并进行一场直播。

实训目标： 学员通过本章节学习，能够掌握视频号的开播流程，并在实际开播中巩固知识要点。

实训流程和要求：

任务一　开通视频号并进行一场直播

时长	流程和要求	注意事项
10 分钟	开通视频号账号，进行实名认证	
30 分钟	进行一场 30 分钟以上的直播	

任务二　开播前进行预热

时长	流程和要求	注意事项
30 分钟	通过转发朋友圈、微信群、群发红包等方式进行直播预热，增加直播间引流效果	

实训心得：

培训任务 5

直播间布置与打造

学习目标

1. 了解农村直播电商的直播间类别、布置规则及设备要求。

2. 熟练掌握直播间主题与场景匹配的技巧，了解直播间灯光的使用技巧。

3. 掌握直播过程中软件和硬件的使用方法。

学习单元 1

直播间类型

农村直播电商的直播间一般分为室内“三农”直播间和户外“三农”直播间两种。

室内“三农”直播间可根据直播内容匹配不同的设备、背景、陈列等，参与直播的人、物也会有相应的装扮和装饰，营造“三农”氛围直播场景，帮助提升直播效果。

户外“三农”直播间主要是以实景和体验互动的形式呈现，一般会把农村的大环境作为直播的背景，如农田、农庄或种养殖基地等，让直播内容更为真实、生动，使观众更有画面感和参与感，从而达到激发观众兴趣、引发观众信任，最后触发观众行动的效果，如图 5-1 所示。

图 5-1　户外“三农”直播间

一、室内“三农”直播间

室内“三农”直播间指在室内进行直播销售农产品的场地。室内直播间分为实物展示和模拟演示两种类型，一般适用于农业领域农业技术应用、农业服务推广、农产品销售、加工等内容的直播。

1. 实物展示型

对于室内“三农”直播间而言，直播背景是主画面停留时间最长的位置，是最好、最直观的宣传区域，所以用好直播背景展示非常重要。用陈列的商品实物作为主播前景、背景或侧景画面，可以让观众对直播内容有更为直观真实的感受，更好地起到吸引观众兴趣、刺激销售等作用，如图 5-2 所示。

图 5-2　室内“三农”直播间

2. 模拟演示型

为了营造更具画面感的场景，有的主播会搭建室内模拟场景作为室内“三农”直播间，如模拟农庄、模拟农家、模拟农田等，这种模拟场景的优点是可以更快吸引观众的注意力和激发兴趣点，从而起到更好的宣传、销售、推广效果，缺点是成本造价相对较高。

（1）场景模拟。结合直播间的实际和直播内容，利用实物和道具按比例搭建符合直播主题的模拟场景。

模拟场景搭建“三要素”：商品要真材实料、环境要符合现实、效果要夸张演示，通过较强的代入情景和相对夸张的演示手法，刺激观众的兴趣度和购买欲。

（2）人物模拟。人物模拟一般是指结合直播需要，由直播人员进行角色扮演或形象模拟，凸显直播间的特定场景，从而提升粉丝对直播间的关注度和信任度。此外，人物模拟也有利于打造主播的形象和人设。

二、户外“三农”直播间

户外“三农”直播间指在户外进行直播销售农产品的场地。户外“三农”直播的场地通常有村间小路、种养殖基地或田间实景等。

户外直播间分为实景展示和实景体验两种类型，其适用范围较广，可普遍用于农业技术服务实施、农产品体验销售、农垦农耕农作行为、农旅文化推广等内容的直播。

1. 实景展示型

在“三农”直播中，很多主播选择真实场景进行直播，这样既能有效推荐商品和服务内容，又能对直播起到很好的辅助作用，尤其适用于有规模、有标准、有基地的“三农”主播。在真实场景中进行直播可以更好地提升直播内容的真实性和震撼力，消除观众对直播间的顾虑和怀疑，增强直播效果。

主播和直播人员可以选择符合直播内容的户外场景，以开放式的户外场景作为直播背景，不仅给人身临其境的感觉，还能让观众对直播间充满新鲜感和期待感。

2. 实景体验型

真实的场景和主播的现场体验，可以让直播更生动、更真实。观众可以跟随直播镜头，与主播一同感受、交流、互动和体验，具有很强的带入感和体验感，也更有利于产品的销售。如主播走进果园，现场采摘、试吃、讲解、销售等。

小贴士

实景体验型直播的两种形式

1. 真实现场。通过主播现场真实体验，将感知到的信息第一时间与观众进行传递和互动，让观众跟随主播一起体会、一起感受真实现场，能有效刺激观众主动参与、主动发言、主动交易、主动传播、主动复购。这种直播方式非常受观众、主播欢迎，通常也称为“走播”。

2. 角色扮演。根据直播效果需要，有时主播会邀请现场的真实人物，如农民等参与直播，在现场进行真实内容的传递，比如农耕农作过程、农庄农产品采摘、加工过程等，能够让粉丝更深入了解产品特点，加深对直播间的认同感，实现更好的直播效果。

学习单元 2

直播间的空间布局

无论是室内直播间还是户外直播间，都是由直播场地、直播设备、直播产品或服务、主播、工作人员等要素组成的。

直播间的空间布局主要包括功能区域划分、场景搭建规划等。直播间的空间布局必须符合直播的需求和要求，以保障直播效果。

一、直播间功能区域划分

“三农”直播间功能区域一般包括主播位、背景位、展示区、设备区等。开播前每个区域都需要精心准备，在直播中相互配合，确保直播效果。

在直播过程中，主播位和背景位是整个直播的主画面，出镜时间也是最长的，是直播间的主要功能区，对直播间风格和定位起到至关重要的作用。

无论是室内直播间还是户外直播间，首先要确定好主播位和背景位，然后再搭建配套设备和产品展示。

1. 主播位

主播位一般会选在直播间相对空旷的位置或中心位置，不仅便于利用已有背景或筹划搭建新背景，同时也便于直播机器、灯光、声频等设备的安装。有的主播还会配备助手，也就是副主播，以增强直播互动性，减轻主播工作量，提升直播氛围。

2. 背景位

背景位即主播身后的展示位置，一般有固定背景和移动背景两种，室内直播间采用固定背景的比较多，户外直播间则采用移动背景的比较多。可以根据直播主题、内容、产品等配置不同的背景位和背景呈现形式，如实物背景、固定画面背景、视频背景等。

3. 展示区

展示区可以分为主播展示区、背景展示区和侧位展示区。主播展示区是指主播直播过程中推荐商品的区域，一般是当前正在推荐的商品；背景展示区是指背景位进行产品展示的区域，一般采取产品堆头的摆放形式；侧位展示区是指在主播的一侧进行产品展示的区域，以便于主播取放。

4. 设备区

设备区即放置设备的区域，主要包括直播相关设备，如直播机器（手机或摄像机、电脑）、支架、补光灯、声卡、麦克风、监听耳机、网络信号接收器等；商品展示设备，如商品 360° 特写转台、展示架、刀叉碟盘等；道具设备及其他，如直播辅助仪器设备、角色扮演道具、桌椅线缆、各类演示道具等。

二、直播间场景搭建规划

场景搭建需要依据直播主题、直播内容、直播人员等要素进行合理规划，提前准备好相应的直播场地、设备、道具、产品等。

1. 主题鲜明

直播间的主题和内容越鲜明，直播观众和粉丝越精准，越有利于直播间的销售转化。可以结合“三农”话题从粉丝角度出发，抓住“三农”热点，打造具有时代感的直播话题，如结合助农兴农、返乡创业、乡村振兴等，引起粉丝的情感共鸣。

2. 氛围烘托

直播间场景中的背景、道具、商品等内容的设计和陈列要围绕直播现场呈现效果进行布置，要真实，符合情理和逻辑，保证达到直播期间氛围烘托的目的，从而营造出更符合直播和售卖环节的场景。

直播间设备配置

一、直播间的硬件配置

一个优秀的直播间，需要全方位的统筹，不管是色彩布局还是空间规划。合理的统筹能让用户觉得更舒服，并减少整体投入。对于直播间必不可少的硬件设备，需要根据现阶段的需求及中长期发展规划，进行高效选配。

1. 声卡

声卡也称音频卡，它的基本功能是把来自主播及直播间场景中的原始声音信号加以转换，输出到观众的智能终端上，如手机、平板、电脑等。一块品质优良的声卡，可以更加逼真地将主播的声音传递到观众端，并对声音进行一定的修饰，让主播的声音更具魅力。声卡主要分为内置声卡和外置声卡两种，如图 5–3 所示。

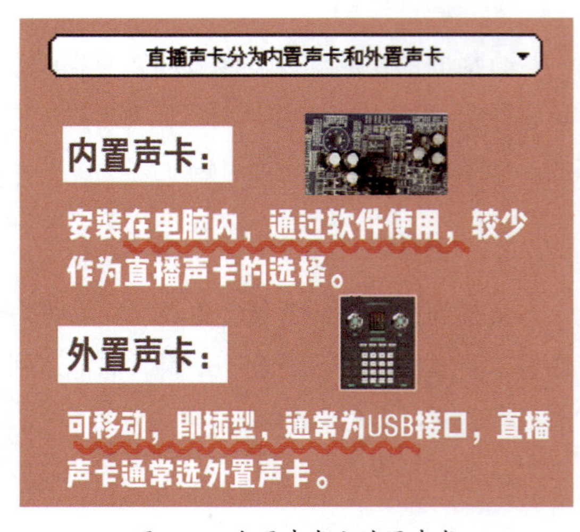

图 5–3　内置声卡和外置声卡

目前，外置声卡是大多数直播间的主流选择。选择声卡时，需要注意声卡与直播设备的兼容性，如果不兼容，则需购置声卡转换器，如图 5–4 所示。

2. 麦克风

手机、电脑等常用的直播设备都有内置麦克风，但是收音效果相对较差，直播过程中容易收录周围环境的杂音。为了获得更好的直播效果，建议主播单独配置麦克风。其中，电容麦克风的性价比较高，效果较好，能够满足一般直播间的直播要求，如图 5-5 所示。

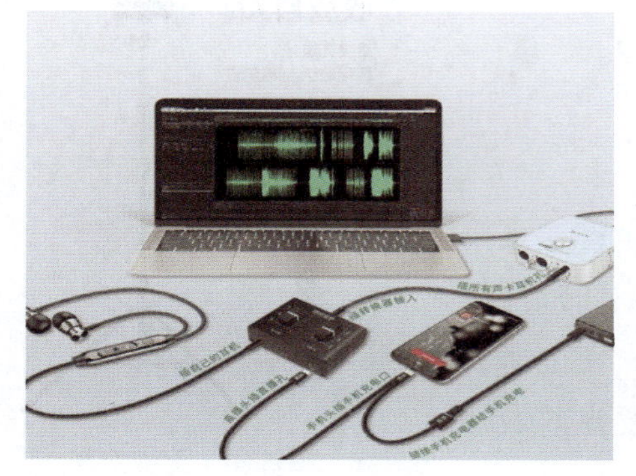

图 5-4　外置声卡示意图

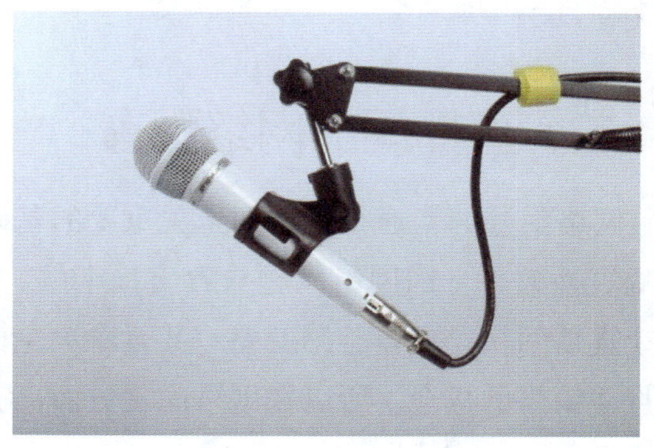

图 5-5　麦克风

3. 手机

手机因移动便利、操作简易等优势，成为很多主播首选的直播设备。用于直播的手机，配置不可过低，且要拥有高清摄像头。建议主播准备两部手机，一部专门用于直播，另一部日常使用，避免出现意外情况影响直播效果，如直播时被来电打断等。

若无专用手机进行直播，则需要提前更改手机设置，如将手机设置为静音模式等。

此外，建议配置手机散热器用于缓解直播过程中手机发热的情况，以免影响运行速度和直播效果。

4. 耳机

耳机需要根据直播设备进行配置。如果是用手机直播，普通的耳机即可；如果是用电脑直播，需要根据电脑的耳机卡槽选择适合的耳机，如笔记本电脑一般是单插卡槽、台式电脑一般是双插卡槽。常见的耳机款式有入耳式、颈挂式、头戴式、无线式以及骨传导式等，只需根据个人喜好、习惯进行选择即可。

5. 电脑

电脑直播虽然有不够便携、场景相对固定的劣势，但使用电脑更便于进行后台操作和直播设置等。电脑的配置需根据自身情况进行选择，如在直播初期，采用 i3 以上处理器（4 核 CPU）+4 G 内存 +1 G 独显显存的高性价比配置，就能够满足基本直播需求。无论电脑配置高低，都建议选配独立显卡和固态硬盘，以保证直播过程中系统后台操作的流畅性。此外，尽量选用高清显示器，尽量尺寸大一些，这样效果更好。

6. 手机支架

手机支架的种类很多，有多机位（手机 + 声卡 + 麦克风 + 补光灯）一体的，也有单机位的，还有落地的、台式的等。可以根据直播需求进行选购。选购手机支架时应考虑支架的稳定性和实用性，如图 5-6 所示。

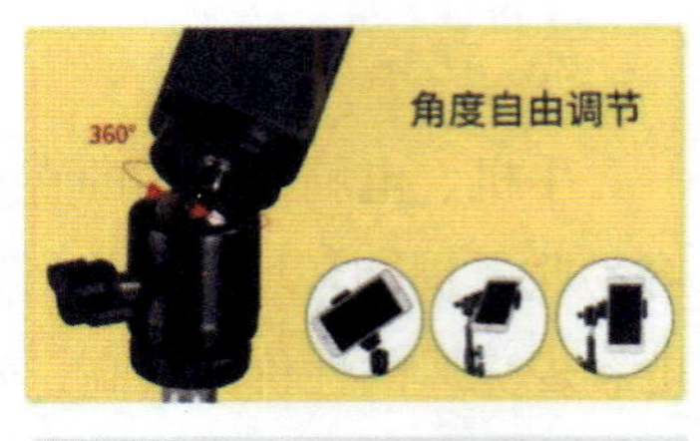

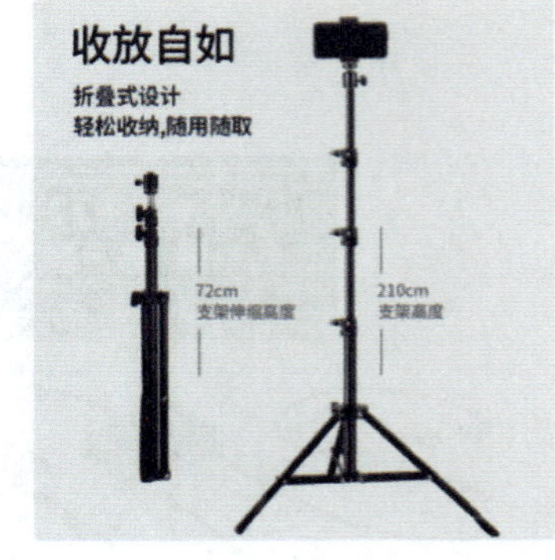

图 5-6　手机支架

二、直播间的网络配置

网络信号的畅通是直播间至关重要的基础条件，直接影响直播效果。因网络问题导致直播卡顿、掉线的情况，会让直播间粉丝的体验感变差，甚至取关主播，使主播失去直播销售的机会。所以在网络配置方面，需要提前做好规划和预案。

直播常用的网络主要包括有线网络、无线网络和移动通信网络。

1. 有线网络

有线网络尽量选择光纤传输带宽较大的网络，相对更稳定，也可以选择开通光纤专线，这样网络信号更有保障。

2. 无线网络

无线网络受周围环境影响较大，稳定性相对较弱。若必须使用无线网络进行直播，需使用带宽较大的无线网络，且接收器应离信号源近一些。尽量确保直播使用的无线网络在直播过程中不会被其他设备占用，且同时要有备用网络，以应对直播时网络信号突然变差或掉线的情况。

3. 移动通信网络

移动通信网络和无线网络一样，受环境的影响较大，稳定性相对较弱。建议在信号较好的情况下使用，且尽量选择专用流量卡。直播过程中不要使用私人手机卡，以免电话进入时直播信号中断。

三、直播间的灯光配置

直播间的灯光配置，不但直接影响粉丝的观看效果，还影响产品展示效果和主播形象，因此十分重要。直播间与办公室或居家环境不同，对灯光有更高的要求，需要专业的光源组合。

1. 环境光源

直播间主光源，承担着主要的照明作用，可以使主播脸部受光匀称。主光源一般使用圆形灯，因为其光线较为柔和。

位置：放置在主播的正前方，与摄像头镜头光轴成 0° ~ 15° 夹角，如图 5-7 所示。

效果：从正面照射的光充足且均匀，使脸部显得细腻，可以提高主播的亲和力。

缺点：从正面照射，易使面部看上去缺少立体感和层次感。

2. 辅助光源

辅助光源的作用是突出主播面部轮廓，补充环境光源的不足。

位置：主播左右侧面 90° 左右，如图 5-8 所示。

效果：塑造主播面部轮廓的立体感，提升主播的亲和力。

注意：辅助光源不能强于环境主光源，不能干扰主光源正常的视觉效果。

3. 顶光灯

顶光灯是从头顶位置向下方照射的光源，主要是为背景提供亮度，同时增强主播的轮廓展现效果。

位置：从主播上方照下来的光源，如图 5-9 所示。

效果：有强烈的投影感，便于轮廓造型的塑造。

注意：顶光灯位置与主播的距离不要超过 2 米，否则效果不佳。

缺点：容易在主播面部下方形成阴影，造成脸部暗淡。

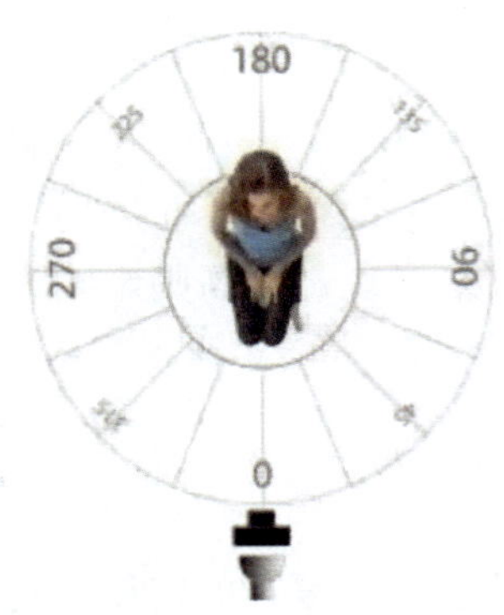

图 5-7　环境光源位置

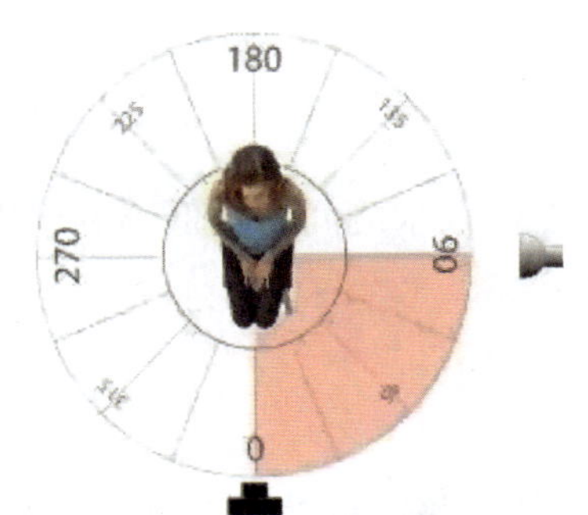

图 5-8　辅助光源位置

图 5-9　顶光灯位置

4. 背景灯

背景光源主要是起到光源协调作用，使直播间整体光照统一、光线均匀，增强直播间的画面感。需要注意的是，背景灯不宜过于绚丽，简约即可。

学习单元 4

室内直播间搭建

一、直播间布局设计

1. 直播间场地选择

直播间尽量选择安静的场所，避免直播时环境音嘈杂，影响直播效果。一个直播间的面积通常在 10 ~ 20 平方米。面积过小显得局促，面积过大对各项配置的要求更高，容易造成浪费。

2. 直播间层高标准

直播间的层高尽量控制在 2.3 ~ 3 米之间，太低不利于直播效果展现，太高则影响光线聚拢、麦克风收音等。

3. 直播间户型要求

直播间户型尽量方正，一是便于整体布置，二是空间使用效率更高。复杂的房型不利于直播间布景，也会影响内部物品的摆设和搭配。

4. 直播间背景设计

（1）背景墙。背景墙可以选择纯色，也可以选择陈列产品。如果选择纯色背景墙，尽量以浅色系为主，有助于提升直播间的光线效果。如果选择陈列产品，要注意背景墙尽量不要被遮挡。

（2）绿植。放置一些绿色植物作为背景，可以让直播间更有生机，而且就视觉体验而

言，也有利于提升观赏效果。

（3）置物架。直播过程中需要经常切换不同商品，可以准备一个置物架，根据直播需要放置不同的直播商品，强化观众的场景感。

二、直播间搭建物料准备

1. 硬件

硬件包括手机、电脑、麦克风、声卡、手机支架、摄像头、桌椅等。

2. 软件

软件包括直播 App、色调、白平衡等。

3. 装饰

装饰包括窗帘、物品摆件、绿植、置物架、背景板等。

三、直播间的调试要求

1. 环境要求

（1）直播间环境整洁、光线充足、搭配合理。

（2）人员就位，非必要人员避免出现在直播区域。

（3）检查周边噪声源，避免直播过程中出现噪声。

2. 镜头要求

（1）光线效果。直播间的光线是否均衡，是否出现光线过强、过弱或局部阴影等情况。

（2）镜头角度。主播所在位置与镜头拍摄角度是否一致，主播是否居于画面中心等。

（3）设备调试。主播与镜头、话筒的距离及效果调试等。话筒角度不宜过高，否则可能会遮挡主播面部。

3. 音频要求

主播的声音输出需要声卡、麦克风及软件的配合才能实现最佳效果。因此，应注意声卡、麦克风和软件的调试，重点检测输出的声音是否符合要求。

4. 网络要求

对网络进行测试，需要对直播过程进行全程模拟，检测网络是否会出现卡顿等情况。

实训操作

实训主题： 设计搭建一个“三农”直播间，并列出场景需求和各项软、硬件配置。

实训目标： 通过本任务的学习，能够掌握不同场景直播间的搭建要素和需求，并能够调试好专业的直播软件、硬件设备。

实训流程和要求：

任务一 设计搭建

时长	流程和要求	注意事项
10 分钟	小组共创：共同设计搭建两个不同场景的“三农”直播间	
10 分钟	小组共创：列出直播间对应的软件、硬件配置	

任务二 直播设备调试

时长	流程和要求	注意事项
5 分钟	根据搭建原理和配置需求调试好软、硬件设备	
5 分钟	教师点评和指导	

实训心得：

____

____

____

____

培训任务 6

直播团队配置

学习目标

1. 结合实际条件，组建直播电商团队，设置各岗位的职责。

2. 运用团队绩效以及流程管理方法提升直播团队的管理水平。

一场成功的直播离不开一个高效的运营团队。高效的运营团队需要合理的分工、充足的播前准备以及高效协作的流程机制，高效的运营团队是保障农村直播电商成功的基石。

直播团队结构

组建一个直播团队，需要考虑岗位设置，包括配置人数、明确岗位工作内容、规范团队间协作流程等。

一、直播团队主要岗位

了解直播团队的主要岗位内容是构建直播团队的前提条件，根据岗位内容划分团队工作职责，不仅能够节省大量的人工成本，还能够提高团队工作效率。

1. 主播岗位

主播是农村直播电商中的核心岗位，其工作内容主要是通过在直播中对产品的讲解及与粉丝的互动来提升产品销售量。因此，主播应具有较好的表达能力、控场能力、促销能力和亲和力。

主播在整个直播活动中承担着终端执行的职责。不仅需要在直播前充分了解产品信息和直播流程，在直播过程中进行高质量销售，还需要在直播后根据反馈数据与团队进行复盘，从而优化直播方案，提升团队工作效率。

2. 运营岗位

运营岗位是提升直播效果的关键岗位，其工作内容主要包括直播运营、数据运营、内容运营、流量引入等。开播前，运营人员需要统筹规划整场直播的具体内容，确定直播的主题、时间、地点、人员、产品，制定具体活动方案、进行宣传造势等工作；直播过程中，需要负责整体协调，并且实时监测、采集、分析直播间的各项数据，及时给予其他岗位反馈，迅速优化直播效果；直播结束后，还需要结合各岗位的反馈以及直播数据进行复盘，及时发现直播中的问题和亮点，并为下场直播做准备。

3. 企划岗位

企划岗位主要负责内容输出，包括直播主题策划、直播脚本策划、促销活动策划、产品顺序策划、宣传策划等工作。企划方案需要根据主播的人设、粉丝属性、商品特点、直播间数据等，进行针对性的撰写并在直播过程中实时调整优化。

4. 场控岗位

场控岗位主要负责直播过程中的各项动作实施，如直播间软硬件设备的调试、直播中控台操作、设备维护检修等，以确保直播的顺利进行。

场控是一个对灵活度和动手能力要求比较高的岗位。开播前，场控人员需要根据活动方案进行直播间的场景布置及软硬件设备调试，保证设备能够正常使用、物料准备充分齐全；直播过程中，场控人员要负责中控台所有相关的后台操作，包括直播推送、公告设置、活动优惠设置、店铺后台设置、商品上架、秒杀改价、库存核对等。除此之外，还要实时关注直播间数据并给予主播反馈，确保直播活动的有效开展；直播结束后，场控人员需要检查、维护好设备，及时将直播中的异常情况反馈给运营人员或主播。

5. 助理岗位

助理岗位主要是以配合主播工作、参与直播间现场活动为主的辅助性岗位，如协助主播讲解、带动直播间气氛等。

助理在开播前需要熟悉活动方案，确认直播商品、样品和道具，合理摆放直播间商品等；直播过程中，助理需要配合场控人员向主播传达商品销售额、订单数等信息，对主播的讲解进行补充或深化，带动直播间气氛，参与互动答疑，介绍促销活动，整理展示商品等。若直播时间较长，助理还需要关注主播的需求，并做好突发事件预案和及时顶替主播的准备，维持直播的有效开展。

6. 商务岗位

商务岗位主要负责为直播间提供商品及对应的管理工作，包括招商宣传、合作洽谈、样品管理、供应链管理等。商务岗位以对外为主，通过整合外界资源，不断拓宽合作渠道，提升直播间的产品迭代更新能力，为主播选择具有竞争力的产品，为直播销售提供产品保障。

7. 客服及售后岗位

客服及售后岗位主要负责直播间互动答疑、售前商品咨询、售后服务等工作，及时反

馈粉丝意见处理商品问题，提高客户的直播间购物体验。

客服及售后岗位是能够帮助企业维护客户关系的岗位。开播前，客服及售后主要负责店铺的商品详情解答，帮助消费者选择合适的产品，解决购买顾虑，引导产品销售；直播过程中，负责配合主播解答上架商品的规格等相关问题，增加粉丝兴趣，协助订单成交。直播结束后，负责更新商品的物流信息，及时跟进消费者反馈的问题，并进行售后维护，提高消费者对直播间的满意度。

二、直播团队构成要素

优秀的直播团队一定是相互配合、相互成就的。在构建直播团队时，需要了解合理高效的团队的组成要素，分别是目标（PURPOSE）、人员（PEOPLE）、定位（PLACE）、计划（PLAN）、权限（POWER），如图 6–1 所示。

图 6–1 团队构成要素

1. 目标（PURPOSE）

任何直播团队都需要有明确的目标为团队成员导航，指明努力的方向。因此，设立目标时，切忌盲目跟风，要在清楚了解行业信息和目标客户需求的前提下，结合团队的实际情况制定。

2. 人员（PEOPLE）

在直播电商团队中，领导者的角色至关重要，负责团队的统筹管理。领导者不仅要了解农村直播电商的每个环节，还要了解行业及平台的实时动态和政策，做出精准有效的决策。

此外，领导者对团队人员的管理也尤为重要。要善于“识人”和“用人”。“识人”是指善于发掘合适的人才。根据直播团队的目标，为团队成员设立适合的岗位。对于刚起步的直播团队，由于成本因素，无法做到专人专岗，可以找一些专业的团队或个人进行合作，既能有效控制成本，也可提高工作效率。“用人”是指要将团队成员的工作背景和相关技能与其工作岗位相匹配，为团队提供最佳资源组合并获得理想的结果。让团队成员的长处和技能在相应岗位中发光发热。善于“识人”和“用人”不仅能够让团队快速发展，还能够培养团队成员的主人翁精神。

3. 定位（PLACE）

精准的定位决定了直播团队的组织架构、岗位职责、团队发展计划和团队的日常管理活动等。直播团队中的定位包含两层意思，一是直播团队的整体定位，二是团队成员的定位。团队成员的定位取决于团队整体的定位，会随着团队的发展和业务板块的变化而发生改变。确定定位时，需要考量团队运营范围、粉丝喜好、未来规划等内在因素和外在因素。

4. 计划（PLAN）

团队计划是很多团队经常忽视的一个环节，一份科学合理的直播计划，可以帮助团队领导者快速做出决策、提高直播团队的工作效率、降低试错成本、预判突发事件，以及降低团队运营风险等。在制订团队计划时，应当遵循“SMART 原则”，即具体的（Specific）、可度量的（Measurable）、可实现的（Attainable）、可关联的（Relevant）、有时间限制的（Time-bound）。除此之外，团队成员的人数、职责、权限，工作目标、时间、责任人，项目成本、经费，粉丝需求等都需要列到计划中。

5. 权限（POWER）

权限是指在直播团队中部门或者个人在自身工作职责范围内享有的权力范围。团队成员的权限范围必须和个人的定位、工作能力以及所赋予的资源相匹配。权限的划分主要依据部门或者个人的职责范围、判断事物的能力、工作内容的特殊性、团队风险防控以及工作的轻重缓急等。给予适当的权限，能够调动团队的积极性和主动性，合理的授权能够提高工作成效。当然，权限也不是一成不变的，随着团队的壮大、工作年限的变化、经营范围的变化等，权限也需要进行相应的调整。

三、直播团队组织架构

直播团队组织架构图可直观地反映出团队内人员之间的关系、职位和权限。科学的组织架构可以避免岗位设置臃肿、岗位职责划分不清等问题，提高团队成员间的信息传导效率，提升团队运营效率。

1. 直播团队岗位逻辑关系（岗位工作衔接关系图）

在农村直播电商中，每一个环节都是环环相扣的。一个清晰的岗位逻辑关系不仅可以提升运营效率，还可以有效降低直播事故的发生率，让直播事半功倍。某直播团队岗位关

系如图 6–2 所示。

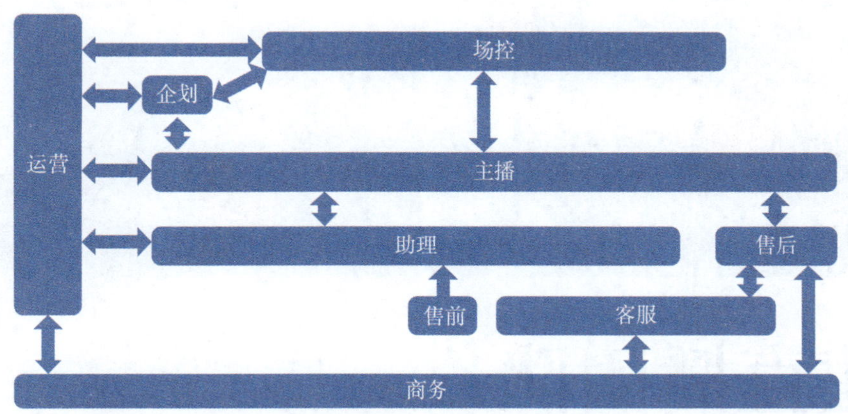

图 6–2　某直播团队岗位关系图

2. 直播团队组织架构

直播团队的组织架构没有固定的模式，应根据团队的直播情况、粉丝特点、产品类型等进行灵活设置，也可以根据部门、职能权限等进行设置。某直播团队组织架构如图 6–3 所示。

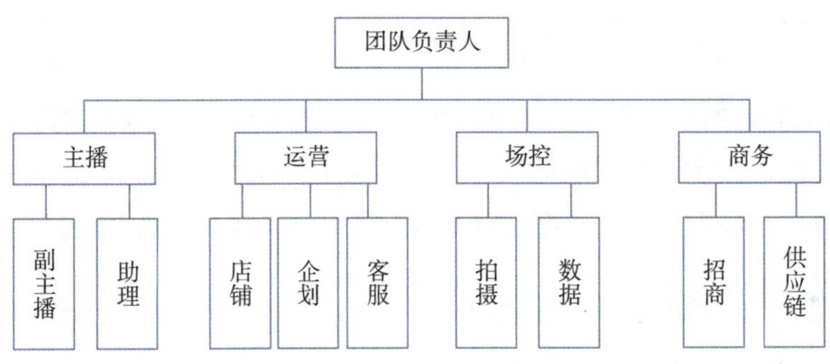

图 6–3　某直播团队组织架构图

学习单元 2

构建直播团队

好的直播团队能够大大提升团队的工作效率，快速达成理想的直播效果。

一、不同阶段的团队构建原则

不同阶段的直播团队，在团队建设上有着很大的差异，如起步初期以“能播”为主，发展中期以“播好”为主，成熟后期以“播精”为主。在农村直播电商中，将不同发展阶段的直播团队分为初级配置、中级配置和高级配置，每种配置都有相应的构建原则。

1. 直播团队初级配置的构建原则

对于创建初期的直播团队来说，除了专业设备和直播场地的投入外，人工投入占比相对较高。因此，初级配置直播团队适宜采用精简型构建原则，即2～3人的直播团队。团队中，主播主要负责直播间的日常直播、策划和售前等工作，直播助理主要负责运营、场控、售后和商务对接等其他事务，这类团队配置也常称为“主＋助”模式。

初创型的直播团队，其直播间的消费能力相对较弱。此时的工作重心应以主播在直播间与消费者建立信任为主，主播可通过更多的直播时长和更高的直播频率，来提升直播间人气。直播助理主要负责主播职责之外的所有工作事务，身兼多职，岗位工作内容较为繁多。

2. 直播团队中级配置的构建原则

处于成长期的直播团队，相比初创期而言已经具备了一定的粉丝基数和人气基础，此时的直播间销量相对稳定，因此对直播间运营的要求更高。为了促进直播间更快、更好地

发展，此时直播团队适宜采用互补型构建原则。

互补型构建原则适合 3 ~ 5 人的直播团队。主播重点负责日常直播、粉丝维护、商品销售及售前工作等。初创期的助理岗已满足不了当前需求，需要拆分为运营岗和场控岗，进行更加精细化的任务分工。运营岗主要负责直播企划、促销策划、商务对接、供应链管理、数据分析与采集等。场控岗主要负责直播现场控制，包括商品上下架、直播间活动操作、氛围烘托等，以及客户异议解决、库存监控等，这类团队配置也称为“主 + 运 + 控”模式。

案例

2020 年上半年，安徽省当涂县的“80 后”武骏开始将部分线下蔬菜销售转移到“云上 · 劳动直播间”中，如图 6-4 所示。以“直播 + 线上社群”的模式推广他的蔬菜品牌。在特殊时期，该团队不仅解决了社群用户对蔬菜的需求，也帮助农户解决了农产品滞销的苦恼。2022 年，该团队的蔬菜销售额超过 3 000 万元，其中直播销售带来的收益超过 800 万元。他们的直播团队构建，就是采用了“主 + 运 + 控”的模式，武骏负责统筹管理团队，其他三人分别负责直播、运营和场控。

图 6-4　云上 · 劳动直播间

3. 直播团队高级配置的构建原则

当直播间的带货能力显著提升后，对直播团队的配置提出了更为精细化的要求。且拥有一定基数的高黏度粉丝，他们对于主播信任有加，但反复单一、老旧的产品已经很难满足粉丝的需求，主播需要推介更新鲜、更具竞争力的产品，激发粉丝的活力。此时的直播团队适宜采用精准型构建原则。

精准型构建原则适合 10 人以上的团队。在这一原则下，团队成员可以做到专岗专人、专人专事甚至一岗多人，如设置专门的商务岗位或商务部门，通过专业、精细的商务选品来满足粉丝的需求。此外，还应设置专业的直播内容企划岗位、负责媒介宣传的市场品宣岗位、负责外联合作的商务拓展岗位等，确保每个环节精准输出。通过决策权限下放，更有利于个人在岗位上的突破创新，可大大提高团队的工作效率，这种模式称为“主 + 运 + 控 + 商”模式。

二、直播团队岗位构建流程

搭建合理的直播团队是做好农村直播电商的首要条件。目前直播电商团队中，常见的岗位标准配置有主播、助理、运营、场控、商务等。在起步期，团队配置要因地制宜，以免因岗位闲置而增加团队运营成本。在岗位构建的过程中，应该围绕目标导向，结合当前实际，遵循岗位构建流程，如图 6–5 所示。

01 确定目标及岗位人数	02 明确岗位间的联系	03 明确工作内容及职责
· 明确直播团队定位 · 确定直播团队运营范围和产品内容 · 确定直播团队人数	· 明确直播频率和单场直播时长 · 确定整场直播的工作内容 · 确定岗位数	· 明确岗位的工作内容 · 设定岗位职责 · 设立岗位考核制度

图 6–5 岗位构建流程

1. 确定目标及岗位人数

（1）明确直播团队定位。农村直播电商一般分为自播和带货两种类型，两种类型的直播团队在岗位设置上是不同的。自播是以销售自有产品为主，往往拥有自己的产品供应链，运营岗位特别重要。带货是以销售他人产品为主，无须自设仓库及物流发货，商务岗位需要前置。对于刚起步的直播团队，首先要明确团队的定位，再确定团队岗位配置。

（2）确定直播团队运营范围和产品内容。有了明确的定位后，还需要确定直播团队的

运营范围，不同的运营范围对岗位配置的要求是不一样的。如以民宿休闲体验为主的直播团队，注重的是曝光引流，而销售农副土特产品的团队，注重的是直播间销售额。此外，直播产品类别和数量也是岗位配置的考量因素，如产品种类、库存量、产品的生产周期、产品品类拓展等。

（3）确定直播团队人数。直播团队的人数配置，主要取决于团队业务的体量和团队的成本预算。对于业务体量大的团队来说，专人专岗有利于业务的提升和发展。而对于初创团队来说，出于对成本和风险控制的考虑，只能一人多岗，这时就需要按照团队的人数设置岗位工作内容。

2. 明确岗位间的联系

（1）明确直播频率和单场直播时长。直播频率是指两场直播场次之间的时长，如每天直播为日播、每两天直播一场为隔日播、每周直播一场为周播。直播频率越高，单场直播时长越长，工作内容越多，岗位和人数需求量越大。

（2）确定整场直播的工作内容。了解直播频率和单场直播时长后，可对整场直播按时间维度确定具体的工作内容，并将相关联的工作进行拆分与合并重组，如产品招商岗位，如果针对每一场直播进行专门招商，不但工作任务繁重而且易出差错，应针对一段时间内的多场直播统一招商，这样不仅大大提高了工作效率，同时也节省了人工成本。

（3）确定岗位数。农村直播电商因发展阶段不同，团队规模也各有不同。如有些刚起步的直播团队只有一两个人，而成熟的直播团队可达数十人甚至数百人；有些直播团队中一人身兼多职，而有些团队可以在一个岗位上安排多人。因此，岗位数的设置，要适应团队发展的实际情况，如初创时以成本控制为主，岗位数要少而精，成熟之后以精细化运营为主，岗位数要多而全。

3. 明确工作内容及职责

（1）明确岗位的工作内容。在设置好岗位和岗位人数后，还需要根据直播频率和岗位间的联系，设定岗位具体的工作内容。由于直播电商的特殊性，岗位工作内容设定要明确日常工作事务、周期性工作事务和应急性工作事务等，同时要明确岗位边界和岗位间的流程协作。

（2）设定岗位职责。岗位职责就是对具体工作内容的责任进行分析和拆解，以确定“谁”对“什么事”负责。团队要针对每一个岗位制定明确的岗位职责说明书，将责任落实到人，不仅能够降低管理成本，便于绩效考核，还能够让团队成员充分发挥自身的岗位职能，提高工作效率。

（3）设立岗位考核制度。一个好的直播团队，应该也是一个奖惩分明的团队。高效的岗位考核制度，既能够正向激励优秀的团队成员，又能够对落后的团队成员起到鞭策的作用，它不仅仅是团队奖惩依据，还可以帮助团队及时发现问题、了解团队状态，并据此作出针对性的管理决策。

（4）岗位职责说明书（见表 6-1）。

表 6-1　岗位职责说明书

<table>
<tr><td>岗位名称</td><td></td><td>所属部门</td><td></td></tr>
<tr><td colspan="4">岗位内容：</td></tr>
<tr><td colspan="4">岗位任职条件：</td></tr>
<tr><td colspan="4">岗位特殊需求：</td></tr>
<tr><td colspan="4">岗位标准：</td></tr>
<tr><td colspan="4">岗位考核说明：</td></tr>
<tr><td>岗位等级</td><td></td><td>担任人姓名</td><td></td></tr>
</table>

团队绩效考核

建立绩效考核体系可以有效促进团队的发展和团队成员的调度优化。不同的直播团队，其绩效考核方式也不同，需要因地制宜，针对不同阶段、不同岗位、不同对象进行考核。

一、直播团队绩效考核内容

合理的绩效考核内容，一方面能够让团队成员清晰地了解自己的工作内容及工作重点，从而提升个人的绩效。另一方面也可以通过绩效了解员工的工作状态，并快速地作出管理决策，降低人力资源成本，提高工作效率，让直播进入良性循环。

1. 绩效考核设置要素

一份科学合理的绩效考核方案，不仅能够加速直播团队的发展进程，还能够加强团队的文化建设。在设置绩效考核时，考核对象、考核内容、考核周期等都是需要考量的要素。

（1）考核对象。明确划分绩效考核对象是设置绩效考核的第一步。考核对象是绩效考核的主体，如主播、运营、场控、商务等。如果直播团队相对成熟，实现了一岗多人并成立了相应部门，则考核对象首先应该是部门，然后才是个人。

（2）考核内容。绩效考核内容是指针对考核对象，围绕其能力和态度设置的综合性考核指标，是绩效考核设置的重要环节。对于不同的考核对象，所设置的考核内容和权重比也有所区别，如对场控主要考核直播过程的衔接是否自然、是否发生了影响直播效果的意外情况，而对商务则主要考核选品数量和质量等。在设置时要注重内容的合理性、公平性、全面性。考核内容主要反映团队或个人的关键业绩、能力素质及满意度等方面，具体要考量岗位目标责任、关键业绩、能力素质、客户满意度、工作态度等。

（3）考核周期。考核周期指的是进行一次绩效考核所需要的时间，常见的有月度考核、季度考核和年度考核。但对于运营、场控等岗位，其考核周期会缩短至周考核或按直播场次进行考核，以便于更及时快速地调整和优化工作方法与流程。

（4）考核执行人。考核执行人是指对考核对象进行具体绩效考核的负责人。考核的负责人既可以是直播团队负责人，也可以是团队伙伴或重要的客户。考核执行人应对考核对象负责，确保考核过程的客观性和公平性。

（5）考核等级。考核等级是指对考核对象的测评结果进行层级分类，适用于对经常性或重复性工作的考核。考核等级能够帮助团队快速地作出人力资源决策，降低沟通成本，提高工作效率。一般绩效考核采取百分制，团队决策者可根据测评分数来划分若干等级，主要目的是有效区分考核对象的工作状态，根据不同的考核等级描述定义本级别的状态，采取相应的奖惩措施。

2. 团队绩效考核内容

制定直播团队的绩效考核内容前，应将考核对象的关键业绩、能力素质及满意度等关键考核指标进行定量和定性。直播电商团队业务主要是围绕直播带货成交额开展的，对于影响成交额的要素都可以列为团队的考核内容。

（1）定量考核内容。定量考核内容是指根据考核对象，将重点工作内容转化成数值进行考核。例如，平台账户的粉丝数、直播间的观看人数、客户的转化率、直播间和店铺的销售额、退货率等，这些考核指标都可以通过具体数值来体现。

在定量考核中，考核数值和考核重点不是一成不变的，可根据团队不同阶段的目标进行调整。例如，刚起步的直播团队，前期的主要团队目标是聚集流量，所以设定的考核重点应该以平台账户的粉丝数和直播间的观看人数为主，转化率和销售额为辅，到后期有一定流量时，方可反之。

定量考核指标，也可直观地反映出团队存在的问题。以退货率为例，如果在一场直播带货中退货率过高，则反映出可能是直播过程中在商品介绍环节出现了问题，或者是在选品或物流环节出现了问题。

（2）定性考核内容。定性考核内容是指非量化的考核内容。例如，在直播中经常会提到的“翻车”，这种直播事故是一种能力素质和团队意识不强的体现，会直接影响粉丝在直播间的体验感，但这种能力素质和团队意识是没办法量化的，只能采用定性考核来评估。定性考核内容包括工作态度、团队意识、团队建设等，如工作的前瞻性、主动性、及时性、团队配合度等。

在设置定性考核内容时，可根据考核对象将考核指标具体化和封闭化，如可以将团队配合度考核内容划分为团队内是否有投诉、是否有冲突耽误直播进程、是否有团队意识和

协作精神、是否有效进行沟通、信息传达是否完整等。

二、直播团队绩效考核方法

直播团队的绩效考核方法有很多种，在选择绩效考核方法时，要考虑团队规模、目前所处阶段、组织架构以及企业文化等。常用的绩效考核、绩效管理方法如下。

1. 360 度考核法

360 度考核法是常见的绩效考核方法之一，如图 6-6 所示，最早由英特尔公司提出并实施运用。其方法是通过员工自己、上司、同事、下属、顾客等不同主体来了解员工的工作绩效，评论知晓各方面的意见，清楚自己的长处和短处，从而提高自身的职业素养。考核执行人根据考核对象的工作情况判定考核对象各考核指标完成情况。360 度考核法是一种团队成员参与管理的方式，可以在一定程度上增加团队成员的自主性和对工作的控制，成员的积极性会更高，对组织会更忠诚。

图 6-6　360 度考核法

2. 平衡计分卡

平衡计分卡（Balanced Score Card）是从财务、客户、内部运营、学习与成长四个维度，将组织的战略落实为可操作的衡量指标和目标的一种绩效管理体系，如图 6-7 所示。

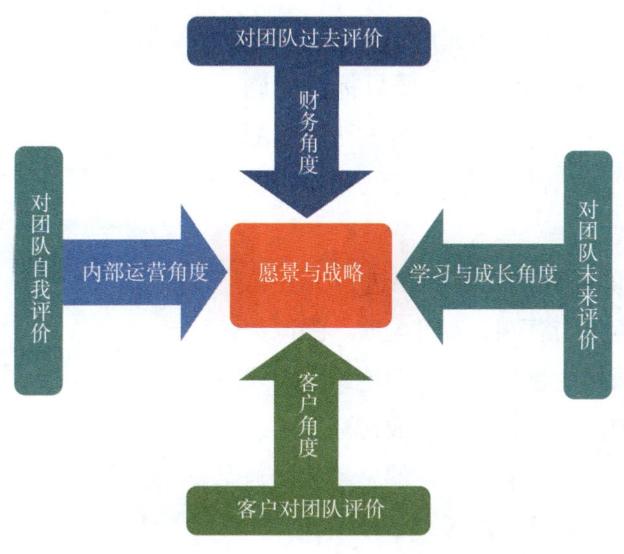

图 6-7　平衡计分卡

平衡计分卡集测评、管理、交流和功能于一体，可以将抽象的、比较宏观的战略目标分解，细化为具体可测的指标。它将财力因素和非财力因素、内部和外部的因素、短期和长期的利益相结合，提高了企业内部运行效率，促使提升顾客满意度，从而实现财务目标。

3. 关键绩效指标法

关键绩效指标法（Key Performance Indicator，KPI）是通过对组织团队内部流程的输入端、输出端的关键参数进行设置、取样、计算、分析，衡量流程绩效的一种目标式量化管理方法。在设置 KPI 时，应遵循六大原则，如图 6-8 所示。

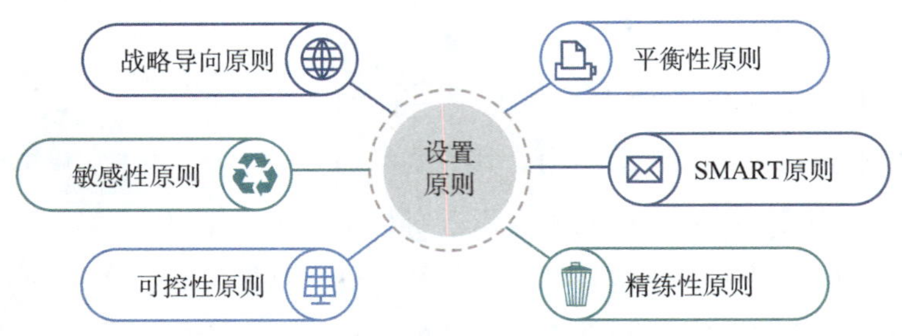

图 6-8 关键绩效指标法设置原则

KPI 强调的是对人事的高效组织，可以使团队负责人明确团队的主要责任，并以此为基础，明确团队人员的业绩衡量标准以及关键指标，再进行详细的任务分解，根据最终的测评结果来反映团队及个人的绩效情况。KPI 不仅帮助团队明确了目标，还提出了客户的价值理念，将团队利益与个人利益相关联，实现共赢的局面。

4. 目标与关键成果法

目标与关键成果法（Objectives and Key Results，OKR）是一套明确跟踪目标及其完成情况的绩效管理方法，如图 6-9 所示。OKR 的主要目标是明确公司和团队的“目标”及每个目标达成的可衡量的“关键结果”。员工共同工作，并集中精力做出可衡量的贡献。

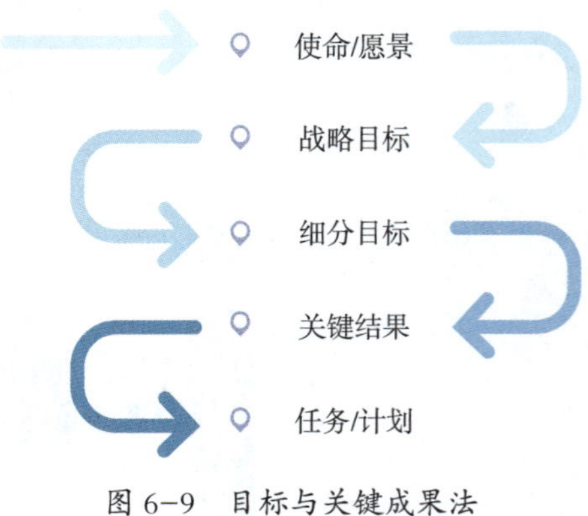

图 6-9 目标与关键成果法

OKR 主要强调的是对于项目的推进，OKR 与绩效考核分离，不直接与薪酬、晋升关联，强调关键结果的量化而非目标的量化，并且关键结果必须服从目标，可以将关键结果看作是达成目标的一系列手段。员工、团队、公司可以在执行过程中更改关键结果，甚至鼓励这样的思考，以确保关键结果始终服务于目标。这样可有效避免执行过程与目标愿景的背离，也可解决 KPI 目标无法制定和测量的问题。

三、直播团队 KPI 绩效考核表

直播团队 KPI 考核，要根据发展的不同阶段、不同岗位制定相应的指标，并根据实际

情况调整指标的分值与权重。以主播岗位为例，主要从直播间在线总人数、直播间成交金额、人均观看时长等指标进行考核。在团队建立初期，指标权重应以在线人数、观看时长等为主；待团队有一定的积累后，则以成交金额、成交人数为主；当团队相对成熟后，成交转化率、客单价等指标权重应占比更大。主播岗位 KPI 绩效考核表见表 6–2。

表 6–2　　主播岗位 KPI 绩效考核表

KPI	指标描述	指标标准	分值	权重	得分
直播间在线总人数			100	20%	
			80		
			60		
			40		
			0		
直播间成交总人数			100	10%	
			80		
			60		
			0		
直播间成交金额			100	30%	
			80		
			60		
			0		
直播间成交转化率			100	10%	
			80		
			60		
			0		
人均观看时长			100	20%	
			80		
			60		
			0		
客单价			100	10%	
			80		
			60		
			0		
			–		

学习单元 4

团队工作流程及管理

合理的团队工作流程和管理，是直播团队高效运作的重要因素。合理的工作流程和管理，不仅能激励员工更高效地工作，还能减少团队内部的沟通成本，提升直播团队的竞争力。

一、直播团队日常工作流程

工作流程是指一项工作任务从开始到结束的流向顺序，是以目标为中心、客户为重心，保持团队有序协作的高效组织模式。工作流程能够解决团队主体不清、层次不清、接口不清、推动不足等痛点，使团队快速实现标准化运营，大大提升团队总体绩效。直播团队的主要工作流程如下。

1. 确定目标

在设置直播团队项目工作流程时，首先需要根据团队的实际情况来确定直播目标。刚起步的直播团队一般是以增加粉丝数和品牌曝光为主，成熟的直播团队一般以直播变现和引流为目标。

不同的目标所对应的工作重心是不一样的。刚起步的直播团队关注的是直播间在线人数、粉丝关注数、点赞数及观看时长等。而成熟的直播团队更关注直播间成交金额、成交人数、客单价等。

2. 确定主题

确定直播目标后，需要确定直播主题和直播时间，直播主题和时间直接影响直播内容、主播风格和直播脚本设计等。优秀的直播主题不仅能够快速地吸引目标客户的关注，增强与目标客户的黏性，还能有效提升直播间的人气和转化率。直播主题可以根据重点节日结合产品（如“女神节”“双十一”“年货节”等）、重点活动结合产品（如“618 粉丝节”等）、平台活动结合产品（如“双十一”“双十二”等）、产品类型结合地方特色（如“采摘节”等）、消费人群结合产品（如“宝妈福利”等），以及当下热点和风向（如“助力脱贫攻坚”“助工助产”）等来确定。

3. 选择平台

正确地选择直播平台，是品牌直播策略的根基。不同直播平台的模式、目标、呈现方式各有侧重。选择时，要从平台流量、平台属性、产品属性、主播定位及平台政策等多方面进行综合评估。

在众多直播平台中，差异化也是较为明显的。例如，淘宝直播的品类较为齐全，客单价高、转化率高，消费人群以“80 后”“90 后”为主。抖音直播的品类以日化、服饰、美妆为主，客单价不高，消费人群以“90 后”“00 后”为主。快手直播以白牌产品为主，客单价较低，消费人群以生活在三线以下城市的人群为主。视频号直播以私域流量为主，易聚集相同喜好的人群，高增长、高裂变，留存率较高，转化门槛低。

4. 选择商品

直播商品的选择，要从目标客户、主播定位、直播主题及平台属性出发，根据商品的多样性、商品品质、商品匹配度、商品品牌等要素进行选择，方便企划和主播了解品牌背景、核心卖点、使用方法、场景描述及直播间专属优惠等。

对于有自己供应链的直播团队，需要组合搭配产品。组合产品大体上分为引流款、平销款、利润款、新品款、清仓款及话题款等。在直播间销售时，应以高转化率和主推产品优先，热销款与平销款穿插销售。这种组合方式不仅能够活跃直播间的气氛，还能够提高粉丝在直播间的停留时长。

5. 策划内容

直播间的内容策划以企划岗位为主，主播岗为辅，根据团队目标、平台政策、产品信息、客户需求来撰写直播脚本、撰写主播话术、策划直播间互动活动及场景布置、工作时间节点等内容。

直播间的脚本分为商品脚本和直播脚本。撰写商品脚本时要从用户的需求出发，充分了解产品的属性、卖点、优势、评价等。直播脚本应根据直播时长分阶段撰写，要从活动的利益点出发，清楚阐述直播主题、品牌优势、店铺活动及直播间活动等内容。

6. 推广策划

推广方案主要围绕直播活动的造势、预热、爆发、发酵而策划，扩大直播的影响力，为直播活动引流。推广内容以目标用户的喜好为基准，发挥各方平台的优势，精准地让目标客户接收到推广内容。

推广方案的形式主要以文字、图片和视频为主，不同平台选择的呈现方式也不同。在内容上，要阐述清楚直播的主题、时间、福利及可以吸引目标客户的产品。在活动结束后很多团队会采用战绩海报、直播片段及中奖粉丝公示等方式来进行二次发酵推广。

7. 直播准备

在直播正式开始前，直播准备是必不可少的。直播前主要从创建直播间、直播物料、直播商品、软硬件调试四个直播关键环节进行准备。

大部分直播团队都会在开播前进行彩排和调试。彩排主要以主播在直播间展现的形式演练和主播与各岗位间的配合为主。调试除了对硬件设备的检查外，对软件设施的测试也同样重要，如 ERP 和 CRM 系统对接的测试、直播间店铺链接的测试、直播间活动软件的测试等，这些软件的使用一旦出现问题，不仅会影响粉丝在直播间的体验感，严重的甚至会直接导致直播事故的发生。

8. 正式直播

直播过程强调的是团队的配合度和反应能力，团队各岗位应围绕主播的工作为重点，以协助主播调节直播间的氛围和粉丝在直播间的体验感为工作中心，确保直播活动的有序开展。

直播时要谨记平台规则，牢牢把握直播间用词和展示的规范性。场控和助理要实时跟进直播间各环节进度，对照脚本，提示注意事项和遗漏的关键点。场控在上架产品链接和修改产品价格时要紧跟主播步伐，实时反馈给主播商品库存和直播间的关键数据。

9. 直播收尾和复盘

直播结束后，收尾和复盘是必不可少的两项工作。收尾工作除了对物料的整理、设备的维护和保存直播视频外，最重要的工作就是数据的采集，如直播间观看人数、粉丝增长量、购买人数、销售金额等。

复盘工作是对整场直播活动进行总结、回顾和反思。科学的复盘可以帮助团队快速掌握活动规律、提升直播效果。

二、团队日常工作流程管理

日常工作流程管理是团队组织模式、运作模式和业务模式的体现。科学的流程管理要

从团队内部、行业环境、竞争对手以及客户等实际角度出发，可灵活地应对市场的变化和需求，持续不断地输出高质量的服务。在流程管理中，PDCA 循环管理和直播团队复盘两种管理工具，可以使团队的工作方法和流程更加科学化、条理化和系统化，提升团队的工作质量和效率。

1. PDCA 循环管理

PDCA 是计划（PLAN）、实施（DO）、检查（CHECK）、行动（ACTION）的首字母组合，如图 6-10 所示，PDCA 是一个封闭且循环的工具，可有效地控制团队管理过程和把握团队工作质量。

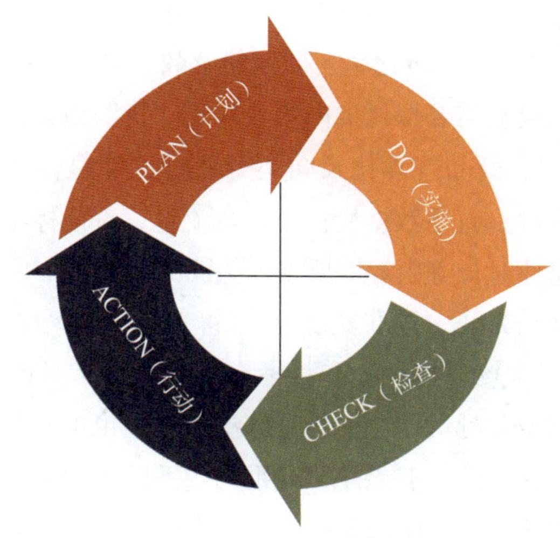

图 6-10 PDCA 循环管理

（1）项目计划阶段。在直播项目计划阶段，现状调研、分析、确定要因、制订计划四个方面都是规定动作。团队通过自查、市场调研及目标客户需求调研等来了解目标客户的喜好和对产品的要求。针对调研和分析的结果，列明团队想要达成的效果或待解决的问题，组织讨论，明确要达到的目标。通过讨论相关解决方案，制订项目实施计划。项目计划一般包括进度计划、风险计划和沟通计划。

（2）项目执行阶段。直播项目执行阶段主要实施上一阶段确定的内容。在对主要工作内容和责任分配后，团队或个人需要对计划进行再次分配，通过协调相应的资源，实施计划中的内容或事项。这个过程中特别要注意的是对每一个环节的细节记录。项目执行阶段是占用大量资源的阶段，也是直播运营成败的关键阶段。

（3）项目检查阶段。直播项目检查阶段主要是在计划执行过程中或执行后，根据目标或计划实施跟踪检查，检查其是否达到预期效果。对于偏离计划的事项，应及时进行反馈。对于完成的事项，也要实施“检查”，这里的检查就是总结、回顾的意义，及时总结直播的成功经验和后续需改进的问题等。项目检查环节可使直播间的问题尽快尽早被发现并得以改进。

（4）行动总结阶段。直播行动总结阶段主要是采取相应的措施处理检查结果。对于直播的成功经验，要跟进标准化，同时要进行分享及团队认可。对于在检查或总结过程中发现的问题，可以再利用下一个 PDCA 循环进行解决。采取行动进行纠错，或者形成标准化，让直播间运营更上一层楼。

2. 直播团队复盘

直播团队复盘是指在直播结束后，团队所有参与成员对整个直播周期进行回顾、反思、探讨和总结。直播团队的复盘能够找准直播过程中出现的问题并解决，避免错误再次发生。

（1）直播团队复盘内容。直播团队的复盘离不开“人”“货”“场”三大要素。对于“人”而言，粉丝及品牌的画像、转化率、新增粉丝数、主播直播方式的调整以及粉丝的回访、互动、停留等都是复盘需要探讨的内容。对于“货”而言，需要对客单价、产品排序、选品优化、转化对比、商品差异化及同类竞品对比等内容进行复盘。对于“场”而言，活动的玩法、流量来源、直播数据变化、平台流量、直播标签及封面、直播设备、直播画面、直播时段以及直播时长等内容需要格外关注。

（2）直播团队复盘评估方法。找准复盘内容后，需要对复盘的结果进行评估。评估的方法有很多种，可以参照本场直播计划和目标来进行评估，对比判定是否完成。如未完成，列出导致未完成计划或目标的原因并讨论解决方案。也可参照行业和同类直播间的数据、同比以往的数据等来判断是否有差距，找准产生差距的原因并制定解决方案。团队复盘的大多数问题是关于团队配合、团队架构、操作失误、岗位衔接等。

（3）直播团队复盘流程。直播团队复盘需要找准有效的方式与方法。直播团队复盘流程如图 6–11 所示，可以帮助团队快速地进入复盘场景，通过团队的力量，在问题碰撞中引起共鸣，驱动直播项目的高效开展。可根据实际情况，借助直播团队复盘表开展复盘工作，使复盘内容更清晰。

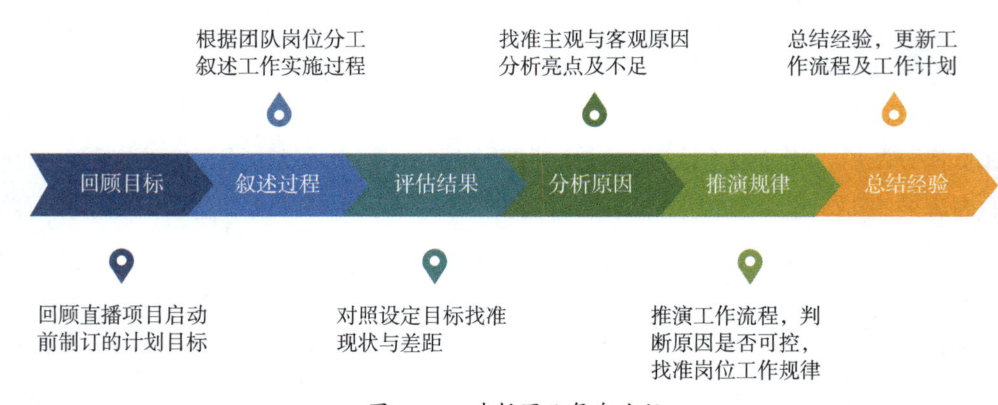

图 6–11　直播团队复盘流程

（4）直播团队复盘表单（见表 6–3）。

表 6-3　　直播团队复盘表单

<table>
<tr><td colspan="2">项目名称</td><td colspan="3"></td></tr>
<tr><td colspan="2">目标 / 目的</td><td colspan="3"></td></tr>
<tr><td colspan="2">项目时间</td><td></td><td>复盘时间</td><td></td></tr>
<tr><td colspan="2">项目成员</td><td colspan="3"></td></tr>
<tr><td rowspan="6">一项工作</td><td colspan="2">原定目标</td><td colspan="2">原定执行的方法</td></tr>
<tr><td colspan="2"></td><td colspan="2"></td></tr>
<tr><td colspan="2">实际目标</td><td colspan="2">实际执行情况</td></tr>
<tr><td colspan="2"></td><td colspan="2"></td></tr>
<tr><td colspan="2">与原定目标差距</td><td colspan="2">本项结论</td></tr>
<tr><td colspan="2"></td><td colspan="2"></td></tr>
<tr><td rowspan="6">二项工作</td><td colspan="2">原定目标</td><td colspan="2">原定执行的方法</td></tr>
<tr><td colspan="2"></td><td colspan="2"></td></tr>
<tr><td colspan="2">实际目标</td><td colspan="2">实际执行情况</td></tr>
<tr><td colspan="2"></td><td colspan="2"></td></tr>
<tr><td colspan="2">与原定目标差距</td><td colspan="2">本项结论</td></tr>
<tr><td colspan="2"></td><td colspan="2"></td></tr>
<tr><td rowspan="6">三项工作</td><td colspan="2">原定目标</td><td colspan="2">原定执行的方法</td></tr>
<tr><td colspan="2"></td><td colspan="2"></td></tr>
<tr><td colspan="2">实际目标</td><td colspan="2">实际执行情况</td></tr>
<tr><td colspan="2"></td><td colspan="2"></td></tr>
<tr><td colspan="2">与原定目标差距</td><td colspan="2">本项结论</td></tr>
<tr><td colspan="2"></td><td colspan="2"></td></tr>
<tr><td colspan="2">达成目标的关键措施</td><td colspan="3"></td></tr>
<tr><td colspan="2">未达成目标的可能原因</td><td colspan="3"></td></tr>
<tr><td colspan="2">我们还可如何提升</td><td colspan="3"></td></tr>
<tr><td colspan="2">下阶段如何调整优化</td><td colspan="3"></td></tr>
</table>

实训操作

实训主题：直播团队配置。

实训目标：1. 学会组建合理的直播团队组织结构。

2. 学会设置直播团队的岗位职责。

3. 设计直播团队的日常工作流程。

实训流程和要求：

任务一 组建直播团队

时长	流程和要求	注意事项
5 分钟	模拟组建一个三人直播团队，并设计组织结构（以组织结构图的形式呈现）	
15 分钟	为模拟的三人直播团队成员设置岗位职责	

任务二 设计直播团队的日常工作流程

时长	流程和要求	注意事项
15 分钟	为模拟组建的三人直播团队设计工作流程	

实训心得：

____

____

____

____

培训任务 7

直播运营企划

学习目标

1. 学会直播间运营企划。
2. 掌握直播主题类型和策划方法。
3. 能够根据实际情况选择合适的直播时段。

直播主题与直播时间

直播主题与直播时间的策划是直播的重要环节，不管是直播新人还是品牌商家，经过精心策划的直播主题和直播时间不仅有助于直播活动有序开展，也有助于提高直播间销售转化。

一、常见的直播主题类型

1. 带货类直播

带货类直播主要是指通过各类网络达人在“电商 + 直播”平台上和粉丝进行互动社交，达到出售商品的目的。这类直播的盈利方式以商品销售为主，增值服务（获得虚拟道具）为辅。

2. 知识类直播

知识类直播的专业门槛较高，主播往往需要具备较高的专业水平和表达能力，如法律知识讲解、在线教育直播、手工艺技能展示、化妆师化妆、形象设计师教穿搭等。此类直播的盈利方式以售卖线上课程、引流到线下培训以及一些垂直类专业产品为主。

3. 知识类与带货类直播同步

有些直播间主播会运用自身的知识优势，在带货直播间穿插知识内容教学，内容可以涵盖历史、地理、英语教学、营养学等，粉丝在观看的同时会觉得下单是为了支持教师的辛苦教学，为知识付费而购买产品。这类直播目前比较受欢迎，但是对主播的知识储备要求较高。例如，有些直播间会围绕“知识带货”的直播特色，左手提升产品能力、右手发展文化内容，并与地方政府合作，为各地推广特色农产品、文化旅游贡献力量。

二、直播主题策划

一个引人注目的主题在直播活动中必不可少，好的直播主题能够激发用户兴趣和关注，为直播间有效引流。我们可以从以下几个方向策划直播主题。

1. 根据目标人群策划直播主题

为了提高直播间转化率，需要明确本场直播活动或带货产品所针对的目标人群，要根据直播受众的消费心理、消费习惯、消费能力、活动范围等策划相应的直播主题。例如，广东潮州凤凰单枞茶的粉丝受众以广东省内的潮汕人居多，在直播主题的策划上应该强调地域性，如“潮汕人的茶　凤凰单枞品鉴专场”。每个群体都有其不同的消费特点，不同群体消费特点分析见表 7–1。

表 7–1　不同群体消费特点分析表

类型		特点	举例
按年龄段分	青年群体	对时尚敏感，喜欢购买新颖时髦的产品，容易冲动消费，购买动机易受外部因素影响，多是新产品的第一批购买者	例如刺梨气泡水，如果只是刺梨相信大家不觉得有创意，但是做成刺梨气泡水，不论是在功效还是创意上都深得年轻消费者的喜欢，可代替传统的碳酸饮料，喝得健康又时尚
	中年群体	多属于理性消费，讲究经济实用，喜欢购买已被证明使用价值的新产品，对能够节约家务劳动时间的产品、食品等感兴趣	例如烟台红富士苹果，金乡大蒜，德州黄小米，潍坊水果萝卜，烟熏豆干、糟辣椒火锅、农家红芸豆等，都是性价比很高的人气农产品，更符合中年群体的兴趣
	老年群体	喜欢购买已形成使用习惯的产品，购买心理稳定，不易受广告宣传影响。希望购买方便舒适的商品，对保健类商品、养生食品等兴趣较浓	白扁豆、薏苡仁、山药、绿豆等豆类，芡实、莲子、桂圆、绿茶、火麻仁、亚麻籽、黑芝麻、生姜、红糖、小米、大枣、木耳、银耳及各种菌类等，这些产品深受老年群体的喜爱
按性别分	男性群体	常为有目的地购买和理智型购买，不喜欢主播喋喋不休的介绍，选择商品以质量性能为主，价格因素作用相对较小，希望迅速成交，比较缺乏耐心	针对男性抽烟、熬夜、开车、啤酒肚等情况，更推荐茶叶、西洋参等健康类产品
	女性群体	购买动机具有主动性和灵活性，购买心理不稳定，易受外界因素影响，购买行为受情绪影响较大，比较愿意接受主播的建议，选择商品比较注重外观、质量和价格	红糖、大米、小米、红枣、橙子、奇异果、枸杞、木瓜、阿胶、桃胶、花生、芝麻糊、莲子、蜂蜜等，女性群体更多偏向美容养颜类产品

2. 根据粉丝画像策划直播主题

直播主题的策划，还与粉丝的性别、年龄、职业、学历、兴趣、偏好等密切相关，也就是我们常说的粉丝画像。粉丝画像是根据粉丝群体的社会属性、生活习惯、消费特点等信息抽象出来的一个标签化的人形画像，直播主题与粉丝画像匹配度越高，直播效果越好。例如，某主播策划了一场公益性的直播活动，直播主题是“全国人民一家亲，我为湖北胖三斤”。针对其粉丝画像是年轻女性为主的特点，提出“胖三斤”的口号，看似与粉丝画像的需求背道而驰，但在当时全国人民驰援湖北的大背景下，此主题反而让人顿感大爱、暖流上身，且与直播间所售卖的湖北农副食品十分匹配。

小贴士

随着直播场次及粉丝数量的逐步增多，我们还可以对粉丝画像进行维度二次重组，维度重组次数越多，粉丝画像越精确，企划直播主题时越有针对性，如图 7-1、图 7-2 所示。

图 7-1 粉丝画像重组

图 7-2 粉丝画像优化

3. 根据节假日策划直播主题

根据节假日策划直播主题，一定要契合节假日的自身特点。例如，春节是中国传统的辞旧迎新大节，直播主题要以喜庆、团圆、回家等为主，内容要围绕春节的文化、习俗来设计，并以年货作为主要的选品方向。此外，常被选作直播主题的节假日有夏至、立秋等二十四节气，端午、七夕、中秋、重阳等中国传统节日，五一、国庆、元旦等法定节假日，儿童节、爱眼日、全民健身日等专题节日，以及“618 购物节”“双十一”“双十二”电商促销节等。

抖音抢新年货节

作为行业重大营销节点之一，每年各大电商平台均将春节年货档视作重点发力目标，抖音电商宣布正式开启年货节以来，以内容电商的形式发展年货生意新模式，其重磅推出年货好礼、上新礼、重点直播间奖励计划等玩法，构建全新的年货内容购物场景。某主播全程时长超过 13 小时的直播，累计观看人数超过 2 071 万人次，成交订单数超过 34.7 万笔，成交金额破 2 亿元。

全年节假日关键时点列表

若想根据时节做直播主题企划，可以制作一份潜在热点爆发时间表作为参考，按月份顺序标记，在即将到来的热点事件前做好企划案。

2023 年直播营销日历

月份	关键点	小建议	举例
一月	元旦、小寒、大寒、年货节、除夕、春节	以“展望或回顾”为切入，开启话题，如“今年最后一天想说的话”“新年愿望”“预测你的新年”、抽奖“新年锦鲤”等可以借助辞旧迎新的节日氛围，将直播产品组合成年货必备清单；可以围绕“回家”“团圆”“喜庆”“习俗”等元素，发起“南北方过年习俗”直播 PK 等	“盘点今年的遗憾与收获”“春节减脂吃什么？你不可错过的 10 道菜”“不能回家的人”“过年回家你被催婚了吗？”
二月	立春、元宵节、雨水、龙抬头、情人节	以节气话题进行直播；抓住赏花灯、吃汤圆、猜灯谜等节日元素，以“祝福海报 + 吃、玩相关习俗”为话题进行直播；从“情侣”方面切入时，可借浪漫诗词作文案，送祝福，直播间发起情人节相关主题直播活动；亦可反其道而行之，关注“单身人士”	“猜灯谜赢大奖”“一个人的情人节该怎么过？”“情人节送女友礼物大赏”
三月	惊蛰、妇女节、国际消费者权益日、春分	妇女节可以“祝福”或“半天假”等为直播切入点；以“节气话题 + 直播海报”的形式进行直播；直播间可以分享消费者维权攻略，顺带表达自己品牌的品质决心；个人主播可以适当回顾以往的消费黑名单，第一时间盘点被曝光的黑名单	春天春游、手工活动、亲子活动、春节减脂训练、儿童增高、园林种植等话题

续表

月份	关键点	小建议	举例
四月	愚人节、清明节、谷雨	以“节气话题 + 直播海报”的形式进行直播；各种整蛊人的话题、海报，可以适当玩梗、开玩笑，但要适度	“愚你同乐”
五月	劳动节、青年节、立夏、“520”、母亲节、小满	小长假出游或宅家日常的话题或海报，劳动光荣、热爱工作的段子或海报；创新提出“×× 青年”迎合自己的受众，同时蹭热点；当代青年现状大起底——佛系、穷、丧、单身、秃等直播主题；以“节气话题 + 直播海报”的形式发起直播话题；谐音“我爱你”；表白攻略；送礼物攻略；以爱与浪漫为基调；也可从“单身”切入，吃狗粮、一个人独好、催婚相亲等直播主题	以“亲情”“母爱”为切入点，除了送祝福表感谢，还可以以“礼物”为噱头进行创意，或提出相关直播话题“与母亲最温暖的瞬间”“最暖心的话”“最心疼的瞬间”
六月	儿童节、芒种、端午节、高考、“618 购物节”、父亲节	回到过去，童年二三事或糗事大盘点等直播话题；可以大人们的儿童节，一群长不大的小朋友等主题进行直播；以“节气话题 + 直播海报”的形式进行直播；直播间策划各种降价大促销、大优惠活动	六一“小当家”儿童节直播方案；“旗开得胜、金榜题名”等直播祝福，回忆当年的高考话题等直播话题
七月	小暑、大暑	以“节气话题 + 直播海报”的形式进行直播	“夏天水果狂欢节，直播间重磅福利等你来”等主题
八月	立秋、七夕节、处暑	以“节气话题 + 直播海报”的形式进行直播；以牛郎、织女、鹊桥、爱情为元素，七夕旧俗新说、引用经典诗词作文案、讲述平凡人的爱情故事、甜言蜜语情话战术、单身狗宣言、前任攻略等直播主题，可以结合自身产品作为直播间送礼选择	暑期红色阅读、烧烤、游泳、防晒、防中暑等话题
九月	开学日、教师节、秋分、中秋节	以“节气话题 + 直播海报”的形式进行直播；可以围绕秋游、秋燥、养生、团圆、思念、丰收等话题，感恩祝福海报，盘点那些年教师最常挂在嘴边的金句，如“再耽误大家 2 分钟的时间、这是道送分题啊，同学们”等，与教师的二三事等主题进行直播	“盘点开学必备清单”“开学那些事儿”

续表

月份	关键点	小建议	举例
十月	国庆节、寒露、霜降	以“节气话题＋直播海报”的形式进行直播	悦享秋——“凝聚思念的中国味道”
十一月	立冬、“双十一”、小雪	以“节气话题＋直播海报”的形式进行直播；除各种打折、满减、必买清单等噱头外，还可以反套路——买得越少折扣越大、表情兑换优惠券	“双11+光棍节”、品牌联名互相感谢；也可以是向粉丝、家人、朋友表达谢意等直播主题
十二月	大雪、“双十二”、冬至、跨年	“节气话题＋直播海报”可借鉴前面的“双十一”直播思路，发起大型直播活动；以“展望或回顾”为切入，开启话题“今年最后一天想说的话”“新年愿望”“今年最大的遗憾或收获”等；“预测你的明年……”	“新年愿望”、抽奖“新年锦鲤”等

4. 根据活动策划直播主题

围绕各类活动设置直播主题。结合纪念日、颁奖典礼、大型展会、产业论坛、互联网热点等进行直播主题企划。通过结合大型活动，可以得到更多的官方流量，引起粉丝群体的更广泛关注，是品牌宣传、产品销售的最佳时机。

例如，广州首届直播节，该直播节联合众多流量电商平台，邀请头部主播卖货官和国内一线明星助力大使，由广州市商务局牵头，促进平台、企业、网红、机构的全产业链的协同合作、相互赋能，主要有扶贫助农产品、海味干果等，商家则可以根据这场活动策划爱心助农助残专场，提升品牌认知及直播间销售。

根据当地大型活动结合自身产品进行直播主题设计，如各种农产品展销会、博览会、茶博会等，既可以得到流量曝光及推荐，也可以借势提升直播间的销售。

5. 根据事件策划直播主题

根据事件策划直播主题，不仅比较容易吸粉，品牌也能通过热点传播进行更大范围的扩散，实现销售增长。如“数商兴农”成为大家普遍关注的版块，政府部门、各类学校、企业商户等都尝试了相应的直播带货，且取得了很好的效果。

案例

龙江大米系列活动

“黑龙江省农业农村厅”“黑龙江省委宣传部”以及各路明星、达人曾在抖音开展龙江大米系列活动——黑龙江大米「范」儿，厅长、市长齐上阵，向全国网友种草当地的明星大米产品。抖音的生态体系搭配厅 / 市 / 县长的助农直播带货，活动预热视频播放达 63 万次，两场直播累计观看人数超过 19 万人。而直播当天，五常和响水大米直播销售总额达 136 万元，累计销售产品超过 19 880 件。抖音站内的话题和内容侧重点，更是根据不同大米的特征、地域进行了子话题规划，也是为了内容能够在站内得以充分传播。在直播主题上更是紧跟产品特点，以「晶莹如玉　响水米」作为直播主题；而针对知名度比较高的五常大米，不但设计了 # 五常好米 # 的话题，更是通过这一轮直播带货，让消费者直接寻找到货真价实、地地道道的五常大米。

6. 根据嘉宾策划直播主题

粉丝经济大有可为，借助名人影响力可以增加直播间人气和提升销售。可以通过邀请政府官员、名人、明星、知名企业家、网络大 V 等嘉宾为直播间站台，不但可以激活老粉、吸引新粉，还可以将嘉宾的粉丝转化成自己的粉丝，进一步强化自己的 IP 塑造，提升直播效果。

确定邀请嘉宾后，要结合嘉宾所在的行业、专业领域、身份、地址等设计不同的主题。如钟南山院士是著名的呼吸病学学家，如果要邀请他走进直播间，那么设计的主题就要跟钟院士所在的行业和他的专业挂钩，这样会更有针对性。

案例

钟南山院士为贵州脱贫助阵，直播带货刺梨

“为消费扶贫助阵，钟南山院士联合淘宝 TOP 主播组成“直播天团”，走进直播间，向网友介绍刺梨、刺柠吉等，科普维生素 C 对提高免疫力的作用，以幽默、轻松的语言与线上观众进行直播互动。这场活动实现了非常好的直播效果，短短一个小时的公益直播，观看人数超过 250 万人，主打新品刺柠吉多次售空，单品销售额超过 100 万元。

三、直播时段及时长分析

根据不同的产品特征和粉丝画像选择适合的时间直播，如服装账号、美食账号、工业品账号，其产品和人群不同，直播时间也应不一样。适合的直播时间，可使直播效果更好。下面我们就各个时间段的直播情况和直播时长，做出相应分析。

轮流直播时段：夜间场 + 上午场 + 下午场 + 晚上场，适合于直播新手以及产品相对单一的主播和商家。

轮流直播时段：上午场 + 下午场 + 晚上场，适合于货源充足和店铺运营相对优秀的主播和商家。

晚上场时段：适合于有专业直播运营团队或已有一定基础的主播。

四、直播时间规划策略

一场完整的直播需要周密和细致的时间规划，产品和产品之间衔接要连贯、每个时间节点都需要严格把控好，尽量固定直播时间段，让粉丝形成定时观看习惯。如果是新人主播，开始时要在不同时间段开播，以选择人气高、适合自己的直播时间段。

一般而言，直播时段最好的流量口是在晚上场，即 18：00—次日 01：00，但此时间段，也是众多头部和腰部主播的主力直播时间段，对于刚开始从事直播的新手而言，不建议在此时间段进行直播。

直播产品陈列与促销

一、直播产品陈列方法

商品陈列是为了烘托直播间消费者购买气氛，直播间商品陈列方法多种多样，主要有对称陈列法、主题陈列法、组合陈列法等。商品陈列直接影响用户进入直播间的视觉感受，优秀的商品陈列，能够提升直播效果。

1. 对称陈列法

对称陈列法是有规律地将商品按照对称的原则进行陈列，为了突出某个新品或爆款产品而进行设计的一种陈列方法。对称陈列法又分为轴对称法和中心对称法。轴对称法一般以货架为对称轴，两边摆放商品，按照商品的种类、数量、颜色进行三角形、梯形等多种造型的陈列。中心对称法则是围绕某个中心点进行商品的对称摆放，常见的造型有圆形和放射形。

2. 主题陈列法

主题陈列法是指将产品陈列与直播间主题进行有效融合的一种陈列方法，往往需要配合主题货架或道具。如六一儿童节主题的直播间，需要配置儿童节相关的卡通、玩偶等道具，将产品陈列布置其中，让产品与直播主题相得益彰。

3. 组合陈列法

组合陈列法主要是通过强调商品与商品之间的紧密联系和搭配，将不同商品进行有机组合，强化直播间的场景感与整体性。同时，引导用户进行商品组合下单，提升直播间的客单价和销售额。如在直播间卖茶叶时，可以将其与茶具、烧水壶等组合陈列，如图 7–3 所示。

图 7–3　关联性产品组合陈列

二、产品陈列注意事项

1. 产品陈列要分清主次、重点突出

要把市场上受欢迎程度高、有热销潜质的商品摆放在直播屏幕中的黄金位置，此外，主销产品旁可以摆放一些关联性强或转化较高的商品，可更有效地提升直播间的销售额和客单价。

2. 要保持陈列商品的更新频率与比例

为了让粉丝对直播间的兴趣不减，需要对直播间的商品陈列保持常态更新。一般来说，更新的商品总数至少要达到整场直播总商品数的 50%，而主推商品的更新比例一般要达到 80% 以上。

3. 配置与管理直播间商品

在直播过程中，销售的产品数量要与库存相匹配，避免爆仓。主陈列商品具有更高的曝光度与关注度，往往也是整场直播的爆款产品。需要根据直播的实时销售数据，对直播间的商品进行精细化配置与管理，让商品陈列位置与销售成正向关系，通过科学合理的商品陈列，精准匹配直播间的销售数据。

三、常见产品促销方法

直播销售的市场竞争非常激烈，要想在直播大战中脱颖而出，掌握一定的直播促销方法，是必不可少的。常见的产品促销方法如下。

1. 特价促销

特价促销通常是指在直播间用低于正常折扣价格的价格销售产品的行为，从而实现粉丝哄抢和用户信赖的一种促销方式。目前流行的直播间 1 元包邮等，均属于特价促销行为。

2. 买赠促销

买赠促销是一种深受消费者喜爱的促销方式，既可以买 A 赠 A（即同品买赠），也可以买 A 赠 B（即异品买赠）。此促销方式会使消费者更关注赠品价值，降低对所购产品的价格敏感性，从而实现更好的销售效果。

3. 限时限量

限时限量通常与大力度的打折优惠活动结合，销售促销产品的时间短暂，售完即止，也就是通常所说的“秒杀”。此促销方式，通过营造紧迫氛围，让用户在短时间内进行决策购买，可以迅速拉升直播间的转化和人气。

4. 预售促销

直播间预售是一种先销售再生产的促销方式，该方式可有效降低过量生产和库存风险。特别适合时令商品（如大闸蟹、果蔬等）、服饰类商品（如时装、皮草等）、科技数码类商品和高价值商品（如定制西服、红木等）。

5. 抽奖促销

抽奖促销，对于拉升直播间人气、打造直播间氛围、提高粉丝互动率等，有独特的效果。抽奖促销的方式有很多种，常见的有截屏抽奖、问答抽奖、已成交订单抽奖等。

学习单元 3

直播脚本撰写

一、准备工作与直播脚本框架结构

一场完美的直播，往往需要优秀的直播脚本加持。这就如同一部好电影的背后，一定有一个好编剧、好故事，是一样的道理。

1. 撰写直播脚本前的准备工作（见表 7-3）

表 7-3　　撰写直播脚本前的准备工作

时间	工作内容	具体说明
直播前15～20天	选品	选择要上直播的商品，并提交直播商品链接、直播商品的折扣价
	确定主副播人选	确定主播、副播、嘉宾等直播间人员
	确定直播方式	确定是用手机进行直播，还是用电脑进行直播
直播前7～15天	确定直播间活动	确定直播间的互动活动类型和实施方案
直播前7天	样品到位	准备直播间商品的样品，一般为两份，一份展示款，一份演示款
直播前5天	创建直播间所需的相关材料	（1）准备直播间封面图：封面图要符合相关平台开展直播的相关要求 （2）准备直播标题：标题不要过长，要具有吸引力 （3）准备直播内容简介：用1～2段文字简要概括本场直播的主要内容，要重点突出直播中的利益点，如抽奖、直播专享优惠等 （4）准备直播间商品链接：直播时要不断地在直播间发布商品链接，让用户点击链接购买商品，所以要在直播开始前准备好直播商品链接
直播前1～5天	直播宣传预热	通过微信、微淘、微博、短视频等渠道对直播进行多渠道的充分宣传

2. 直播脚本框架结构

撰写直播脚本，既可以避免直播时无话可说，又可以使直播内容饱满、段落衔接顺畅。常见的直播脚本框架结构如下。

第 1 ~ 5 分钟：近景直播，互动安利的 1 ~ 2 个爆款，促进粉丝互动如签到、打卡、抽奖等，实现暖场，为正式销售作准备和铺垫。

第 5 ~ 10 分钟：公布今日新款和主推产品。

第 10 ~ 20 分钟：简单介绍本场直播的全部商品，不做过多停留，但爆款可以适当重点推荐。

开播半小时后：正式进行直播商品的逐个推荐，有重点地对粉丝提问进行解答，单个产品的直播讲解约为 5 分钟。

直播中：场控根据在线人数和每个产品的点击转化销售数据，引导主播进行直播内容调整，如通过抽奖提升人气、上架秒杀产品提升粉丝购买热情等。

最后一小时：做呼声较高产品的返场演绎。

最后十分钟：简单介绍下场直播主题、内容、产品、玩法等。

最后一分钟：强调关注主播，下场直播开播提醒等。

二、不同类别直播脚本及实例

常用的直播脚本有单品直播脚本、整场直播活动脚本和直播连麦脚本。

1. 单品直播脚本

开始直播前，应将本场直播销售的产品分别提前准备对应的直播脚本，避免在讲解或回答粉丝提问时出问题。单品直播脚本一般包含商品名称、规格、商品图片、产地、是否包邮、原价、直播到手价、品牌介绍、产品卖点等。以某款茶叶为例，见表 7–4。

表 7–4　单品直播脚本范例

凤凰单丛（经典蜜兰香）			
品牌	××× 茶　经典蜜兰香	商品图片	
规格	一斤（两罐）		
产地	广东省潮州市	是否包邮	包邮（新疆、西藏除外）

续表

人群	喜欢凤凰单丛茶的人，老少皆宜	痛点	喝不到好喝正宗且价格美丽的凤凰单丛茶
原价	360 元一斤（两罐）	直播到手价	98 元一斤送价值 26 元的盖碗一只
展示方式	提前准备好茶具、展示茶叶、茶汤、盖碗等		
产品产地及外观	欢迎直播间的宝宝们，我是……，我们直播间是凤凰单丛茶正宗原厂地直播间，今天是我们的“618”活动，给大家推出我们的王炸福利款，潮州凤凰单丛——经典蜜兰香，这是凤凰单丛的十大蜜香型之一，外形条索紧结，色泽乌褐油润，汤色橙黄透亮，口感滋润甜醇似蜂蜜，幽兰之韵浓密，口齿留香，叶底柔软鲜嫩，连续冲泡，香味不散		
产品卖点	1. 凤凰单丛有“茶中香水”之称，受广大茶友的喜爱，其茶香是兰花香加茉莉花香加银花香交叠的复合香型，芬芳感很强，不知道的朋友还以为是加了香精。 2. 耐冲泡，可以冲 12 泡，高香清润的汤感，单丛茶的骨灰级茶友们一定不要错过哦，当然如果是没有喝过单丛茶的宝宝们，这个很值得尝试，保证你喝完一定会有记忆点。 3. 浓醇蜜韵，适合大部分人的口感，茶性稳定，保质期至少三年，送礼很体面，我们还送礼袋，自留作为口粮茶或者办公室招待客人也很适合。 4. 冲泡方法简单，取干茶 6~7 克搭配 120 毫升水，容器以朱泥壶、盖碗最佳，沸水冲泡、快速出汤，每泡汤后沥干，10 泡后可延长 1~2 秒出汤。 5. 储存时，要避光、防潮、阴凉、防异味		
产品优势	1. 原产地发货，包邮到家，七天无理由退货，支持试喝，赠送运费险。 2. 口碑加销量的王炸款，已经卖出去 1.4 万份了，今天“618 活动”，给大家的是前所未有的低价		
直播间踢单话术	这款茶平时门店售价是 360 元每斤，今天在直播间，只要 98 元每斤，让你享受厂区拿货价，点亮粉丝灯牌再下单，还送盖碗一只，我们直播间的盖碗不卖只送，这款白瓷盖碗，特别适合喝潮汕功夫茶，这可是我们的王炸补贴。我们给大家十秒时间来下单，十秒后下架……已经下单的宝宝们在公屏发送“已拍”，还有很多宝宝回复没有拍到，助理踢一下单，再给大家一点时间去下单。给 ××× （已经发了已拍的粉丝逐个念名字）安排优先发货。没有了，没办法加单了，今天只亏 100 单，只是交个朋友，跟大家一起品好茶，喝得好的朋友记得多来我直播间分享哦		
直播时的注意事项	1. 在直播进行时，直播间界面显示“关注店铺”卡片。 2. 引导用户分享直播间、点赞、点亮粉丝灯牌、加入粉丝团等。 3. 引导用户加入粉丝群		

2. 整场直播活动脚本

整场直播活动脚本的内容主要包含活动主题、直播间玩法、直播流程、直播流程细节、直播话术等。以某场扶贫助农直播为例，见表 7-5。

表 7-5　　　　“广毕同心　消费扶贫”扶贫助农直播带货范例

“广毕同心　消费扶贫”扶贫助农直播带货（×× 月 ×× 日 14：30—17：00）

主播：__________　助播：__________　场控：__________　运营：__________

一、活动主题

本次活动针对广州市对口帮扶的贵州省毕节市，以毕节农特产品为主，带动全省优质农特产品销售，特别是广州市对口帮扶的纳雍县和大方县，由党员群众带头直播带货，结合线上新型消费需求，通过电商平台发挥广州党员的领先带头作用，助力决战决胜脱贫攻坚。

（注意：由于是多平台同步直播，主持人一人一部手机，看留言互动。本场看点直播作为主场账号，读用户留言时，不要体现任何直播平台，直接读用户名字即可。）

二、宣推服务投放渠道

1. ×××× 电视台综合频道，将连续多日于“午间新闻”“×× 新闻”“×× 新闻联播”等栏目进行系列新闻报道，以及电视宣推片滚动播放。

2. ×× 等抖音、快手、视频号官方媒体号及十余账号矩阵作前期预热及直播带货。

3. ×× 交通电台、×× 新闻电台等微博账号将发布相关推文。

4. 新闻 ××、×× 交通电台、×× 珠三角等微信公众号发布推文。

三、主办单位及企业

主题：广毕同心　消费扶贫

指导单位：×× 市协作办公室、×× 区人民政府

主办单位：×× 区农业农村局（区扶贫办）、毕节驻广办

协办单位：×× 广播电视台、×× 直播、抖音、快手、视频号、拼多多

14：28	主持人开场： 各位观众下午好，欢迎来到我们的直播间，这里是“广毕同心　消费扶贫”活动现场。也是我们 ×× 电视台、……的助农直播专场！在接下来 2.5 个小时的直播中，我们将为大家带来很多来自贵州省毕节市的优质农特产品！希望大家能喜欢，希望大家能支持！谢谢！	介绍活动主题、意义、主办方等信息	2 分钟

第一轮：14：30—15：30（60 分钟）

主持人：×× 电视台主持人　×××

嘉宾：×× 区农业农村局局长 / 区扶贫办主任　×××

特点：三大主推产品

主推产品清单：①纳雍“滚山鸡”　②威宁红皮小土豆　③ ×× 刺梨干、刺梨汁

时间	产品信息	展示及讲解
14：30—14：45	产品：纳雍“滚山鸡” 预计用时：15 分钟 活动：直播价 ×× 元 1 千克，享受广东省内包邮政策 【卖点】 1. 山上放养土鸡，爪子下面有明显的茧子，爪尖磨损比较明显	上火锅 1.“滚山鸡”的独特之处（“滚山鸡”是贵州省毕节市纳雍县的特色产业，肉质风味别具一格且富含多种营养价值，非一般土鸡和肉鸡能及。） 2. 与其他鸡爪作对比【视觉对比】 3. 小时候父母常为我们煲的营养靓汤是什么？【共情引导】 4. 阐述个人对土鸡的认识，提出在我们的认知观念里面什么样的鸡才能算得上土鸡！

续表

时间	产品信息	展示及讲解
14：30—14：45	2. 熬出的鸡汤颜色呈深（金）黄色，炒着吃味道更鲜美 3. 肉质更加紧实，口感更好	5. 抛出个人观点：一是土鸡应该是放养的（不是圈养的），怎么判断是不是放养，鸡爪对比再上场！二是吃的应该是五谷杂粮、野虫野菜！（看肉质）
14：45—14：50	产品：威宁红皮小土豆 预计用时：5 分钟 活动：直播价 ×× 元 2.5 千克，享受全国包邮政策 【卖点】 1. 威宁土豆又叫威宁洋芋，获得地理标志证明商标注册 2. 自然生长，未添加任何农药激素 3. 皮薄易剥，口感粉糯软绵，是炒菜、涮火锅的佳品 4. 下单现挖，新鲜发货	展示产品的包装
14：50—15：00	产品：金蟾大山黑木耳 预计用时：10 分钟 活动：直播价 ×× 元 200 克，享受全国包邮政策 【卖点】 1. 金蟾大山黑木耳味道鲜美，个大肉厚，营养丰富，具有很高的药用价值，是公认的保健食品，有“山珍”之称 2. 木耳是我国主要的食用菌之一，其质地柔软，口感细嫩，味道鲜美，风味特殊，而且富含蛋白质、脂肪、多种维生素和矿物质，有很高的营养价值	（1）提前泡发，与干木耳一起展示 （2）现场试吃并分享。提前准备材料，如油、葱花、盐、鸡蛋等，手做一份木耳炒鸡蛋进行试吃
秒杀：××× 园门票 1 元秒杀 50 份，活跃气氛		介绍赞助方 ××× 园
15：00—15：05	产品：威宁火腿 预计用时：5 分钟 活动：直播价 ×× 元 500 克，享受全国包邮政策 【卖点】 1. 选用农家散养猪，长期喂食土豆、玉米、荞麦粗糠、野菜等，不喂饲料，且生长周期不低于 18 个月 2. 精选猪后腿，采用 20 种配料古法秘制，肉香扑鼻，肥而不腻	切片展示，同时介绍食用说明（火腿用盐长时间腌制而成，简单清洗后，可搭配素菜炒，一般不需要加盐）和注意事项（火腿中不含防腐剂，拿到请第一时间放在冰箱冷冻）

续表

时间	产品信息	展示及讲解
15：05—15：15	1. 产品：×× 刺梨干 预计用时：5 分钟 活动：直播价 ×× 元 128 克，享受全国包邮政策 【卖点】 1. 手工挑选优质刺梨，不含任何防腐剂 2. 营养价值高，可作为下午茶、办公室小零食 （说了那么多刺梨干，怎么能少了刺梨原汁制作成的饮料呢？） 2. 产品：×× 刺梨汁 预计用时：5 分钟 活动：直播价 ×× 元 12 罐，享受全国包邮政策 【卖点】 原汁榨取，保留刺梨本身富含的营养成分和原汁原味，酸甜可口，不含任何防腐剂和色素	介绍刺梨的营养价值（每 100 克刺梨含维生素 C 2.075～2.725 克，是苹果的 800 倍、香蕉的 400 倍、红橘的 100 倍、西红柿的 22 倍、猕猴桃的 10 倍，被称为“维生素 C 大王”。非常适合高血压患者和肥胖人士及吸烟人士食用） 试吃刺梨干并分享口感 试喝刺梨汁并分享口感
15：15—15：20	产品：×× 核桃乳 预计用时：5 分钟 活动：直播价 ×× 元 20 罐，享受全国包邮政策 【卖点】 核桃仁含有大量不饱和脂肪酸、维生素 B、氨基酸、磷等，经常食用对脑神经有良好的补益作用，已经被越来越多的人所推崇。该产品是一种以核桃为主要原料的植物蛋白饮料，采用现代工艺，科学调配精制而成，保留了核桃仁原有的营养成分，口感细腻，核桃香浓郁，冷饮、热饮均可（热饮香味更浓）	试喝核桃乳并分享口感
15：20—15：25	产品：×× 薏仁米花（香辣 / 原味 / 奶香 / 椒盐） 预计用时：5 分钟 活动：直播价 ×× 元 4 包（不同口味），享受全国包邮政策 【卖点】 薏仁米营养价值较高，且有健脾益胃、补肺清热的功效。将其制作成米花，口感更佳，是较好的办公室零食、看电影零食	现场试吃并分享感受
15：25—15：30	×× 蜡染服装推介	
秒杀：×× 园门票 1 元秒杀 50 份，活跃气氛		介绍赞助方 ×× 园

续表

第二轮：15：30—16：15（45分钟）

主持人：×× 电视台主持人 ×××

嘉宾：××× 区农业农村局副局长 / 区扶贫办副主任 ×××

主推产品清单：①纳雍“滚山鸡” ②威宁红皮小土豆 ③马铃薯面

时间	产品信息	展示及讲解
15：30—15：40	产品：纳雍“滚山鸡” 预计用时：10分钟 活动：直播价 ×× 元1千克，享受广东省内包邮政策 【卖点】 1. 山上放养土鸡，爪子下面有明显的茧子，爪尖磨损比较明显 2. 熬出的鸡汤颜色呈深（金）黄色，炒着吃味道更鲜美 3. 肉质更加紧实，口感更好	上火锅 1.“滚山鸡”的独特之处（“滚山鸡”是贵州省毕节市纳雍县的特色产业，肉质风味别具一格且富含多种营养价值，非一般土鸡和肉鸡能及。） 2. 与其他鸡爪作对比【视觉对比】 3. 小时候父母常为我们煲的营养靓汤是什么?【共情引导】 4. 阐述个人对“土鸡的认识”，提出在我们的认知观念里面什么样的鸡才能算得上土鸡! 5. 抛出个人观点：一是土鸡应该是放养的（不是圈养的），怎么判断是不是放养，鸡爪对比再上场！二是吃的应该是五谷杂粮、野虫野菜!（看肉质）
15：40—15：46	产品：马摆大山马铃薯面 预计用时：3分钟 活动：直播价 ×× 元3袋，享受全国包邮政策 【卖点】 马铃薯所含营养成分丰富且齐全，有丰富的钾、钙、铁、镁、锌、锰等矿物质，膳食纤维及维生素C、核黄素、烟酸、叶酸等 产品：马摆大山苦荞面 预计用时：3分钟 活动：直播价 ×× 元2包，享受全国包邮政策 【卖点】 苦荞麦所含营养成分较丰富，尤其是含有其他粮谷没有的生物类黄酮（芦丁）。芦丁有软化血管，改善微循环，清热解毒，活血化瘀，拔毒生肌，有降血糖、降尿糖、降血脂、益气提神、加强胰岛素外周的作用	两种面一起介绍，选择一款面现场煮熟试吃 提前准备材料，如面条、西红柿、鸡蛋、盐、老姜片、葱花、花生油、酱油、辣椒面等，做一份西红柿鸡蛋拌面进行试吃

续表

时间	产品信息	展示及讲解
15：46—15：55	产品：赫章土鸡蛋 预计用时：9 分钟 活动：直播价 ×× 元 30 枚，享受广东省内包邮政策 【卖点】 1. 清晨，迎着每天的第一缕朝霞去鸡场捡蛋，从土地上捡起来的一枚枚吃五谷杂粮长大的鸡生出来的蛋，也许才能真正地叫“土鸡蛋” 2. 蛋液浓稠，蛋黄呈金黄色，溏心蛋有牛奶的味道。农村长大的孩子，读书的时候家里最常用的营养食品莫过于清水煮土鸡蛋了，而这个蛋，还原了农家读书小孩成长的味道 3. 土鸡蛋不含任何人工合成抗生素、激素、色素，蛋白质含量高，口感香鲜、质嫩无腥味	可打开生鸡蛋进行展示
15：55—16：00	产品：×× 辣椒粉（混款） 预计用时：5 分钟 活动：直播价 ×× 元 2 袋，享受全国包邮政策 【卖点】 1. 采用贵州贫困地区优质的辣椒，手工挑选不添加任何防腐剂 2. 辣椒味道辛辣，能促进血液循环，对风湿骨痛和关节疼痛有一定的预防和缓解作用。此外，食用辣椒还能驱寒取暖，能提高人体的抗寒能力	可作蒸熟的土豆蘸料、也可以凉拌等
16：00—16：05	产品：金蟾大山红托竹荪 预计用时：5 分钟 活动：直播价 ×× 元，享受全国包邮政策 【卖点】 红托竹荪是贵州特色食用菌之一，其味道鲜美、肥厚脆嫩，具有“雪裙仙子”“山珍之花”“真菌之花”“菌中皇后”之美称	泡发展示
16：05—16：10	产品：威宁红皮小土豆 预计用时：10 分钟 活动：直播价 ×× 元 2.5 千克，享受全国包邮政策 【卖点】 1. 威宁土豆又叫威宁洋芋，获得地理标志证明商标注册	展示产品的包装

续表

时间	产品信息	展示及讲解
16：05—16：10	2. 主要分布在海拔 2 000 米至 2 400 米之间，远离城市的污染，自然生长，未添加任何农药激素 3. 皮薄易剥，口感粉糯软绵，是炒菜、涮火锅的佳品 4. 下单现挖，新鲜发货	展示产品的包装
秒杀：×× 园门票 1 元秒杀 50 份，活跃气氛		介绍赞助方 ×× 园
16：10—16：15	产品：无蔗糖荞酥 预计用时：5 分钟 活动：直播价 ×× 元 500 克，享受全国包邮政策 【卖点】 荞酥是贵州威宁特色糕点之一，因其色泽金黄又称金酥。荞酥以苦荞面为主要原料，加红糖、菜油、小豆、芝麻、玫瑰、瓜条等原料制成的带馅糕点，有扁圆和扁方形两种	现场试吃并分享感受

第三轮：16：15—17：00（45 分钟）

主持人：×× 电视台主持人　×××

嘉宾：天河区职工代表　×××

产品清单：① ×× 大方冬荪　②威宁党参　③ ×× 天麻片

时间	产品信息	展示及讲解
16：15—16：20	×× 蜡染服装推介	
16：20—16：25	产品：×× 大方冬荪 预计用时：5 分钟 活动：直播价 ××，享受全国包邮政策 【卖点】 大方冬荪是中国国家地理标志产品。其具有肉质厚实、组织细密、口感松脆、久煮不烂、细嫩的特点，具有极高的营养价值和药用价值 贫困户帮扶情况：林下冬荪种植示范基地带动 15 个贫困户用工，月收入 3 000 元左右；项目资金量化带动贫困户 105 户	泡发展示
16：25—16：30	产品：×× 糯木耳 预计用时：5 分钟 活动：直播价 ×× 元 2 罐，享受全国包邮政策 【卖点】 获得绿色食品认证，营养价值高，口感 Q 弹可口，非常适合凉拌、涮煮	泡发展示，提前制作好凉拌木耳并分享

续表

时间	产品信息	展示及讲解
16：30—16：35	产品：×× 香菇 预计用时：5 分钟 活动：直播价 ×× 元 2 袋，享受全国包邮政策 【卖点】 1. 香菇是我国常食用的食用菌之一，被人们誉为“菇中皇后”，深受人们的喜爱 2. 香菇中含有丰富的矿物质和微量元素，营养价值较高	泡发展示
16：35—16：38	产品：威宁党参 预计用时：3 分钟 活动：直播价 ×× 元，享受全国包邮政策 【卖点】 1. 威宁党参是中国国家地理标志产品。其生长在海拔 2 300 米左右的威宁乌蒙山区，根条粗大、条直纹细、色泽油润、味甜化渣，浸出物含量高达 60% 以上，富含丰富的果糖和蛋白质，属于高品质中药材产品 2. 党参味甘、性平。补中益气，和胃生津、祛痰止咳	现场展示 提前切好泡水
16：38—16：41	产品：×× 天麻片 预计用时：3 分钟 活动：原价 ×× 元，直播价 ×× 元，享受全国包邮政策 【卖点】 大方天麻是中国国家地理标志产品，主产于大方县九龙山脉的深山丛林中，以天麻素含量高而闻名，有“中国天麻数贵州，贵州天麻数大方”之说，被中国食品工业协会授名“中国天麻之乡”称号	现场展示
16：41—16：44	产品：×× 灵芝 预计用时：3 分钟 活动：原价 ×× 元，直播价 ×× 元，享受全国包邮政策 【卖点】 灵芝味甘性平，入心经，具有补气安神、止咳平喘的功效	现场展示产品及相关食谱 食谱：灵芝莲子清鸡汤 材料：灵芝、莲子、陈皮、鸡 做法：将清洗干净的灵芝、莲子、陈皮和鸡一起放入锅中，加入适量的清水，大火烧开后小火慢炖，直到鸡肉软烂即可 功效：健脾开胃、保健身体
16：44—16：47	产品：×× 杜仲 预计用时：3 分钟 活动：原价 ×× 元，直播价 ×× 元，享受全国包邮政策	现场展示

续表

时间	产品信息	展示及讲解
16：44—16：47	【卖点】 于清明至夏至间，选取生长15～20年之间的杜仲树，按药材规格大小，剥下局部树皮，刨去粗皮，晒干。有补肝肾、强筋骨、安胎、治腰脊酸疼等功效	现场展示
16：47—16：55	产品：××黄苦荞茶 预计用时：4分钟 活动：直播价××元，享受全国包邮政策 【卖点】 1. 精选当地海拔2 600米以上生长的纯净无污染的苦荞麦为原料，经过脱壳、晾晒、烘干等工艺制作而成。更好地保留了苦荞原有的营养成分，且耐泡、不上火	现场泡好并分享
16：47—16：55	产品：××黑苦荞茶（胚芽型） 预计用时：4分钟 活动：直播价××元，享受全国包邮政策 【卖点】 黑苦荞是荞麦的一种，多生长在高寒地区，其具有极高的营养价值，被誉为“五谷之王”。黑苦荞茶可分为全粉黑苦荞、麸皮黑苦荞、胚芽黑苦荞及全株黑苦荞。因芦丁、氨基酸、膳食纤维等在胚芽里含量最高，所以原料是胚芽的黑苦荞茶更好	现场泡好并分享
秒杀：××园门票1元秒杀50份，最后一波福利		
结尾：16：55—17：00（自由把握、自由发挥） 主持人：××电视台主持人 嘉宾：×× 特点：开心、圆满、收获多多、助农扶贫等		

3. 直播连麦脚本（见表7-6）

表7-6　直播连麦脚本范例

与大V连麦流程（45分钟）
一、商务谈判负责人：主播菜菜负责与网红协商好价格和福利及直播产品，菜菜去争取价格，去到另一个直播间，有布景有八样产品，和老板争取福利，然后快手手机端连麦大V，注意只有此时此刻菜菜是在一对一的快手直播间。 二、确定与网红连麦的负责人 三、直播流程负责人：×××

续表

21：00—21：02	菜菜和老板砍价争取福利 2 分钟 关键词： 1. 真心想把扶贫地区好产品推介 2. 原生态、高品质 3. 我们会和其他主播分享参与	直播福利： 一元秒杀来一波 20 只纳雍土鸡 20 盒土鸡蛋	2 分钟
21：02—21：05	菜菜连麦大 V	打招呼，分别把对方介绍给自己直播间的粉丝	3 分钟
21：06—21：09	菜菜连麦大 V 聊	“黔货出山我拼一单”活动 广州与毕节黔南州的关系（对口扶贫）	3 分钟
21：09—21：19	菜菜连麦大 V 聊 大 V 号召粉丝扶贫助农 助播提醒大家点链接购买	纳雍土鸡 独特之处，直播间价格优势，广州消费扶贫专班硬砍中间商价格，出货价还包邮 ××，其中顺丰冷链全程配送	10 分钟
21：19—21：29	菜菜连麦大 V 聊 大 V 号召粉丝扶贫助农 助播继续提醒大家点链接购买	毕节土鸡蛋 原价 ××，直播间秒杀价 配选路上如何能做到不烂，独特包装 顺丰冷链全程配送	10 分钟
21：29—21：44	菜菜连麦大 V 聊 大 V 号召粉丝扶贫助农 助播继续提醒大家点链接购买	中间顾及粉丝提出的问题，与粉丝进行互动（介绍其他扶贫产品：苦荞面、竹荪、黑木耳、紫苏巧克力、花生）	15 分钟
21：44—21：46	收尾 大 V 继续号召粉丝支持扶贫 互道再见，感谢消费扶贫	再次感谢粉丝朋友们，和直播间的粉丝再见	2 分钟

学习单元 4

直播流程环节设计

一、直播前的准备工作

直播前主播要确定以下信息，并充分熟悉直播流程与细节，从而有效保障直播效果。

1. 直播的基本信息

主播要至少提前 3 天时间，确定直播的基本信息如图 7–4 所示。

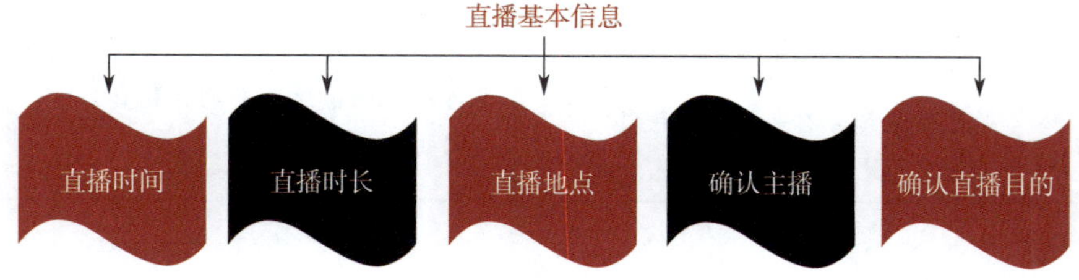

图 7–4　直播的基本信息

（1）直播时间。如 ×× 月 ×× 日晚上 ×× 点开始。

（2）直播时长。设定直播时长，通常以 2 ~ 3 个小时为宜。

（3）直播地点。如公司直播间、家中、××× 步行街等。

（4）确认主播。确认主播、副播及嘉宾信息。

（5）确认直播目的。一般有常规直播、引流直播、销售直播等。

2. 直播脚本

通过直播脚本，充分熟悉直播流程、时间安排、产品顺序、直播玩法、互动方式等，同时要做好突发情况的处理预案。

3. 主播的个人准备

主播需要提前准备好符合直播场景的服装、配饰、道具等，同时要留出充足的时间进行妆容梳理、状态调整、团队沟通等，确保在直播过程中做到井然有序，如图 7–5 所示。

图 7–5　主播的个人准备

二、直播中的工作步骤

1. 开场预热

包括直播开场、欢迎粉丝、自我介绍、有效互动。直播开场的 6 种方法如图 7–6 所示。

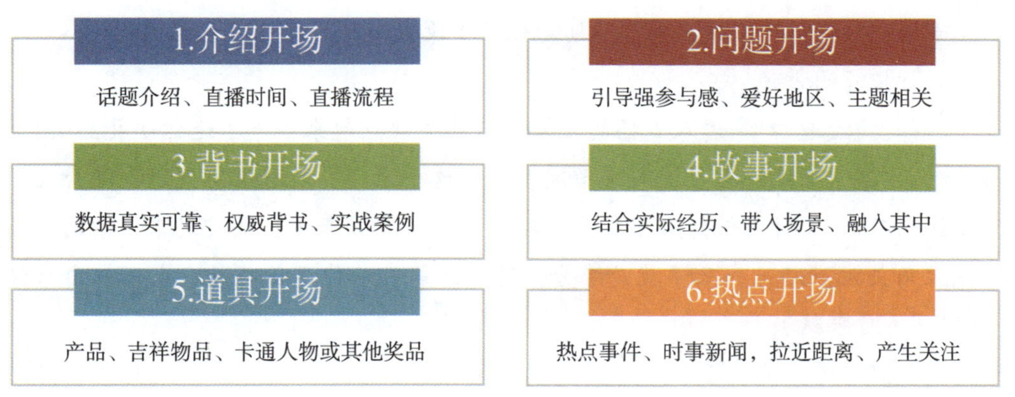

图 7–6　直播开场的 6 种方法

2. 点名互动

主播需要与进场的观众互动、引导分享、提醒观众关注账号等。

3. 优惠口播

将本场直播间的主要优惠进行简单介绍，营造直播间氛围，提升粉丝热度。

4. 产品销售

通过讲解产品特点，让观众产生购买共鸣，实现产品销售。

5. 奖品福利

通过抽奖、秒杀、买赠等方式，博得观众好感，提升购买信任度。

小贴士

直播间话术参考

1. 带动直播气氛的直播话术

例如，欢迎 ××× （用户昵称）来到 ×××（直播间名称）直播间。

2. 要反复提及利益点

例如，今天一共有 N 次抽奖，现在距离下一次抽奖就剩 5 分钟了，今天的奖品是……宝宝们不要离开直播间哦。

3. 让观众关注主播

要不停提醒每位进入直播间的观众关注主播。

4. 发红包要有技巧

例如，各位 ×××（粉丝名称定义）喜欢看我直播的话记得点击左上角的关注哦，关注人数每增长 ××× 人，主播就会发红包哦。

5. 不断强调直播间定位

下播前 5 分钟，不断重复直播间定位、下次直播时间以及对应的福利等。

6. 打招呼的方式

例如，“欢迎 ×× 进入直播间，左上角的关注点起来，等下送你小礼品哟！”（最常见方法）；“欢迎大哥进入直播间，大哥这个名字一看就很有气势，赶紧左上角关注点起来”（针对粉丝名字展开话题）；“×× 老铁来啦！欢迎进来直播间，赶紧左上角关注点起来，来了就是缘分，待会兄弟我给你送份礼物，也不枉白来这一趟！”（自来熟）。

7. 直播间逼单销售话术

强调时间紧迫，如“只有今天这次机会”。

强调名额有限，如“额满为止”。

让粉丝养成习惯，固定时间观看直播，如“每周六 8 折”。

主动打折，让粉丝有种“占便宜”的感觉，如“因上新货，老货 6 折”。

让粉丝有时间传播，连续多天邀请好友进入直播间，如“活动 3 天后结束”。

强化时间的紧迫，如“售完为止”。

设置时间点，让粉丝可以在指定时间段集中进入直播间，制造声势，如“优惠到 8 点”。

渲染出“数量稀少、手慢则无”的氛围，如“只有 10 件”。

直播临近结束时设定截止时间，进一步强化粉丝的购买欲望，如“10 分钟之内停止活动”。

8. 避免无话可说的情况发生

对于新主播来说，可将平时刷微博、抖音、快手和微信时发现的搞笑有趣的段子记录下来，并在直播过程中使用。但是一定要注意段子的尺度，不能违反平台规则。

三、直播后的工作内容

直播完成后，团队要及时进行复盘，一方面进行直播数据统计并与直播前的营销目的作比较，判断直播效果；另一方面组织团队讨论，提炼出本场直播的经验和教训，做好团队经验备份。每一次直播结束后的总结与复盘，都可以作为团队的整体经验，为下一次直播提供优化依据和策划参考。

实训操作

实训主题：策划一场主题直播，并撰写暖场脚本。

实训目标：通过撰写直播脚本，学会提炼产品卖点和设计直播流程等。

实训流程和要求：

时长	流程和要求	注意事项
20 分钟	根据提供的样品进行分析，运用直播主题策划设计直播活动，并提炼出直播暖场脚本的核心要点	“提供的样品”可以由教师提供，亦可由学员提供
20 分钟	小组讨论并列出至少三种类型的直播主题策划 列出至少 3 个吸引人的标题，撰写并演示直播暖场脚本	选择一种直播主题策划，撰写直播脚本

实训心得：

培训任务 8

直播相关设置与技巧

学习目标

1. 熟练掌握直播间设置技巧，能够设计直播封面及撰写直播标题。

2. 掌握直播间添加商品链接及发布直播预热的方法。

3. 进一步巩固和提升在各平台的直播实操能力。

直播间设置

各直播平台在用户开始直播前，都需要用户对直播间进行设置，这些设置有些是方便平台对直播内容进行分类，以便精准推送；有些是为了提高直播间的吸引力，以吸引平台用户进入直播间观看直播。

一、直播预告的设置内容

有些直播平台是可以发布直播预告的，直播预告是指提前将直播的时间、标题等内容发布在平台主页。如淘宝直播、微信视频号等平台都有直播预告功能，直播预告一般提前 5 ~ 7 天发布比较好。

1. 直播时间

在发布直播预告的时候，必须预先确定好直播时间，主播需要在预告时间段内直播，否则该预告无效。在设置直播预告时间时，只需在相应界面设置好已确定的直播时间并精确到分钟即可。淘宝直播预告设置如图 8–1 所示，微信视频号直播预告设置如图 8–2 所示。

2. 封面及视频

在淘宝直播平台发布直播预告时，可以设置直播预告封面和预告视频，有助于积蓄粉丝关注，获得更多平台流量。

（1）预告封面。如图 8–3 所示，直接在直播预告设置界面中添加预告封面即可，系统推荐封面图比例为 1 : 1。封面图可以使用手机相机直接拍摄，也可以从手机相册中选取，如图 8–4 所示。如果图片不是系统推荐的比例，建议先用图片处理软件进行裁剪后再使用，以防图片挤压变形，影响预告效果。

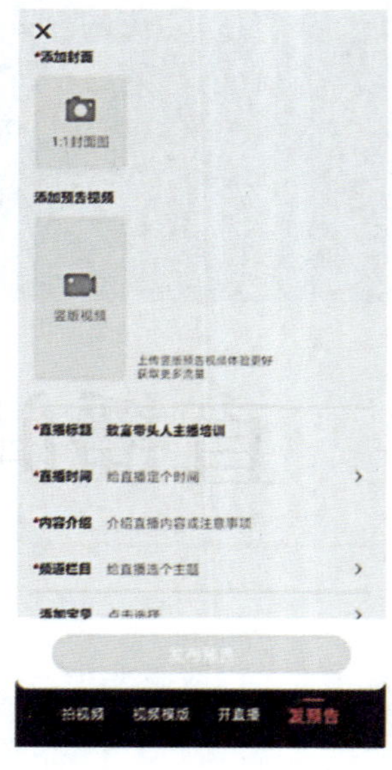

图 8–1　淘宝直播预告设置

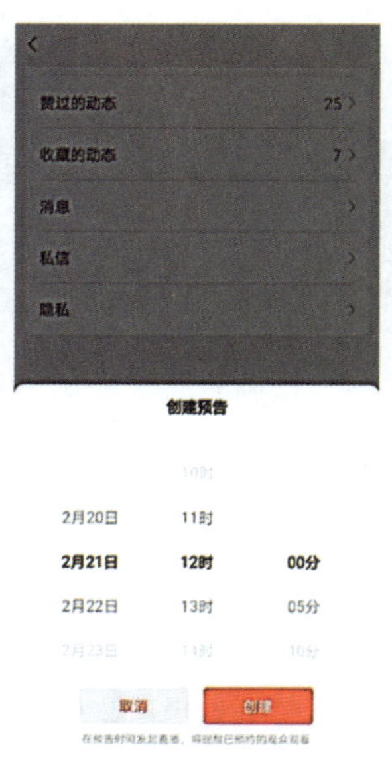

图 8–2　微信视频号直播预告设置

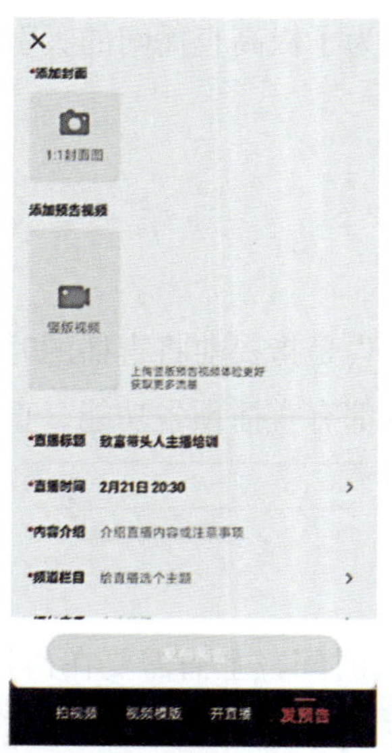

图 8–3　添加预告封面和预告视频

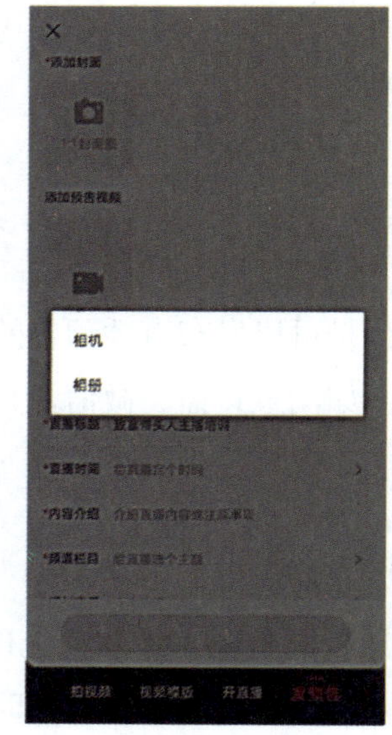

图 8–4　添加预告封面示例

（2）预告视频。发布直播预告视频能起到为直播间引流的作用。建议预告视频内容紧扣直播主题，一般以直播时间、优惠活动、产品展示、娱乐段子等为主，便于粉丝提前关注，在开播时第一时间进入直播间。

3. 标题及内容介绍

新颖、直观的标题和全面的内容介绍，可使平台用户快速了解直播内容，增加其对直

播间的兴趣。

（1）直播标题。直播平台对直播预告标题的字数要求各不相同，如淘宝直播预告标题的字数上限为 10 个汉字。预告标题应突出直播主题和优惠内容等，做到重点突出、一目了然。

（2）内容介绍。内容介绍应简明扼要，字数控制在 150 字以内。介绍的内容包括直播主题、促销内容、直播亮点、特色产品、福利放送等。

4. 其他相关内容

淘宝直播平台的直播预告内容，还包括频道栏目和添加宝贝等。

（1）频道栏目。根据直播内容选择一个相符的直播主题，方便用户通过频道进入直播间，可精准匹配用户需求。如“三农”直播可选的频道栏目有家乡好货、产地直供、吃货力荐等。

（2）添加宝贝。通过添加宝贝可以将淘宝店铺中的商品，添加进直播预告中。

（3）开启系统定位信息。直接点击“开启位置信息”，进行手动选择，即可对直播预告进行定位。位置定位信息更方便平台推荐同城用户进入直播间，如果不显示定位信息，请选择“不显示位置”。淘宝直播预告设置如图 8-5 所示。

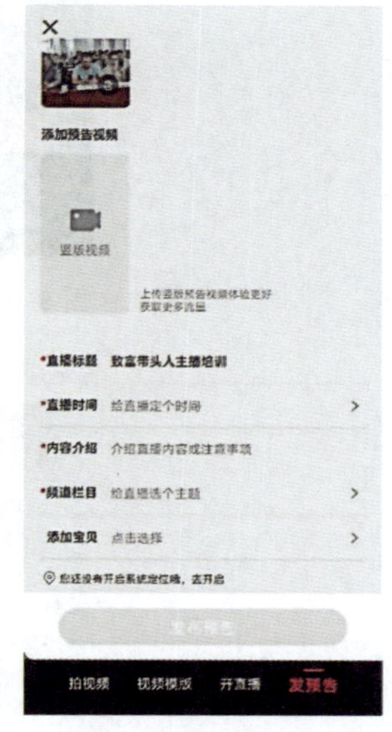

图 8-5 淘宝直播预告设置

二、开播前直播间的设置内容

在直播平台进行直播时，都要先进行开播前的设置，不同平台的设置内容和对应的位置稍有不同，但总体差别不大，主要内容如下。

1. 直播封面

直播封面内容与直播预告封面内容基本相同。一个优秀的直播封面，可以有效提升用户关注度，增加直播间人气。点击“开直播”按钮，就能进入直播封面设置界面，淘宝直播封面设置如图 8-6 所示，抖音直播封面设置如图 8-7 所示。平台推荐的封面图比例一般是 1 : 1，可以直接使用手机相机拍摄，也可以从手机相册中导入。

2. 直播标题

不同直播平台对直播标题的字数限制不同。直播标题设置的原则是充分利用有限的字数，传递更多有效的直播信息。淘宝直播标题设置如图 8-8 所示，抖音直播标题设置如图 8-9 所示。

图 8-6　淘宝直播封面设置

图 8-7　抖音直播封面设置

图 8-8　淘宝直播标题设置

图 8-9　抖音直播标题设置

小贴士

在设置直播标题时，有些直播平台在标题内容输入完成后并没有“确认”或“完成”按钮。此时，可直接在输入法中点击“确认”或“换行”按键，即可完成直播标题设置。

3. 地理位置

设置地理位置信息是将直播间的地理位置进行展示，以便直播平台以定位信息为中心，推荐周边正在看直播的同城用户来到直播间。需要说明的是，平台推荐来的同城用户，并不一定与直播间精准匹配。但对于新手主播而言，建议打开定位信息，争取更多同城流量进入，提升直播间人气。淘宝直播地理位置设置如图 8–10 所示，抖音直播地理位置设置如图 8–11 所示。

图 8–10　淘宝直播地理位置设置

图 8–11　抖音直播地理位置设置

小贴士

淘宝直播设置地理位置信息时，会显示周边的具体位置信息，选择一个最近的位置就能设置位置信息，若选择不显示位置信息，系统默认“在火星”；抖音直播间设置位置信息时，只需选择显示位置与隐藏位置即可。

4. 直播频道与话题

设置直播频道与话题可以帮助直播间与平台推荐用户进行更精准的匹配。淘宝直播频道设置及频道栏目列表如图 8–12 所示，抖音直播话题选择及自定话题如图 8–13 所示。

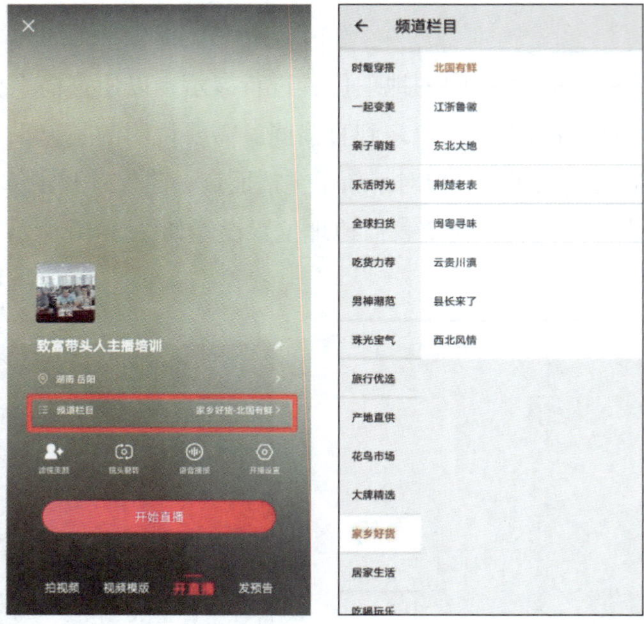

图 8-12　淘宝直播频道设置及频道栏目列表

图 8-13　抖音直播话题选择及自定话题

小贴士

抖音直播话题既可以选择系统推荐的热门话题，也可以自定话题。

5. 美颜滤镜

各直播平台，普遍都开发了美颜与滤镜功能。主播需要在直播前，根据自身需求提前进行设置。淘宝直播美颜设置如图 8–14 所示，抖音直播美化设置如图 8–15 所示。

图 8-14　淘宝直播美颜设置

图 8-15　抖音直播美化设置

小贴士

在设置美颜和选择滤镜时，可通过调节相关参数预览美颜和滤镜效果。建议主播在设置时，适度就好，如果效果太夸张，会显得直播间不够真实，拉远与粉丝之间的距离。

6. 添加直播商品

在主播没有中控助手的情况下，建议在直播开始前添加好直播商品，以免直播期间手忙脚乱。抖音直播添加商品如图 8–16 所示，微信视频号添加商品如图 8–17 所示。

图 8–16　抖音直播添加商品

图 8–17　微信视频号添加商品

小贴士

在直播间添加商品前，需要先在平台店铺或橱窗中上传或添加商品。微信视频号需要先用“小商店助手”开通微信小商店，并与微信视频号绑定，才可以将微信小商店中的商品添加进视频号直播间。需要注意的是，添加或上传商品到店铺，不等于添加商品进直播间。

7. 其他相关设置

（1）镜头翻转。镜头翻转是切换使用前置或后置摄像头的一种功能。点击“翻转”按键即可完成镜头切换。

（2）画面镜像。当我们使用前置摄像头进行直播时，观众看到的直播间画面是左右颠倒的，这就需要我们设置画面镜像了。只需要找到并打开画面镜像功能，就可以了。

（3）道具或贴纸。有些直播平台可以在直播间设置虚拟道具或贴纸，如眼镜、文字贴纸等，只需根据需要进行设置即可。

小贴士

不同直播平台，相关的设置内容不尽相同，如淘宝直播还可以设置是否接听连麦、语音播报等功能。这些设置的操作方法大同小异，先找到相应的功能键，点击进入设置即可。

三、直播间设置的注意事项

1. 设置地理位置

直播前设置地理位置，有利于平台推荐同城周边用户进到直播间。在设置地理位置时，有些直播平台会要求定位到周边某具体位置，而有些直播平台只有开启位置和隐藏位置两个选项。新手主播在开播前，往往忽视地理位置信息设置，建议开播前进行着重检查，以防得不到同城流量推荐。

2. 正确设置话题与频道

有些直播平台，可以在开播前对直播间进行话题和频道设置。如淘宝直播购物属性强，可以按频道进行设置；抖音娱乐属性强，一般是按话题进行设置。在设置话题和频道

时，应根据直播内容进行设置，这样平台推荐的粉丝精准度好、转化率高。

3. 镜头的翻转

用手机后置摄像头直播时，观众从直播间看到的画面与直播现场画面是一致的。而且后置摄像头像素高，直播画面的清晰度也高，缺点是主播无法通过直播手机看到直播画面和管理直播间。用手机前置摄像头直播时，主播能实时通过手机看到直播画面和管理直播间，但直播画面是左右颠倒的，这种情况开通画面镜像功能即可解决。

封面设计与标题撰写

直播间封面，是直播间呈现在粉丝面前的第一印象，其重要性不言而喻。一张好的直播封面图片，既能吸引粉丝眼球、提升直播间的关注度，也能提升直播间转化率。

一、直播封面应用场景

直播封面一般在平台向用户推荐直播间或粉丝转发直播间的时候呈现。主要的应用场景如下。

1. 直播广场主图

直播平台会将所有直播间按类别或话题进行分类并统一显现在直播广场中，如图 8-18 所示。在直播广场中直播封面就是直播间的主图。

2. 平台推荐主图

直播平台向平台用户推荐直播间时，会将直播间的相关信息呈现给平台用户，这时候直播封面就是直播间的主视觉图。

3. 转发主图

直播间观众转发直播间给好友或社群时，好友或社群中朋友看到的就是直播封面，如图 8-19 所示。

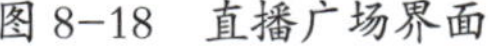
图 8-18　直播广场界面

图 8-19　直播间被转发至微信群中的呈现效果

二、直播封面中的基础元素

一般来说，选用或设计的直播封面应含有以下元素或信息。

1. 人物形象

直播间封面建议带上主角的人物形象，人像具有天然的吸引力，也令图片更具温度和信任度。如我们卖农产品时，封面有农民形象，就更容易被关注。

2. 产品信息

直播封面要有所销售的产品信息，好产品往往更易激发用户的兴奋点，有人物和产品的图片会更有感染力和吸引力。

3. 促销信息

在直播封面中体现促销信息，可以有效吸引用户关注，提升其进入直播间的概率。需要注意的是，促销信息应简洁有力，不要堆砌。

4. 其他重要元素

若直播间还有其他一些高价值的元素或信息，也应在封面图片中体现出来，如大咖亲临直播间、与某位网红连麦、权威部门支持等。

三、直播封面设计原则

1. 排版美观

设计图片时在文字排版、字体选择、颜色使用等方面，都需要精雕细琢。排版的时候，建议文字用横排，以常见的微软雅黑或宋体等字体为宜，切勿斜排文字或使用过于特别的字体，会显得直播不够正式。

2. 重点突出

设计直播封面的时候，重点信息要突出，让人一目了然。如希望突出产品时，可以展示产品的细节特写，辅以相应的文字说明。

3. 人物优先

在直播封面的展示中，人物形象非常容易成为用户的关注点，如穿着民族服饰的少数民族青年、正在采摘水蜜桃的中年果农等，都可能引起用户关注的兴趣。

四、撰写直播标题注意事项

直播标题是除了直播封面外，平台用户进入直播间前就能看到的信息。标题内容同样会影响进入直播间的人数。撰写标题的时候，要注意以下事项。

1. 用好奇或疑问的语句

撰写标题时可尽量使用带有疑问或能引起他人好奇的语句，这样既能吸引平台用户关注，又能使直播间从众多的直播间中突显出来。

2. 突出亮点和卖点

应在直播标题中突出直播间的活动亮点或产品卖点，实现有的放矢，更能吸引平台用户兴趣和关注。

3. 忌用极限或绝对词

直播标题中应避免使用极限或绝对词，如第一、最牛、最好等，避免违反广告法等相关法律法规，从而导致平台封禁或直播限流。

五、直播标题要素与撰写方法

直播标题可以有效增加直播间的吸引力，标题的撰写一般可从以下几个方面入手。

1. 亮点展示法

在标题中直接展示直播间亮点信息，如直播间会请嘉宾助阵，标题就可以这样写：大咖 ××× 邀你面对面。

2. 利益关联法

直播间的福利活动，可以有效提升用户的关注度和兴奋度，因此，在直播标题上可以有效呈现，如超值商品买一送一、热卖商品 9.9 元包邮、万元礼品只送不卖等。

3. 场景带入法

在标题中添加场景信息，通过场景增强带入感，进而增加观众进入直播间的概率。如新鲜五星枇杷采摘中，快来围观！快递堆成山了，有你的订单没？

4. 结合热点法

在标题中加入热点关键词，能增加直播间的点击率，如某人同款、真香！国货新品，热浪来袭等。需要注意的是，结合热点时，忌用负面热点或政治敏感词。

六、优秀直播标题案例

1. 吃货之美味盐焗鸡休闲零食

点评：吃货（目标受众）之美味盐焗鸡（产品）休闲零食（使用场景）。

切入工作生活中的使用场景，刺激用户食欲，吸引用户注意力。

2. 进直播间！好吃到爆的芒果，价格优惠，直省 40%

点评：与其说打折优惠，不如直接说能帮客户省下多少钱。

在合适的情况下，标题中最好出现具体产品名称。

3. 皮薄个大、清甜可口的五星枇杷 9.9 元秒杀

点评：直接把产品和利益点摆出来，给用户一个冲动消费的理由，因利益点进入直播间的用户下单就会下得很爽快。

学习单元 3

商品链接添加及设置

直播间添加商品（俗称挂小黄车），是直播带货的一个必要过程。只有将商品添加到直播间购物袋中，才能在直播间中销售。

一、从平台店铺中添加商品链接

很多直播平台都支持用户在平台开自己的店铺，如抖音小店、快手小店、视频号小商店等。要把商品挂到直播间，最直接的方法就是在平台开一个自己的店铺，把商品上传到店铺后，再将商品链接到直播间。

1. 向店铺中添加商品

往平台店铺中添加商品时，需上传商品主图、商品名称、价格、商品分类、规格、库存及商品详情等信息。经平台审核通过后，添加到店铺中的商品就可以正式售卖了。以微信视频号小商店为例，添加商品及上传商品信息如图 8–20 所示。

2. 从平台店铺中添加直播商品

开播前设置直播间的时候，点击“商品”，从平台店铺中选中要链接到直播间的商品，然后点击“添加”，平台店铺中的商品就添加到直播间了。以微信视频号添加商品为例，如图 8–21 所示。

图 8-20　添加商品及上传商品信息

图 8-21　将平台店铺中的商品链接到直播间

二、从商品橱窗中添加商品链接

在直播平台上，如果自己没有开小店，也可以通过商品橱窗添加商品到直播间。商品橱窗中的商品一般是选自平台后台供应链。

1. 向商品橱窗中添加商品

很多直播平台开通了商品橱窗功能，以抖音平台为例，用户只需满足一定条件即可开通商品橱窗。

（1）开通商品橱窗的条件。个人用户开通商品橱窗需满足的条件有实名认证、公开发布通过审核的短视频超过 10 条、粉丝数量超过 1 000 个。

（2）开通商品橱窗。满足条件后，如图 8–22 所示，点击“创作者服务中心”，在“变现能力”中选择“商品橱窗”，审核通过即可。

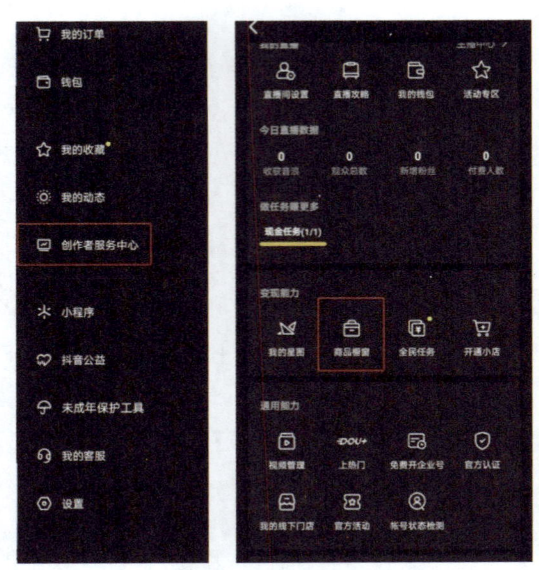

图 8–22　开通商品橱窗

（3）添加商品到商品橱窗。进入商品橱窗，点击“添加商品”，即可将商品添加到商品橱窗中。添加商品时，尽量选择销量大、佣金比率高的商品。以抖音平台为例，添加商品到商品橱窗如图 8–23 所示。

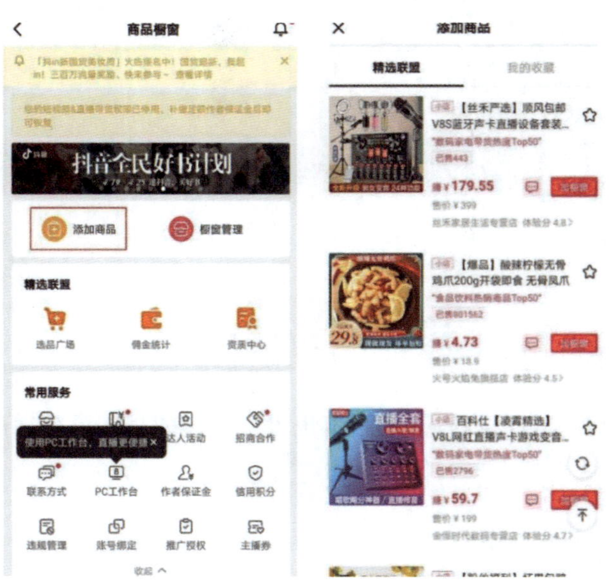

图 8–23　抖音平台添加商品到商品橱窗

2. 开播前从橱窗添加商品到直播间

可在开播前设置直播间的时候，将商品橱窗中已有商品添加到直播间中，以抖音为例，往抖音直播间添加橱窗商品如图 8–24 所示。

图 8–24 往抖音直播间添加橱窗商品

3. 添加橱窗商品的注意事项

（1）添加直播商品时，尽量选择与主播人设相符的商品，更利于在直播间销售。如果选择的产品过多、过杂，会影响账号的专业度，进而影响直播的转化率。

（2）往橱窗添加商品的时候，为方便尽快找到想要的商品，可以使用搜索功能，快速找出想要的商品。

三、从第三方平台中添加商品链接

有些直播平台支持把淘宝店铺等第三方平台的商品链接到直播间。

1. 支持从第三方平台添加商品的平台

目前，快手仍然支持添加淘宝店铺的商品链接，可通过淘宝客功能实现。

2. 第三方平台中商品佣金设置与产品选择

以淘宝店铺为例，要先将淘宝店铺开通淘宝客功能，再将要链接进直播间的商品设置推广计划和对应的推广佣金，并将淘宝客的 PID 绑定到直播平台。这样，淘宝店铺的商品就可以链接到直播间了。

3. 从第三方平台添加直播商品

开播前，将要直播销售的商品设置好淘宝客推广计划，待平台审核通过后，将其添加到直播间购物袋，就可以直播销售了。

四、从平台供应链后台添加商品链接

大多数直播平台的后台都有供应链端口，以方便主播选择相应的产品进行直播销售。

1. 各平台供应链后台介绍

如图 8–25 所示，抖音的精选联盟，在后台可以直接添加商品。快手和视频号也都有相应的商品供主播选择，在直播平台中选择“我要带货”，找到自己想要带货的商品，一键添加到自己的店铺或者是商品橱窗中即可，如图 8–26 所示。

图 8–25　抖音精选联盟

图 8–26　微信小商店后台

2. 从平台供应链添加商品进直播间

先把要销售的商品，从平台后台添加进自己商品橱窗或店铺，再在开播前，直接将商品橱窗或店铺中的商品链接到直播间即可。

小贴士

商品上传到店铺，与商品链接到直播间是两个不同的过程。很多初学者会把这两件事混为一谈，认为上传到店铺的商品，自然就会出现在直播间，这是不对的。上传到店铺中的商品不会自动出现在直播间，需手动添加进直播间才可以。这种情况要特别注意。

直播画面构图

直播画面的构图直接影响粉丝观看直播时的体验。合适的直播画面构图，能给粉丝愉悦与舒适的观感。设置合适的直播画面构图，可以从以下几个方面着手。

一、直播画面翻转与镜像

主播用手机前置摄像头直播时，可根据需要进行镜头翻转与镜像设置，具体操作方法如下。

1. 直播画面翻转

直播时，如要展示商品细节，可使用镜头翻转功能，将直播画面切换到商品上。以微信视频号为例，如图 8–27 所示，找到“翻转”并点击，就能切换镜头，实现画面翻转。

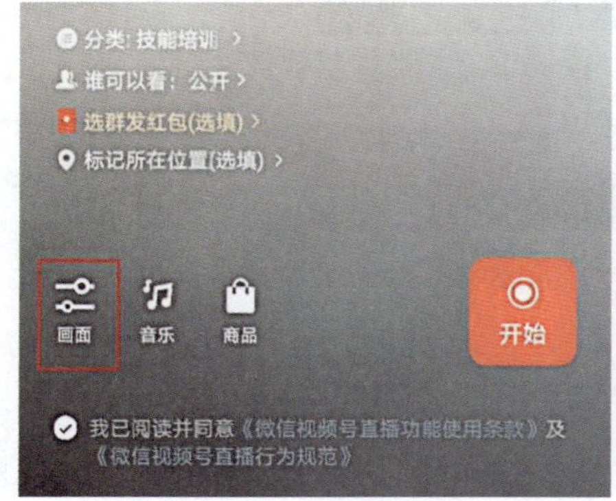

图 8–27　视频号直播间翻转与镜像位置

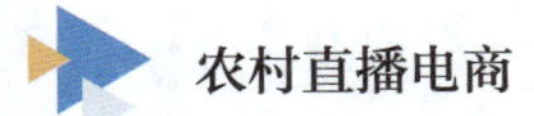

2. 直播画面镜像

在用前置摄像头直播时，直播画面中的文字通常是左右颠倒的，这时就需要进行镜像设置。以微信视频号为例，如图 8–27 所示，找到“镜像”并点击，即可实现画面镜像。

二、直播画面主体比例

主播人物头像在直播间的比例太大，观众观看直播时会有压迫感；主播人物头像在直播间的比例太小，观众观看直播时会有距离感。直播画面主体比例，会直接影响直播间观众的观感。

1. 单主播画面主体比例

单主播做直播时，建议提前打开手机摄像头的九宫格辅助线，将头像位置居中，人像占整个画面的三分之二为宜，如图 8–28 所示。

2. 双主播画面主体比例

双主播做直播时，建议两位主播并排出镜，分别处于画面两边的位置，且两人中间要有适当距离，画面前景可以摆放直播产品，如图 8–29 所示。

图 8–28　单主播出镜比例

图 8–29　双人出镜比例

3. 三人直播画面主体比例

当双主播做直播又邀请了嘉宾时，应三个人并排出镜，建议横屏直播，画面占到手机屏幕的三分之二处为宜。如图 8–30 所示。

图 8-30　三人出镜比例

三、直播画面构图原则

1. 突出主体

直播间画面应主次分明，并且能很好地突出主体，如主播、前景展示的商品等，其他次要元素不能喧宾夺主，影响整个直播间的效果。

2. 适当留白

主播或产品不能占满整个画面，要适当留白，以免影响粉丝的观感和舒适度。

3. 黄金分割

拥有黄金分割点的画面构图更具美感和视觉舒适度。

4. 颜色搭配

直播间的色彩搭配也需要讲究技巧。既要避免俗气的大红大绿，也要避免单调的黑白灰。

直播预热推广

直播预热推广，对于直播间人气提升、销售转化等都有重要的推动作用。尤其对于新手主播而言，要学会利用多种渠道、多种形式进行直播间预热，为自己的直播间赋能。

一、直播预热内容形式

直播预热一般在直播前和直播中进行，预热的内容形式一般有短视频、图片海报、图文混合等。

1. 短视频形式

短视频是直播预热最常用的内容形式，视听感观好，感染力强，是粉丝喜闻乐见的形式。一般直播前，会根据距离开播的时长，分三个时间段发布不同的预热短视频，通过介绍直播间亮点与促销活动等内容，引导粉丝关注或预约直播间。

2. 海报形式

用图片做出直播间的宣传海报，在各平台宣传推广，内容可以是直播间主题活动、亮点内容、爆款产品等，还可以用倒计时的方式做宣传海报，为直播间做推广宣传和引流。

3. 图文形式

图文混合形式，一般适用于在微博、微信朋友圈、头条号等平台，以资讯的形式发布。以直播间的布置、现场场景、产品陈列台等图片，配上相关的文案，更容易引起注意、吸引关注。

二、直播预热内容制作

直播预热的内容形式确定后，需要按确定的内容形式进行预热内容制作。

1. 直播前短视频内容制作

直播前的短视频内容一般以直播时间、直播间亮点、特邀嘉宾等预告为主，同时还可以制作其他与本场直播相关联的短视频。抖音、快手等平台会给新发布的短视频 500 左右的基础流量；而视频号的观众还可以通过预告视频预约直播间。

2. 直播中短视频内容制作

直播中的短视频内容主要以本场直播亮点或直播片段为主，观众在观看视频的时候，会显示视频博主正在直播，通过短视频账号头像或主页第一个内容（视频号显示形式）就能直接进入直播间，为直播引流的效果非常明显。

3. 直播前倒计时海报制作

直播前的倒计时海报，能有效制造紧迫感和期待感，同时强化观众对本场直播的关注与兴趣，是一种简单有效的直播预告方法。如图 8–31 所示。

图 8–31　直播倒计时海报

4. 预热文案撰写

直播预热文案尽量不要采取硬广形式，可以采取软文 + 拉近距离 + 直接点明目的的方式来写。例如，罗永浩的直播预热文案为：（基本上）不赚钱，交个朋友。（也许是）中国第一代网红。

几个醒目大字就是“不赚钱，交个朋友”，弱化了广告的效果，拉近了与粉丝的距离；细看上面又有“（基本上）”和“（也许是）”，用这样模棱两可的词给粉丝一种幽默感，引起其强烈的好奇心，这样直播预热文案就成功了大半。

三、直播预热推广渠道

直播预热内容制作完成后，要广泛地发布到各个媒体渠道，让不同平台的用户都能看到直播间的预热信息，为开播积蓄流量。

1. 直播平台的短视频发布

抖音、快手、微信视频号、西瓜视频等直播平台，可以直接发布预热直播间的视频。

建议预热短视频重点在直播平台进行投放，如果跨平台发布的话，要尽量规避平台的敏感词。

2. 社交媒体发布

社交平台的媒体属性比较强，对“新农人”而言，微信是一个很好的自媒体平台，可以利用自己的微信公众号、企业微信号、个人微信号来发布预热的视频或图文。社交媒体留存的私域粉丝，社交属性比较强，预热效果更明显。

3. 微博与头条号

微博和头条号（今日头条）等平台，可以突破私域圈层，将直播的预热信息以图文或视频的形式发布出去，通过平台的推荐和分配算法，让更多对这一内容感兴趣的平台用户看到，能有效扩大预热直播间的效果。

4. 粉丝圈（群）

“无社群、不直播”，这是被众多主播认可的一句话。无论是在社交平台，还是在短视频平台，当我们通过发布内容积累到粉丝后，一定要注意将其引导到粉丝圈或者群中，进行更具针对性的社群运营，为直播积累“铁粉”或“种子粉”。在直播前，可以将预热信息直接发到粉丝群里，引导粉丝进行转发裂变，这是成本最低、效果最直接的预热方式。

四、直播预热推广技巧

直播预热推广也有一些小技巧，如果运用得当，会起到事半功倍的效果。

1. 把握好预热时间

直播预热如果过于提前、经常刷屏，易使观众感到厌烦，也容易遗忘；如果提前时间太短，又达不到预热效果。一般来说，提前 5 天左右开始预热是比较合理的。

2. 充分利用预约功能

很多直播平台都有预约直播的功能，如淘宝直播、视频号等。在直播前，提前设置直播预告，粉丝可通过直播预告预约直播间，当开始直播时，平台的强提醒功能会对预约直播间的粉丝进行有效提醒。

3. 建立种子粉丝群

当直播间的粉丝积累到一定程度后，要将其引导到粉丝群或私域流量池里进行维护。每次直播时，让这些粉丝第一时间到直播间来，确保直播间的基础人气。

4. 利用好社群裂变

在直播过程中，要引导直播间粉丝和私域粉丝群成员进行积极的转发分享，实现高效裂变，让直播间的人气越来越旺。需要注意的是，裂变需要主播提前准备引导话术和相关利益点，方能激发粉丝转发分享的热情。

实训操作

实训主题：直播前的准备。

实训目标：能够进行直播间的各项设置，会制作预热引流的内容，为直播打好基础。

实训流程和要求：

任务一 直播前准备

时长	流程和要求	注意事项
10 分钟	以本地特色采摘节为例，设计直播封面	
10 分钟	撰写采摘节的直播标题	

任务二 直播前预热

时长	流程和要求	注意事项
10 分钟	设计直播预热内容	
10 分钟	分享如何使用直播预热的方法与流程设计直播预热的内容	

实训心得：

____

____

____

____

培训任务 9

直播实施与场控

学习目标

1. 掌握直播时主播开场与引导关注、转发直播间的相关话术，并熟练运用于直播实践。

2. 学会直播间控场的相关技巧，掌握提炼直播间亮点及产品介绍的方法。

3. 能够在直播间进行商品上架和下架操作，掌握直播间氛围营造与营销方法等具体操作技巧，具备平台直播的进阶实操能力。

开场与引导关注

新手主播在开始直播时，往往不知道说什么，有时候甚至头脑一片空白。若想避免这种情况的发生，除了平时多煅炼自己的表达能力外，我们还要设计一些开场白与直播话术，以便直播时灵活运用。

一、主播开场的方法及话术

好的直播开场，既能吸引直播间粉丝停留，又能增加主播的信心。新手主播开播时，常常因为直播间人少甚至没人而倍感压力，又或者因为紧张而不知所云。这时候，开场话术就显得很重要了。常用的开场话术如下。

1. 自我介绍型

以合理的自我介绍和俏皮的话语开始直播，可吸引粉丝关注与停留。

例如：

直播间的宝宝们，大家好，我是一名“新农人”新主播，也是一名 90 后的农村宝妈，今天是我的第一次直播，请大家多多支持，关注我的直播间！

大家好，我是一名返乡创业的大学生，目前从事生态养殖，大家看这边的山坡上都是我散养的土鸡，第一次直播，请大家关注我的直播间和我的这些土鸡宝宝！

大家好，我是汉中蜂蜜哥，年轻帅气，吹拉弹唱样样强，浑身充满正能量，感谢大家来到我的直播间捧场，谢谢大家（配合手势更具感染力）!

2. 放送福利型

开场发福利是一种效果非常好的拉动直播间气氛的方法，如某些大主播在直播开场时，总会先抽奖发一波福利，直播间气氛就会被迅速地提升起来。

例如：

宝宝们晚上好，今天照样先送一波福利给大家，大家准备好哦，免费的小红心点起来，红心不停，福利不停哦，加油，宝宝们！

宝宝们，直播间开场送福利喽，在直播间发送“我要福利”，屏幕刷起来，马上我将抽取一位幸运的宝宝，免费赠送自家种的2.5千克重的橙子一箱，全国包邮的哦，快快行动起来！

3.“自黑”型

以“自黑”开场，主播可将自己无伤大雅的小缺陷，用幽默的语言进行适当的放大，既能够博得粉丝一笑，拉近与粉丝之间的距离，又可以放松紧张的心情。

例如：

宝宝们，下午好呀，最近我是越来越胖了，开车安全带都扣不上了，扣上就有勒脖子的感觉，最要命的是，中午在小餐馆吃饭，一哥们说我挡他 Wi-Fi 了，你说气人不！

4. 故事引导型

开始直播时讲一些小故事，如人生经历、创业经历、所见所闻、新鲜怪事等内容，既能很自然地吸引粉丝的注意力，拉近与粉丝之间的距离，又能让自己进入到一种轻松愉悦的直播状态。

例如：

小时候爸爸经常对我说，不好好读书，以后只能回家务农，面朝黄土背朝天。现在我长大了，大学毕业了，仍然回家务农，一样面朝黄土背朝天，我回来不是因为读书成绩不好，而是大学毕业后，我想把学到的东西带回农村老家，用自己的知识改变农村风貌，带乡亲们发家致富，一起种橙子，走上小康的道路。

小贴士

以上开场话术，主播可以根据实际情况选择使用，或进行适当修改，写成适合自己的开场话术，并持续使用，形成独有的风格。

二、引导转发直播间与关注主播话术

直播过程中，需要不停地用话术引导直播间观众关注、转发分享直播间等。通过观众转发分享，能吸引更多用户来到直播间，平台也会根据转发分享情况评定直播间质量，从而推送相应的流量进入直播间，形成良性循环。

1. 引导转发直播间话术

例如：

宝宝们，直播间人数只要达到 100 人，我们就来一波抽奖，大家把直播间转发一下，转发给好朋友，拉他来直播间，人数到了，我们就抽奖，抓紧行动哦！

宝宝们，快点击右上角的转发，转发直播间到您的微信群，转发到 10 个微信群，主播就开始发大红包了哦，想要抢红包的宝宝们，快快转发起来吧！

刚进直播间的宝宝们，如果您还没有领到直播间购物福利的话，请转发一下直播间，主播给您发福利哦，现金抵用券，错过今天，要再等一年哟！

2. 引导关注主播话术

例如：

兄弟姐妹们，如果您是第一次来到主播直播间的话，请点点关注，关注主播不迷路，主播福利送不停！

关注主播不迷路，主播带你上高速。直播间的宝宝们，免费的红心点一点，关注点一点哟！

直播间的宝宝们，我是一名 90 后"新农人"，奋斗在乡村振兴第一线，正带领乡亲们奔小康，大家点一点关注，每天晚上 8 点半，我们准时直播哦！

三、引导转发直播间与关注主播小技巧

直播间转发一般分为两种，一种是粉丝转发，另一种是引导直播间观众转发。常见的引导转发技巧有以下三种。

1. 情感关联

引导转发和关注直播间，可以利用与粉丝之间的亲密度，在直播过程中呼吁粉丝转发直播间，老粉带新粉。

2. 福利放送

以福利作为直播间转发和关注的条件，直播过程中不断口播福利内容和发放条件，鼓励观众关注直播间并不断转发，以达到福利发放条件。

（1）福袋

部分直播平台有发放福袋功能，如抖音、今日头条（西瓜视频）等。发福袋时，可以设置领取条件，如领取条件为粉丝团成员，这样若想领福袋就必须关注主播和加入粉丝团；此外，还可以增加福袋口令，用福袋活动来配合引导观众关注主播。抖音直播间福袋入口及口令设置如图 9–1 所示。

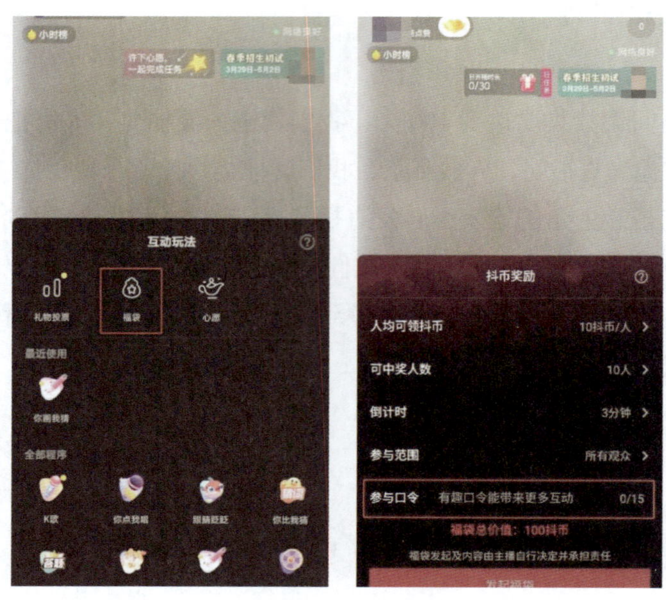

图 9–1　抖音直播间福袋入口及口令设置

（2）抽奖

在直播间做抽奖活动时，可以设置关注主播和转发直播间的条件，如要求粉丝转发起来，让直播间同时在线人数达到一定数值，或者是粉丝关注量达到一定数值时，进行一次抽奖回馈粉丝。微信视频号直播抽奖入口及抽奖设置如图 9–2 所示。

（3）红包

直播间发红包是一种可活跃直播气氛且与粉丝互动比较强的活动。发红包也可以设置领取条件，如要求粉丝转发直播间，让直播间同时在线人数达到一定数值，或者是粉丝关注量达到一定数值时，发一个大红包回馈粉丝。

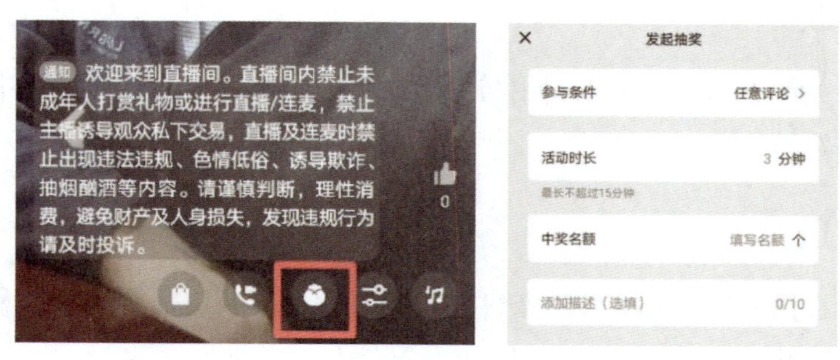

图 9–2　微信视频号直播抽奖入口及抽奖设置

3. 直播控场

在直播过程中，直播间管理员可以通过直播间飘字、直播间贴纸等方式，引导观众关注和转发直播间。

小贴士

领取福利的前提条件应根据当时直播间同时在线人数或具体的粉丝关注量进行设置，设置一个稍微努力就能达到的目标。若目标太高，观众觉得完成难度大，就不会积极参与活动了。

学习单元 2

直播间控场与管理

在直播过程中，要对直播间进行有效控场和管理，以确保直播活动顺利进行。

一、直播节奏控场

直播节奏控场是指在直播过程中，把控整场直播按预定的时间和流程进行。在“三农”直播间，一般会有以下内容。

1. 直播时间把控

直播活动的各环节都有相应的时间点，如某个产品应该在哪个时间点开售、讲解时长、产品演示时长、在哪个时间点结束讲解等。但在直播活动的实际操作中，常会出现直播节奏被一些临时的小状况打乱，相应的时间点出现偏差等情况。这时，场控人员就需要迅速提醒主播和副播进行调整，以确保直播活动各环节按既定的时间点进行。

2. 直播脚本与直播现场衔接

在直播过程中，有时候主播会受直播间氛围或粉丝的影响，导致直播内容与直播脚本发生位移。这时，场控人员也应提醒主播即时进行纠正与调整，让直播内容回到直播脚本中来。

3. 主播与助播临场提示

对主播和助播而言，即便有优秀的临场应变能力和丰富的直播经验，也难以避免一些突发状况的发生。此时，就需要场控人员协助主播进行即时高效的处理。

二、商品解说时控场

直播过程中，主播要按预先设定的时间和顺序来讲解产品。产品解说时的控场内容如下。

1. 整场直播产品的解说顺序

在制作直播脚本时，已经进行了选品并对产品讲解顺序进行了排列，主播和场控人员应熟知整场直播的产品讲解顺序。

2. 介绍产品的细节与价格核查

主播和助播在介绍产品时，难免会出现一些小失误或差错，如产品的品牌、规格、价格等，这就要求场控人员能够随时发现主播和助播在讲解过程中的偏差，并及时提醒他们纠正过来，一般做法是在提示板上写字进行提醒。

3. 配合主播展示和撤出产品

在直播过程中，主播和助播要进行产品的讲解、试用或试吃，每一次产品讲解后，要及时撤下直播台上的商品样品和辅助道具，并摆放下一款产品，以保证直播过程的流畅性。

三、突发情况时控场

直播的时候，直播间会有一些突发或偶发的事情发生。这个时候，我们不能慌乱，要按应急预案或随机应变快速进行处理，保证直播的连续性。

1. 突发信息提醒

直播间突发情况提醒，如有嘉宾突然造访直播间、临时库存变化、临时促销活动变化等情况，场控人员或直播助理要及时提醒主播和助播。

2. 主播心理暗示与安慰

新手主播在直播的时候，常常会表现出紧张、缺乏自信的状态。此时，场控人员可以通过提示板对其进行鼓励和加油，如果主播出现小失误，也要及时安慰并引导其放松，让主播及时进入角色状态。

3. 纠正讲解产品时的失误

主播或助播在解说商品时，如果说错了产品的价格、规格参数、促销内容或售后政策等时，要及时进行场外纠正和提醒，避免造成损失和纠纷。

四、直播间评论管理

直播间评论是营造良好直播销售氛围的重要环节。因此在直播时，管理人员要注意加强对直播间评论的引导与管理。

1. 引导直播间的正面评论

直播的时候，主播会在直播间提出一些问题或话题，这时就需要场控人员或助理在直播间里协助其活跃气氛，并引导正面评论。

例如：

主播家的东西是不错，我吃过他家的产品，口感非常棒！

关于这个话题，主播说得有道理，支持！

场控人员可以以管理员或普通粉丝的身份，引导评论、支持主播，也可以通过直播间飘字的方式，引导粉丝进行正向评论。

2. 及时协助主播回答粉丝提问

当主播专注于直播讲解或直播间刷屏过快时，一些重要的粉丝提问有可能被忽略，这时场控人员或直播助理应该在直播间对粉丝问题进行解答。

3. 直播间言论管理

如果有粉丝在直播间发表对主播或对直播销售不利的言论时，通常有两种应对方法。

（1）提前预判相关情况，在直播开始前，通过直播间设置将可能出现的关键词屏蔽。开播后，含有被屏蔽关键词的评论，就无法在直播间显示了。

（2）场控人员以管理员的身份，将发表不利言论的粉丝踢出直播间，净化直播间的评论环境。

亮点提炼及产品展示

对“三农”直播而言，一独特的直播亮点可使直播间更有吸引力，产品销售转化也更好。

一、直播亮点的提炼

直播亮点是直播间吸引粉丝注意和对外宣传的关键，在策划直播时或在直播开始前，要对亮点进行充分提炼，并作为直播封面或对外宣传的主要内容。

1. 直播间主播或嘉宾

邀请知名主播或重量级嘉宾到直播间，是可以作为直播亮点来宣传的，通过嘉宾的影响力吸引粉丝进入直播间，如某主播与你相约、县长来了等。

2. 直播间热销爆款产品

以直播间热销的爆款产品作为直播亮点，也是一种常见的方式，如黄桃采摘节、万亩脐橙丰收啦！

3. 直播间促销或让利活动

直播间的促销让利活动是非常直观的直播亮点，如现收现发，土豆 9.9 元 2.5 千克顺丰包邮；湖南特色农产品，全场半价！

二、直播产品细节展示方法

直播的时候，如果能够对产品进行全面展示，可能会激发粉丝的直接购买欲望，从而影响整场直播的销售。常用的农产品展示方法如下。

1. 产品包装展示法

直播过程中，通过展示产品的包装，从包装上讲解产品的卖点，如原料、认证、规格、图案等，是一种很有效的展示方法。

2. 产品配料展示法

从产品的配料入手，讲解产品的卖点，体现产品用料上的优势。常见的方法是把相关的配料用容器分类装出来，进行更为直观的展示。

3. 产品搭配展示法

从产品的搭配使用或相关的使用场景来展示，如介绍云南会泽特色蘸料，如果仅从产品本身来介绍就比较单薄，可以从蘸料搭配烤串、炸鸡块等方面进行介绍，更直观、实用。

4. 产品成品展示法

有些产品是原材料，可以进行深加工，可以将产品制成的成品进行展示，如新鲜的百合，可以将制作好的百合鲜汁或百合羹进行展示，效果更佳。

三、直播产品试用与试吃

在直播间介绍产品时，除了直接展示产品外，还可以进行试用或试吃，可让观众有更为直观的体验，从而激发其购买欲望。

1. 主播试用

主播在讲解的时候，直接打开产品包装进行试用，并将试用的感受分享给观众，往往具有较好的销售效果。这种方法一般适用于护肤品，如芦荟膏、蜂胶面膜等，以及农特产品，如藤椅、草帽、手工艺品等。

2. 主播试吃

水果生鲜类产品或深加工食品，主播可以直接试吃，并将试吃感受分享给观众，让直播效果更为生动，且具有一定的观赏性，销售效果往往也会更好。

3. 嘉宾体验

主播在介绍产品的时候，也可以邀请嘉宾来到直播间进行产品体验。通过嘉宾的第三

方身份，对产品进行讲解和试用分享，更容易获得粉丝的认可和信任。嘉宾可以是产品的供方代表，也可以是主播的亲友同事，还可以是直播间的资深粉丝等。

四、直播产品介绍五步法

对于很多“新农人”而言，他们对自己的产品十分熟悉，但往往在直播时乱了阵脚，不知如何有效地进行产品展示与介绍。直播产品介绍要点如下。

1. 提出痛点

介绍产品时，先从消费者痛点切入，引起直播间粉丝的共鸣。如在介绍柚子时，基于其存储时间长的特点，提出大多数水果存储时间短，需要频繁购买的痛点，直播效果就会更好。

2. 放大痛点

通过提出消费痛点，实现观众共鸣后，还需要进一步放大痛点，提升消费紧迫感，帮助观众找到购买产品的必要理由。以柚子为例，可以提出想吃水果时，有一种水果剥开就可以吃，而且不用担心长期存储的问题。

3. 引入产品

解决消费痛点的方法是适时引入产品，通过介绍产品的卖点、使用方法、使用场景等，让粉丝对产品有初步了解，如柚子的大小、产地、口感等。

4. 提升高度

痛点有了，解决的方法也有了，这还不够。必须要将产品进行高度提升，进一步塑造其产品价值，激发粉丝的购买热情。如柚子可以榨汁、可以制作蜂蜜柚子茶、可以作随手礼，还可以作为自驾伴侣等。

5. 降低门槛

提升产品高度、塑造产品价值后，就到了成交促单环节，需要通过促销活动降低消费门槛，让粉丝有一种物超所值、不买就亏的感觉，从而在直播间迅速下单。如我们平时购买一个柚子大约需要 30 元，今天的直播间每个柚子只需要 20 元，而且买三送一。

学习单元 4

商品管理及直播间氛围营造

一、商品管理

产品链接在直播平台店铺发布成功后，还需要及时将其上传到直播间（俗称挂小黄车），上传成功后，商品才能出现在直播间，粉丝才能自行进行购买。

1. PC 端后台操作

抖音小店、快手小店和视频号的企业店铺都有 PC 端后台管理系统，在电脑上实现商品上下架及库存增减等操作。抖音小店 PC 端商品上下架操作界面如图 9–3 所示。

图 9–3　抖音小店 PC 端商品上下架操作界面

2. 手机端后台操作

各直播平台的店铺都有手机管理入口，不论是抖音小店、快手小店，还是微信视频号的小商店，或者是升级后的视频号小店，都可以在手机上直接操作上下架商品、商品库存管理、运费模板设置以及发货管理等操作。

微信视频号小店手机端商品上下架操作界面如图 9–4 所示。

图 9–4 微信视频号小店手机端商品上下架操作界面

二、秒杀（抢购）产品上架

上架秒杀产品需要配合直播间的活动来完成，过早上架或延时上架都会影响秒杀和抢购的活动效果。上架此类产品时，需要注意以下三点。

1. 产品即时上架

秒杀活动的本意是在直播间营造紧张的抢购氛围，主播在倒计时的过程中，直播间观众会有一种紧张的心理，感觉直播间的商品要靠抢才能买到。秒杀产品一般会在直播平台店铺中提前上传，待秒杀开始时正式在直播间上架，以营造抢购氛围。“三农”主播首次做直播间秒杀活动前，建议先做操作测试，以免出现意外。

2. 上架产品库存

设置上架产品的库存数量也有一定的技巧。产品的可销售数量要低于实际库存量，预留部分产品用于货损及退换货。秒杀产品应按提前策划的数量上架，或分批次上架，第一轮秒杀完下架后，再重新编辑上架，进一步营造直播间的抢购氛围。

3. 上架中常见问题

（1）如果直播间人数不多，秒杀商品不能及时被抢购完时，可以适当在后台减少秒杀产品的库存，以便其在很短时间内被抢购完，营造热销的氛围。

（2）销售中的产品，如遇库存不够或缺货时，要及时手动下架，避免出现因缺货而不能及时发货的情况，这样会影响直播间权重和店铺的运营分值。

三、直播间氛围营造

直播间成交率的高低，与直播间氛围营造有很大的关系。“三农”主播在直播时要善于营造氛围，也就是常说的“带节奏”。

1. 直播热评的氛围营造

营造直播间热评氛围，就是通过引导观众持续地发布评论、弹幕等方式，营造氛围。

（1）主播抛出问题，引导直播间观众通过弹幕来回答问题。如主播说：“来，直播间的宝宝们，9.9 元包邮的小米粥，买到的公屏打买到，没有买到的宝宝公屏打想要，我看有多少宝宝成功买到了！”

（2）主播可用自己其他账号或朋友的账号在直播间发起问题，让主播和直播间的观众参与讨论和互动。如主播用自己其他账号在直播间公屏提问：“宜宾燃面为什么叫这个名字，什么是燃面？”可以吸引直播间观众讨论回答，也便于主播参与互动。

（3）通过直播间福袋或抽奖，吸引直播间观众积极参与。尽量将福袋或抽奖口令设置为一句带节奏的话，如“宜宾燃面真好吃！”，参加福袋或抽奖活动的直播间观众越多，发在公屏上的口令越多，效果就越好。

2. 直播间产品热销的氛围营造

直播间产品热销的氛围很容易吸引未下单观众的关注，促进他们积极下单。营造产品热销氛围的方法如下。

（1）准备一定的基础销量。直播间销售的产品，要通过粉丝群等渠道提前进行销售，使其有一定的基础销量，如果销量是零，会影响观众下单的信心。

（2）粉丝带头下单。销售是要有人带节奏的，在主播进行促单时，相关的运营人员应安排提前联系好的粉丝进行抢先下单，从而引导其他观众跟风购买。

（3）引导下单反馈。主播及时通过话术引导，让已经下单的粉丝在直播间进行评论反馈，打消其他粉丝的观望心理。例如：“已经下单了的宝宝们，在直播间公屏发送 666，让我看看有多少宝宝下单了。”

3. 直播间礼物与打赏的氛围营造

除了带货主播外，还有一部分是娱乐主播。娱乐主播在直播间主要的变现途径是粉丝打赏，也是可以进行氛围营造的。

（1）有仪式感的欢迎。当熟悉的粉丝进入直播间时，主播要及时念出粉丝的名字，并讲出与粉丝之间的渊源，让粉丝有被重视的感觉。

（2）粉丝送礼物后及时感谢。当直播间有粉丝送礼物后，主播应及时用话术感谢，并告诉直播间粉丝，当前送礼物的朋友所处的直播间热度榜位置，引导粉丝关注榜上的“老铁”。

（3）当有重要嘉宾进入直播间或有粉丝送贵重礼物时，主播除了喊榜（注：播报所处榜单及引导关注）外，还可以点开对方账号的详情，播报其个人简介，进行较为详细的介绍。

四、直播间营销方法

直播间的营销活动可以有效激发粉丝的购买欲和下单行动力，常用的营销方法有秒杀、抢购、红包、福袋、抽奖（锦鲤）等。

1. 直播间秒杀、抢购

秒杀和抢购是指在直播间以限时或限量的方式，促使消费者快速决策下单，在短时间内带动成交节奏的营销活动，如整点秒杀、限量抢购等。

2. 直播间红包、福袋

直播间红包、福袋是活跃直播间氛围的“利器”，可以鼓励粉丝转发直播链接，提升直播间刷屏效果。

（1）红包。以抖音为例，红包有礼物红包和抖币红包两种，建议将开启红包的倒计时设置为 5 分钟，这样可以提升粉丝在直播间的停留时间，需要粉丝在直播间里点击红包图标才可参与抢红包活动。

（2）福袋。以抖音为例，主播可以为福袋设置口令，粉丝参与活动后，系统会以粉丝账号名在直播间将口令发在公屏上，主播再通过截屏、倒计时等方式确定中奖者，福袋十分适合营造直播间的热销氛围。

3. 直播间抽奖（锦鲤）

直播平台大都有抽奖功能，用以提升直播间氛围和粉丝参与度，主播可以自行设置。以视频号为例，抽奖可以设置奖品名称、开奖时间、中奖人数等要素，抽奖开始后直播间会有一个红色福袋的图标，粉丝点击即可参与抽奖。

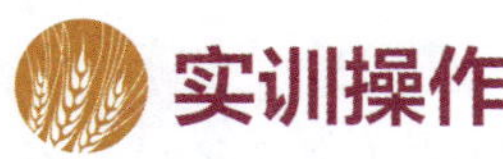

实训操作

实训主题：直播中开场话术及产品介绍。

实训目标：学会各种直播间的开场话术及产品介绍的逻辑与方法，为直播带货打下良好基础。

实训流程和要求：

任务一 设计开场话术

时长	流程和要求	注意事项
10 分钟	撰写一段自我介绍型的直播开场话术	
10 分钟	进行开场话术的演练	

任务二 设计产品介绍话术

时长	流程和要求	注意事项
10 分钟	按照五步法的要求选择一款产品撰写介绍话术	
10 分钟	进行产品介绍话术的演练	

任务三 产品上架

时长	流程和要求	注意事项
10 分钟	选择五款商品上架到平台店铺	
10 分钟	把店铺的商品链接到直播间	

实训心得：

____

____

____

____

培训任务 10

直播订单处理与直播复盘

学习目标

1. 掌握主流平台订单发货管理操作流程。

2. 掌握客服售后服务技巧。

3. 掌握直播数据分析及复盘方法，能够对粉丝进行留存管理及二次传播运营。

直播订单处理与直播复盘是直播营销活动成败的关键，将产品顺利送达消费者手中，让消费者满意甚至回购，尤为重要。主播不仅需要掌握相关流程和方法，还需要不断精进、打磨和优化。

直播订单处理及发货管理

一、订单处理

为确保准确交付，订单支付后必须先进行订单信息确认，再作发货安排。订单处理是指针对客户订单进行确认与核对，然后再发货的处理过程。订单处理的主要内容如图 10-1 所示。

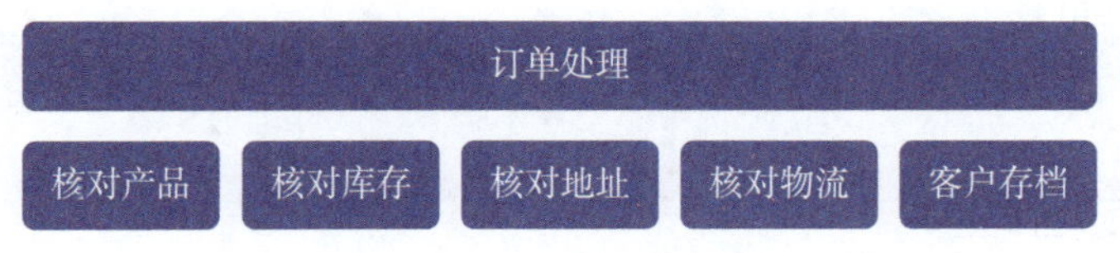

图 10-1　订单处理的主要内容

1. 核对产品

对于产品的规格大小、包装、数量等，进行核实确认。在进行订单处理过程中，可能会发现订单信息不一致的情况，如客户拍下大果规格的产品，却在买家留言里备注需要中果的产品。这时，商家需要与客户联系，确认客户的真实需求并保留沟通凭证后再发货，以避免不必要的售后问题。

2. 核对库存

很多“三农”直播间尚未采用完善的进销存管理系统，极有可能出现库存数量与订单数量不匹配的情况。为了确保良好的客户体验，需要根据订单信息进行库存核实。如果库存不足或无库存，则应及时与客户进行沟通，避免其投诉与流失。核对库存时，应先确认有效订单信息，如秭归脐橙 70 果 5 斤装，共 18 箱。再与仓库核实库存是否充足。若库存充足则进入下一步打单发货流程；若库存不足，则优先调货或补充库存。如果调货或补充库存影响到发货时间或产品规格，则需提前与消费者沟通协商。

3. 核对地址

收件地址的准确性直接关系到客户是否能及时收到所购产品。直播间常有因收货地址不准确而导致的售后问题。这些售后问题是可以避免的，只需要在订单支付后，客服应与客户进行收件地址核对，发现不完整、不规范的收件地址时，及时与客户沟通并请其完善即可。同时，也可以有效提高客户的购物体验。

4. 核对物流

中国地域辽阔，很多物流单位都有区域限制，一旦超出派送范围，要么客户自己跑很远取件，要么被退回或者中途转发其他快递公司，既耽误客户的收货时间、影响购物体验，又增加了不必要的成本。针对一些偏远的收件地址，要及时与各快递公司联系，了解其派送区域，再匹配合适的快递公司即可。

5. 客户存档

每位在直播间购买过产品的客户都是下场直播的潜在客户。因此，在订单处理完成后，应对已有客户的信息进行整理存档以便于其他活动有针对性地推广。

订单查看和处理是为下一步打单发货做基础，只有做好了订单查看和处理，发货才能更顺利，效率才会更高。

二、发货管理

1. 打单发货

打单是每个“三农”直播商家都需要做的工作，这关系到发货是否及时、准确与高效。打单一般有手写单和电子面单两种方式。手写单一般适用于新进电商创业者和订单量较少的商家，销售比较稳定或订单量较多的商家，大多采用电子面单，因为电子面单更为方便、快捷，且出错率较低。

电子面单需要通过打单系统进行制作，打单系统一般由第三方提供且非常成熟，常用的打单系统有先打、我打、易掌柜打单等。以抖音小店易掌柜打单为例，操作如下。

（1）首先，在抖店服务市场（https://fuwu.jinritemai.com）搜索“易掌柜打单”，然后申请服务开通，如图 10-2 所示。

图 10-2　抖店易掌柜打单服务申请界面

（2）选择需要开通的服务类型与服务周期，有试用版和标准版两种，根据自身情况选择开通，如果已经开通的可以直接跳过此步。

（3）选择服务信息并确认无误后，点击“立即订购”，进入服务订单确认界面提交。

（4）显示“交易成功”表示已经成功申请，点击“去使用”进入系统授权登录界面，如图 10–3 所示。

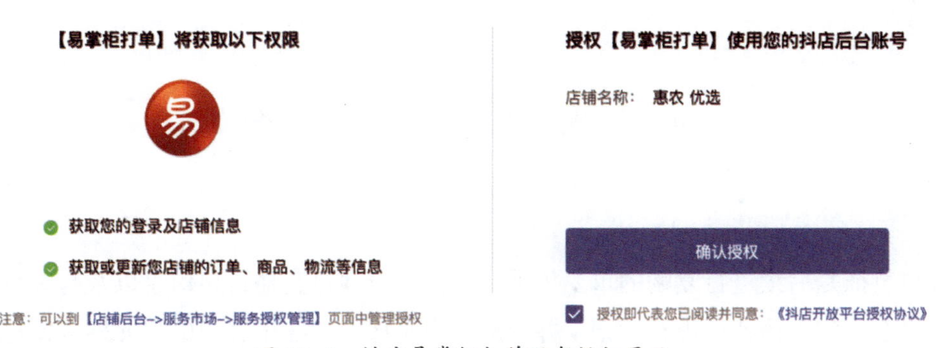

图 10-3　抖店易掌柜打单服务授权界面

（5）进入易掌柜打单服务授权界面，下载安装易掌柜打单，安装完成后，启动易掌柜打单并配置抖店，点击“获取并复制授权码”，登录抖音商家后台申请授权，选择接口授权，注意检查核对授权码，如图 10–4 所示。

（6）授权完成后，在“订单管理”中打开“抖音”，点击“下载订单”，下载完成后，在头条抖音放心购窗口依次点击“下载订单”—“打印快递单”，勾选需要打印的订单，然后点击“打印快递单”即可。如图 10–5 所示。

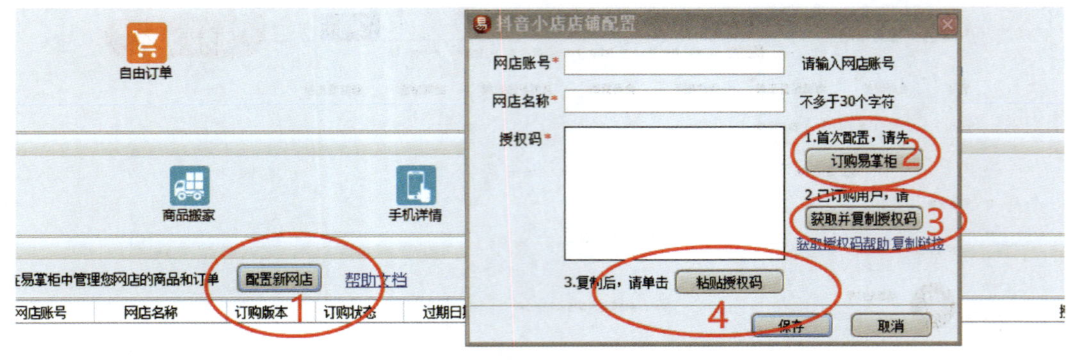

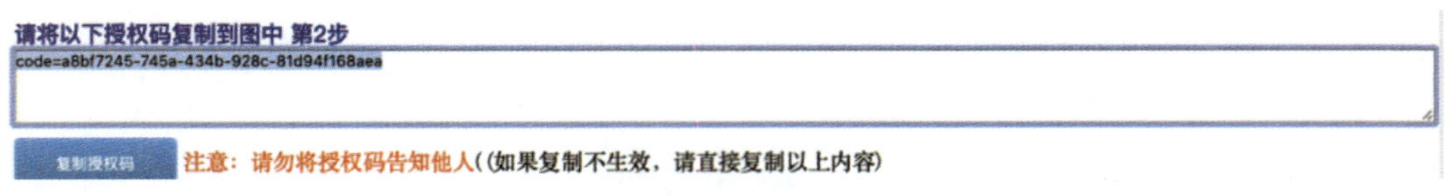

图 10–4　抖店易掌柜打单店铺配置

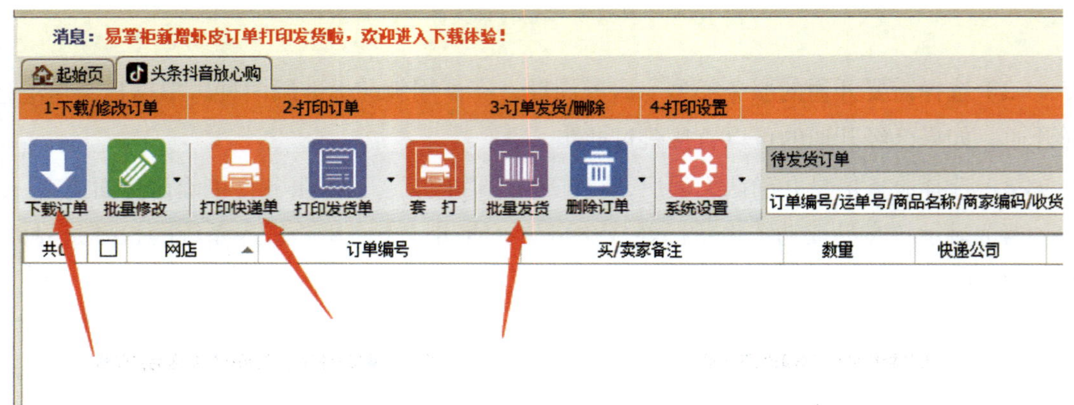

图 10–5　易掌柜打单打印抖店订单操作界面

2. 客户标记

客户特征是后续进行复购的重要依据，我们可以通过直播订单信息以及与客户沟通的结果，对客户的主体特征进行标记，并形成客户画像，描绘出客户的多元标签，也可以叫关键词。

客户标签的设计可以从多维度出发，有手动标签和自动标签两种。如图 10–6 所示。

（1）手动标签。手动标签需要客服在和客户聊天的过程中，通过沟通技巧（话术）获取客户信息，然后给其打上标签。

（2）自动标签。自动标签是系统通过筛选条件给包含这些条件的客户自动打上标签。

给客户打上标记，是扩充客源、稳定流量最有效的方式之一。每一位“三农”直播电商创业者都应该在创业初期养成给客户打标签的习惯。

图 10-6 客户标签分类图

学习单元 2

直播订单客服及售后

直播活动结束后，为了确保订单信息无误，减少售后成本，客服人员应在非休息时间及时与下单客户联系确认订单信息。如 23 点下播，那么 20 点以后的订单，可以在第二天上午 8 点以后再与客户进行确认。这样既能保证订单的信息确认无误，又不会打扰到客户休息。此外，客服人员还可以通过如下几点提升客户购物体验。

1. 在与客户确认订单信息时告知客户发货时间及预计收货时间。
2. 感谢客户的订购，邀请客户收货满意后，对相关服务进行点评。
3. 告知客户如有任何问题，可以随时联系客服反馈。
4. 针对没有关注主播的客户，可以提醒客户“关注主播，下次还有更多好物推介哦！”
5. 为所有私信的客户打标签，方便下次直播的推广营销。

一、客服常规工作内容

一个好的客服团队，既有助于提升粉丝对主播的观感，解答客户对于产品的疑惑，又可以间接增加直播间的订单量。

客服人员除了需要随时回答客户咨询的问题外，主要的常规工作内容如图 10–7 所示。

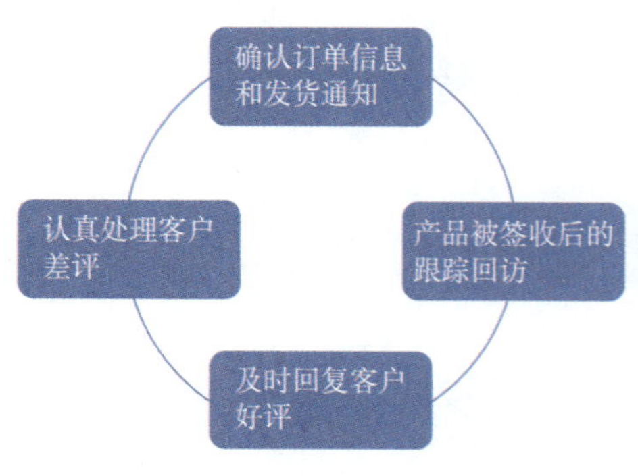

图 10–7　客服需要掌握的沟通技巧

1. 确认订单信息和发货通知

发货前一定要做好客户订单信息确认工作，

让客户在下单后确认相关信息，降低未来发生纠纷的可能性。对于没有发货提示的物流品牌，客服人员应将相关的物流信息通过短信或站内信发给客户，使客户放心，从而对客服、主播及店铺产生良好的印象。

2. 产品被签收后的跟踪回访

在确认客户已经收货后，可以就客户对产品的满意度做电话或短信回访。如果客户对此次购物很满意，客服要对客户表示衷心的感谢，并且欢迎客户再次前来选购产品，同时备注好客户的偏好等相关信息，为下次接待客户做好准备；如果客户对此次购物不满意，客服应真诚致歉，并做出合理解释，如果产品需要退换则做好退换货跟进。这样不仅能发现与改进店铺的不足，还能改善服务模式，提高客服服务水平。客户回访处理流程如图 10–8 所示。

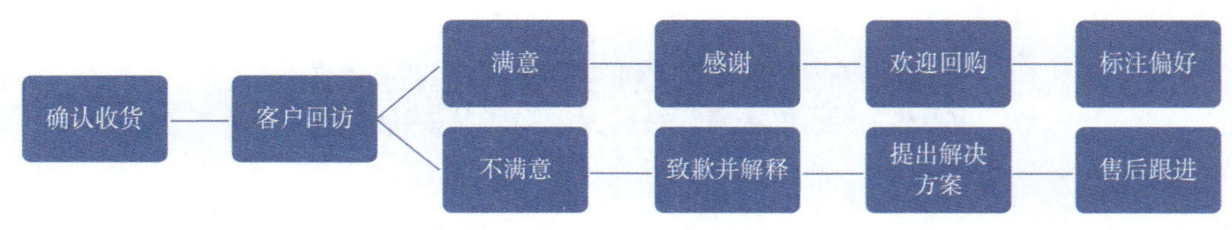

图 10–8　客服回访处理流程图

3. 及时回复客户好评

店铺要重视客户的晒图与好评，并及时予以回复。回复客户好评是提升客户好感，增加复购率的有效方法之一。客服人员可以在收到好评后，向客户表达感谢，感谢客户购买产品，也感谢客户对主播和店铺的支持。

如遇到客户明明给了好评，却在详细评论中说产品品质一般、购物体验并不是很好，只是习惯性好评而已的情况时，客服应在评论回复栏诚恳致歉、认真解释，并通过私信或电话等方式与客户取得沟通，问明原因，提出安抚方案，在赢得客户谅解的同时，赢得客户好感与信任，引导客户进行更优质的追评。

4. 认真处理客户差评

当收到客户差评时，首先客服人员不要频繁的通过电话或短信打扰客户，更不能对客户进行人身攻击，必须主动承担商家责任。其次，客服人员要表现出足够的诚意，耐心询问客户给予差评的原因，并立即进行内部溯源与核实。最后，对已确认的差评原因向客户诚恳致歉与解释，主动提出解决方案，尽量令客户满意并达成一致后，对客户的理解和支持表示感谢。处理完成后，要对客户反映的问题进行总结并加以改善，避免类似问题的再次出现。

在处理直播订单的差评问题时，客服人员要做到真诚致歉、耐心询问、详细解释、用心解决、衷心感谢，用贴心的服务和诚恳的态度打动客户，是获得客户宽容与谅解的良方。直播电商想要长期发展，必须抓住客服这个关键点，高度重视客服的售后服务。

二、常见售后问题及解决方法

1. 退款和退换货

退换货是指客户将不满意的商品退还给商家或退回换新后重新发给客户的行为。这个环节需要考虑店铺是否包邮、客户订单是否有运费险等因素。由于产品质量问题导致的退货，如果有运费险，需在收到退货后补偿运费险理赔不足的部分运费给客户；如果没有运费险，则退回的运费由商家承担。由于非产品质量问题导致的退货，退回运费则由运费险或客户自行承担。

退款和退换货的主要流程如图 10-9 所示。

图 10-9　退款和退换货的主要流程

（1）分析退款和退换货原因。在“三农”直播电商领域，想杜绝退款、退换货现象，理论上是不可能的。我们能做的就是通过提高产品质量、优化客户服务，提升客户在退款、退换货环节的体验，减少客户的不满情绪等，尽量减少此类事件的发生。遇到退款、退换货时，客服人员要了解客户退款、退换货的原因。

1）物流原因。造成退款、退换货的物流原因主要有逾期不达、货品丢失、产品破损、快递人员服务态度不佳等。客服可以通过多频次查看物流平台的实时信息，尽早发现异常物流、延时物流等情况，并及时与物流平台客服沟通跟进，确保产品快速、完整地到达客户手中，减少因物流原因产生的售后问题。

2）产品原因。好的产品是直播销售的基础，产品性价比高、品质过硬能有效地减少售后服务成本。需要注意的是，售后服务也是产品的一部分。在售后服务过程中，与产品本身相关的问题通常有产品质量问题、使用方法等。

例如，产品的保质期问题。线上交易的产品特别是季节性产品的保质期与详情页更新会出现时间差的情况，如果不及时更新则容易导致客户收到产品的保质期与产品描述有出入，应及时更新产品详情页信息，并保证产品质量。

例如，产品规格与描述不符或有色差。产品图片处理、描述文案特性及客户显示器等原因，都可能导致客户收到的产品与预期不符，价值认知产生错位，从而引起退款、退换货问题可将相关问题记录在产品详情页中，请客户斟酌购买。

例如，收到的产品有污损。即使再严苛的分级检验，也会有一些意外因素，导致一定概率的污损。因此，更需要客服人员保持良好的心态，主动、热情地和客户沟通、解决问

题，同时注意让客户提供文字、照片、视频等形式的凭证进行验证。

3）客户原因。客户原因又可以分为客户自身原因和外部环境原因，如客户自己不想要了、出差收不到货物、下单后有朋友送了同类产品等。

在“三农”直播电商的产品服务中，可能会引起退款、退换货的常见原因如下。

一是客户不了解食用方法或无法接受其口感。部分卖家出售的产品属于新鲜奇特的产品，由于详情页介绍不够完整，可能会导致一些客户在收到产品后不能第一时间掌握其食用方法或不能接受其口感，并且在其向客服人员咨询时，未得到及时、正面的回复，从而引发退款、退换货。

二是客户对产品储存方法不了解。很多农产品为了减少储运过程中的损坏，会在八成熟左右发货。因此，客户收到产品时，部分产品需在特定环境下存放几天，才能达到最佳口感。如通过直播间售卖的猕猴桃、香蕉等，很多客户收到产品后，发现太硬，误以为是发错货或品质问题，从而引发退款、退换货。

三是客户没有注意到特殊产品使用的注意事项。有的产品本身存在特殊性，如果在详情页中没有特别标识，客服也没有提醒，客户就会按照“我以为”“我觉得”的方法操作，导致使用后产生一些不良效果，进而引发退款、退换货。

综上所述，客服在产品服务过程中要熟练掌握产品的相关知识，对一些使用方法比较特殊的产品，需要在完成交易后，通过图文、视频等方式主动向客户讲解，避免客户在收到货物后因产品信息不对称产生售后问题。

（2）确定退款和退换货细则。

1）确定退款细则。当交易订单发生退款问题时，客服人员应注意退款类型，是全额退款还是部分退款。全额退款多数发生于客户未收到货物的情况，客服需要注意跟踪货物状态，与物流公司保持联系，避免钱货两空；部分退款多发生于货品有差价需要退差价，或者客户收到的产品有问题需要价格补偿等情况。此外，客服人员还需要注意申请款项所选择的原因，如果客户使用了特定优惠券，还需要作针对性的计算和处理。

2）确定退换货细则。当交易订单发生退换货问题时，产品状态通常有以下两种情况：

一种是客户退换的产品不影响二次销售。收到退换货申请时，客服人员要与客户确认退回的物品是否影响二次销售，其中，生鲜产品是不退换的，初加工产品视产品特性确定。对确定不影响二次销售的产品，可以直接走标准退换货流程。在收到退货后，需要检查确认产品的完整性。

另一种是客户退换的产品无法进行二次销售。此类情况则不能进行退换货操作，如生鲜等。这时客服人员要注意安抚客户情绪，讲清缘由，提出处理意见。处理此类问题时还需要因地制宜，如确实是产品质量问题，则需特别对待或提供一定的价格补偿，从而避免纠纷升级，提升客户的购物满意度。

案例

某团队在直播销售靖州杨梅期间，由于遭遇连绵大雨，导致杨梅无法采摘难以发货，该团队及时在产品详情页作了情况说明，并对已经下单未发货的客户逐一进行短信、电话通知，安抚客户的情绪，并承诺在天气转晴后，迅速进行采摘并通过顺丰快递当天发出，之后又补偿每位客户 50 元的优惠券。最终，将一场突发的大规模售后问题进行了良性逆转，客户整体满意度很高，很多客户至今仍然是该团队的忠实客户。

此外，在处理退换货时，客服人员还需与客户沟通物流问题，主要是谁来承担退换货运费和快递选择。通常，客服人员会给出推荐的物流公司及基础运费提示，如果需要商家承担退换货运费，客服人员在沟通时要说明垫付运费及运费到付拒签的相关提示，以免因客户不了解情况而造成不愉快的体验。

（3）退款和退换货后台操作。商家收到退换货申请后，平台会给商家几天时间对申请进行处理。为了提升店铺服务质量，建议处理速度越快越好。当商家在后台同意退换货申请后，需同步将退换货的收件地址发给客户。客服人员也可以在同意退换货的备注位置，告知客户退换货可以使用的快递公司及相关注意事项，以免纠纷升级。

1）退款。引起退款的原因通常有少发、漏发、快递中途丢件、产品损坏、未收到货物、价格差等。不管是何种原因导致的退款，客服人员都需要第一时间与客户友好沟通，核实原因，并给出解决方案。如确需退款，客户只需要在后台申请，客服人员在后台确认退款金额及退款原因无误后即可同意退款。

如果客户直接在后台申请退款，但并未与商家取得联系，且申请退款订单中没有说明原因或者上传对应凭证的，客服人员需要及时与客户取得联系，问明原因再做处理，切记不可随意拒绝客户的退款申请。如联系不上客户，客服人员可以填写拒绝原因并注明客户需要配合的方式，表明处理态度，并上传对应的凭证，再拒绝退款。

2）退换货。客户提交退货申请后，商家通常有两种处理结果，一种是同意退货，并按流程处理对应的退货事宜；另一种是拒绝退货，拒绝前需要联系客户进行解释说明和友好协商，避免售后问题升级。退换货全流程如图 10–10 所示。

在退货过程中，客服人员需要注意以下几点：

一是需要提示客户选择快递的注意事项，尤其是避免快递到付及运费高昂。

二是提示客户把退货交给快递公司后，务必保存快递底单供双方跟踪物流信息，快速高效地完成退货事宜。

三是对于客户没有填写退货物流单号，但商家已经收到退货产品时，客服人员可以在后台直接确认已经收到货，同意退款。

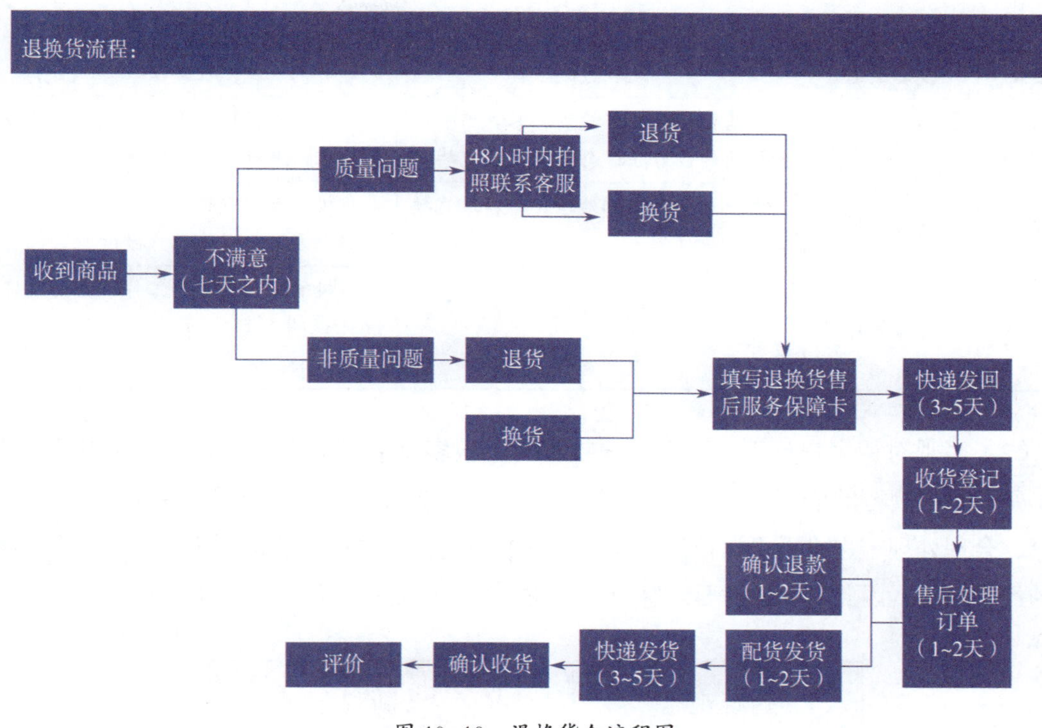

图 10-10 退换货全流程图

四是客服人员需要了解运费险的索赔方式，以免购买了运费险的客户在进一步咨询时，客服人员无法应对。

换货的处理方式比较简单，一般是与客户达成换货协议后，由客户将产品寄回，商家收货后对产品进行查验，确定不影响二次销售后再给客户邮寄需要更换的产品，需要注意产品差价及运费承担问题。而比较快捷的方式是，引导客户直接申请退货，重新拍下想要更换的产品，两笔订单同时进行，既省时间，又避免出现差错。

2. 投诉处理

客户投诉在商业活动中是一种常见的行为。处理客户投诉时，要学会倾听客户的不满，了解客户的核心诉求，针对性地采用应对方案。

（1）投诉的主要类型及处理建议。常见的客户投诉类型有以下三种。

1）货不对版。即商家在直播间描述的产品特性与客户实际收到的产品不相符，如在农产品直播中，主播在直播间展示推荐的是大果，但客户收到的却是中果或者小果。

2）未按约定时间发货。如主播在直播间承诺 48 小时内发货，但实际发货时间超过 48 小时，就可能会引起客户投诉。因此，主播需要提前跟供货方确认发货时间，不可轻易承诺，如遇恶劣天气等意外情况，应及时与客户进行沟通说明情况，避免投诉和纠纷。

3）成交价格与描述不符。一般多因直播间价格设置错误，导致客户成交价格低于应售价格，后续要求客户补差价引起的投诉。投诉层级处理意见详见表 10-1。

表 10-1　　投诉层级处理意见表

层级	投诉渠道	处理方式	处理建议
第一层	店铺客服	由店铺协调处理投诉，客户所有的投诉问题最好在这个环节处理完毕	了解客户投诉原因，挖掘客户的投诉诉求，进行针对性解决
第二层	平台客服	由平台客服协调处理，会涉及直播间的销售权重	积极与客户进行协商沟通，主动给出解决方案，引导客户撤诉
第三层	相关监管部门	由监管部门监督处理，一般会涉及经营主体	积极配合监管部门工作，主动做好情况说明和解决方案，避免事态升级，力求三方满意

（2）客观对待客户投诉。面对客户投诉时，很多直播商家设计了各种应对投诉的方案，并试图用规范的语言和技巧来化解客户的怨气，仿佛投诉是直播间发展的绊脚石。实际上，合理处理客户投诉可以拉近主播与粉丝的距离，赢得粉丝的进一步信任，提升直播间的经营效果。因此，我们需要对客户投诉树立全新的观念，如图 10-11 所示。

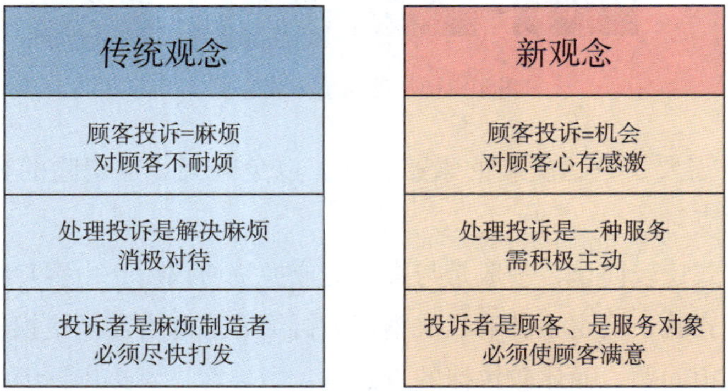

传统观念	新观念
顾客投诉=麻烦 对顾客不耐烦	顾客投诉=机会 对顾客心存感激
处理投诉是解决麻烦 消极对待	处理投诉是一种服务 需积极主动
投诉者是麻烦制造者 必须尽快打发	投诉者是顾客、是服务对象 必须使顾客满意

图 10-11　对待客户投诉的传统观念与新观念

3. 评价管理

在直播电商快速发展的今天，用户评价已经成为很多商品非常重要的展示内容，其对于用户的决策影响甚至会超过商品描述。

（1）评价的意义

1）强化用户信任，提高商品转化率。用户购买的决策不仅取决于商品的主要信息，还取决于评价等辅助信息，优质的用户评价能够从不同纬度对商品进行体验分享，从而影响潜在用户的购买决策。

2）扩大传播，沉淀口碑。在商品销量步步攀升、用户群体越来越大的情况下，用户评价的积累对店铺本身也是巨大的财富。用户评价数量越多，说明店铺积累的人气越高，产品也更值得信赖。

3）降低客服成本和售后比例。很多用户关心的问题，会在用户评价中得到解答和释疑，可以有效降低客服沟通成本。此外，用户评价还从不同角度对商品进行了多维描述，

可以帮助潜在用户更全面地了解商品，进而降低商品的退换货率。

（2）评价管理

1）好评管理。对于直播商家而言，收获好评并不意味着这个订单完美收尾。对于给了好评的客户，客服人员应尽可能地进行高质量回评，以肯定用户评价并进行二次营销。

通常回评内容会显示在客户评价的下方，回评期一般为客户做出评价的 30 天内，逾期回评入口将被关闭。合理又有创意的回评，不仅可以维护店铺的客户黏性，还可以让店铺更加人性化，提升客户对店铺的好感，好评的处理案例如图 10–12 所示。

2）中差评管理。中差评不但会影响产品的转化率，还会影响直播店铺的口碑，对其进行有效管理就显得尤为重要，中差评的处理案例如图 10–13 所示。一般来说，导致中差评的原因主要有以下几种。

①产品问题。客户收到的货少了、小了、口感不好、品相不美、有破损等。

②客户主观感受问题。客户收货后觉得规格不标准、买贵了、收到后不想要了、与预期口感有差异等。

③售后服务问题。售前和售后服务态度反差大、回复不及时、退货和退款无法达成共识、出现问题时客服未及时处理等。

④恶意中差评。同行或职业差评师希望借此实现相关收益而故意给予中差评。

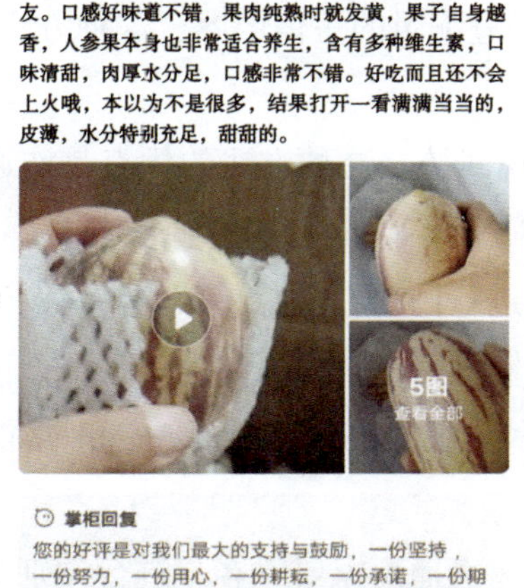

图 10–12 好评的处理案例

图 10–13 中差评的处理案例

（3）中差评的解决方法。当店铺出现中差评时，客服人员要第一时间通过客户的评价内容判断导致中差评的原因，并快速给出解决方案。例如：淘宝直播中的销售链接，针对客户的某笔订单，客户可在做出评价后的 30 天内对中差评进行修改或删除。中差评的修改路径是“我的淘宝”—“我的评价”。评价在修改或删除后即时生效，但界面显示会有约 30 分钟的滞后。中差评只能修改为好评或删除，且只有一次机会，不能二次删除或修改。值得注意的是，好评和店铺评分是不可修改或删除的。

中差评的常用解决方法如下。

1）针对产品问题而导致的中差评。客服人员要联系客户表达歉意并核实具体问题，根据问题的严重程度及客户诉求，给予客户退换货或者部分退款补偿的处理。问题解决后，请求客户修改或删除原有的中差评内容。

2）针对客户主观感受而导致的中差评。客服人员可以联系客户进行合理的解释说明，并给予一定的经济补偿，获得客户的理解和支持，并引导客户修改或删除原有的中差评内容。

3）针对售后服务导致的中差评。客服人员应及时与客户沟通，确定具体的售后纠纷原因，提出客户认可的解决方案，并给予客户一定的经济补偿，与客户达成一致意见后引导其修改或删除原有的中差评内容。

4）针对恶意中差评。客服人员在处理时，要留意收集其恶意中差评的有力证据，并即时将相关证据反馈给平台，由平台进行相关操作与处理。

4. 客户回访

客户回访是对直播间粉丝进行产品或服务满意度调查、客户消费行为调查、客户关系维系等的常用方法，也是直播间后续销售提升的重要铺垫。

（1）客户回访的主要渠道。

1）短信。通过店铺后台向客户批量发送经过编辑的短信内容，这种方法具有成本低、操作简单等优点，缺点是有效反馈率偏低。

2）电话。即通过与客户进行电话沟通实现回访，这种方法的优点是沟通细致，容易获得真实反馈。缺点是工作量大，回访效果受限于客服的沟通能力。

3）社交工具。通过微信、QQ 等社交工具进行回访，优点是效率高、沟通充分。缺点是回访链条较长，需要逐个添加用户的社交账号。

4）平台自带的 CRM（客户关系管理系统）。很多平台自带客户管理功能，可以对客户进行回访、分类维护等。

（2）做好客户细分。在进行客户回访之前，直播商家要对客户进行类别细分，并采取因地制宜的回访策略。客户类别的划分维度主要有以下几类。

1）按潜在价值划分。主要有高效客户（成交量较大）、高贡献客户（成交量比较大）、一般客户、休眠客户等。

2）按客户回购周期划分。主要有高价值（月）、一般价值（季度 / 半年）、低价值（一年以上）。

3）按客户来源划分。主要有在线自主购买、微信朋友圈、广告宣传、老客户推荐等。

4）按客户属性划分。主要有合作伙伴、供应商、直接客户、团购客户等。

5）按客户地域划分。主要分山东、广东、北京、上海等，还可再往下按地区或城市分类。

（3）确定回访频率与周期。有人认为回访越多越好，也有人认为回访频率过高会让客户不耐烦，还有人惧怕回访，只愿意挑好说话的客户进行回访。建议回访频率应该先紧后松，回访时间与回访策略见表 10–2。

1）根据不同购买周期确定回访频次，可以是当天、一周、一个月、两个月。

2）确定合适的回访时间。如果是电话回访，尽量避开周一和周末，周二至周五上午是电话回访的合适时间。如果是社交工具回访，则尽量避开上下班和用餐时间。

表 10–2　回访时间与回访策略

回访时间	回访策略
客户刚收到货	主要是提醒客户及时进行收货确认，告诉客户产品使用的注意事项，并获取客户的购买反馈
收货后 3～7 天	适用于一些可以交换使用心得的产品，如猕猴桃、香蕉的成熟度等，让客户感受到贴心关爱，增加对直播间的满意度
收货后 15～30 天	有些产品需要相对较长的时间才能感知到效果，如苗木、肥料、营养土等商品，我们可以询问客户苗木存活情况、生长情况、使用体验等，进一步黏住客户

（4）制定回访话术。回访话术规范与否，直接影响回访质量和用户感受。回访场景与回访话术模板见表 10–3。

表 10–3　回访场景与回访话术模板

回访场景	回访话术模版
引导产品体验	1. 通过一些话术小技巧强化客户认知，吸引用户兴致。 例如：“亲，您这边买的芒果收到了吧？味道是不是挺甜的？ ×× 产地的芒果就是核小，而且容易爆浆，您剥芒果的时候要注意。而且做成芒果酸奶，也是一种不错的体验噢。” 2. 将自己的使用体验告知用户，形成正向的心理暗示，引起客户共鸣。 例如：“亲，芒果收到了吧？芒果稍微有点青是正常的，这个季节天气有点热，芒果太熟的话在运输的过程中容易坏。有点青的芒果放上三五天吃正好呢。”
引导折扣信息	应让客户了解优惠政策，清楚了解只有在本直播间购买才能享受到如此优惠的价格。 例如：“亲，东西收到了吗？品质还满意吧？我们直播间前段时间为了冲销量，折扣力度非常大，您看现在都涨回原价了（晒价格截图），上次活动真是超级划算，我自己都买了好多。” 例如：“亲，您这个价格买得太划算啦！我之后也想去买，结果都涨价了。早知道当初应该跟您一起买的。错过了机会真是太可惜了。”

（5）通过回访促进二次销售。客户服务应该是持之以恒的，应通过客户回访等售后服务来为产品和直播增值，借助老客户的口碑来提升销量，是客户开发成本最低也是最有效的方式之一，日积月累的客户回访将让店铺的销售业绩得以有效提升。

学习单元 3

直播后台数据分析与诊断

一、粉丝画像分析与诊断

1. 粉丝画像

当直播账号拥有一定粉丝的时候，对粉丝进行画像与分析是必不可少的。粉丝画像的维度很多，包括性别、年龄、区域、兴趣偏好、关注的话题、购物偏好、消费承受力等，这些数据有助于我们深入洞察粉丝特征，优化选品，进一步提升直播间成交量，增加粉丝黏性。

例如，某直播间女性粉丝比例占 57.79%，年龄多在 18 ~ 24 岁，且多分布在一线城市，如图 10–14 所示。这意味着具有绿色、健康、时尚、便利等标签特征的产品，会受到粉丝们的欢迎。

2. 分析与诊断

基于粉丝画像进行选品，对激发粉丝购买欲望、降低决策成本、提升直播间的销售量有很好的效果。所谓选品，即从产品品类、规格、产地、价格、包装、服务、储藏等方面作更细致、更精准化的选取，与粉丝群体的需求、喜好更为贴合，从而提升直播间的销售量。此外，主播人设、直播主题、市场热点和趋势等因素，也是直播间选品需要考虑的因素。直播选品分析模型如图 10–15 所示。

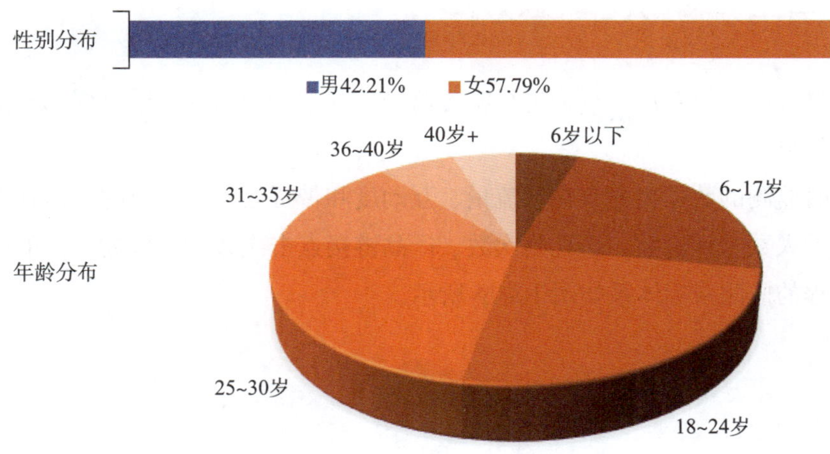

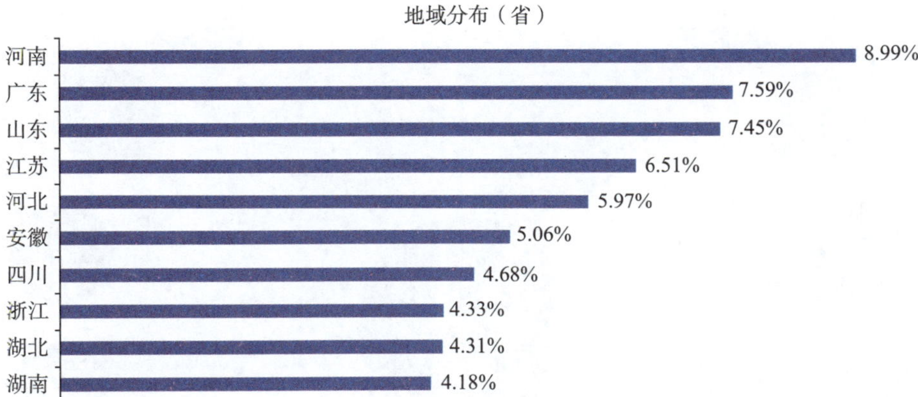

图 10-14　主播的粉丝画像示例

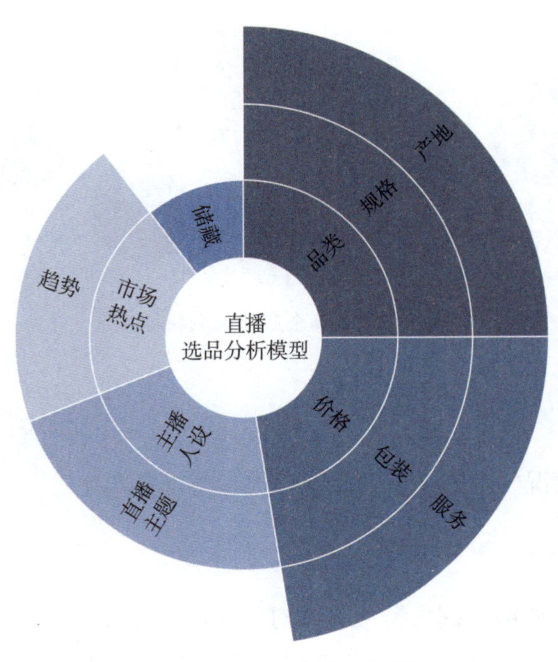

图 10-15　直播选品分析模型

二、用户行为分析与诊断

在直播过程中，要对用户行为进行实时监测，并基于数据变化适时调整直播策略，从而提升直播效果。

需要实时监测的数据主要有粉丝流量、互动度和带货效果。涉及的指标有最高在线人数、累计观看人数、评论数、送礼物次数、产品链接点击次数、点赞数、订单数、销售额等。直播全程的监测指标体系如图 10-16 所示。

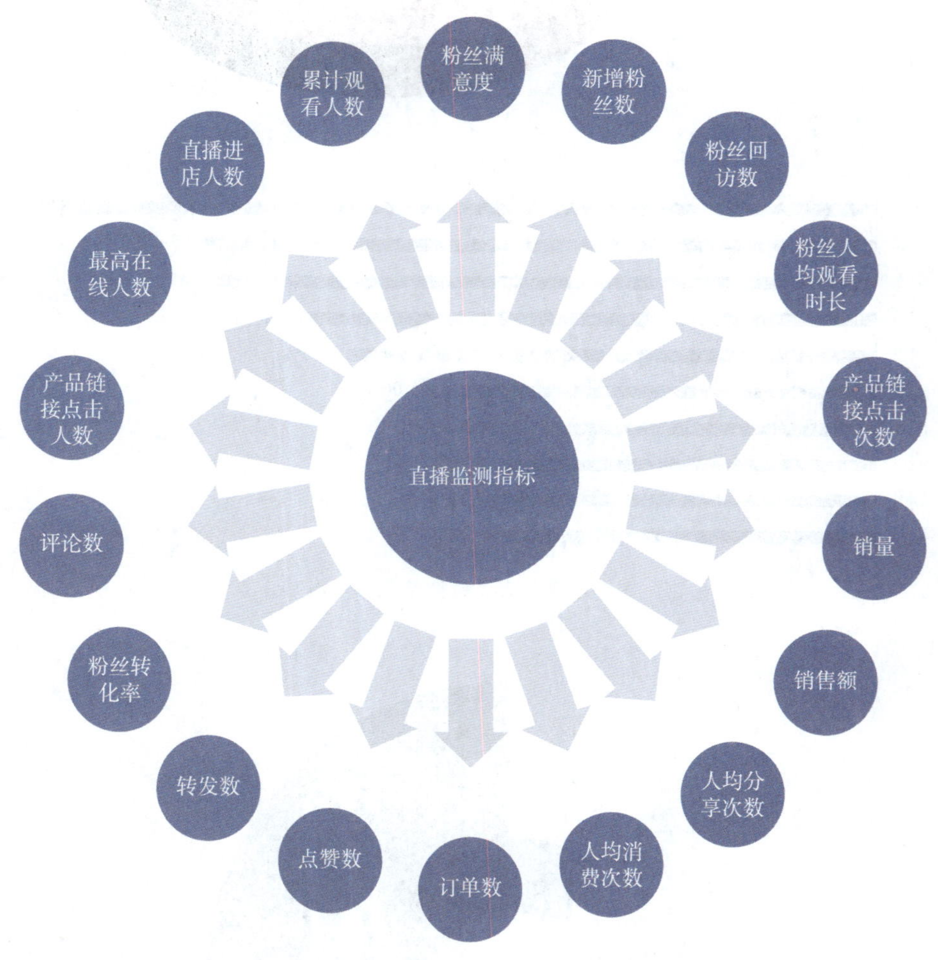

图 10-16　直播全程的监测指标体系

1. 调整产品顺序

即根据粉丝响应情况，及时调整产品推荐类型与推荐顺序。

2. 调整营销话术

当粉丝评论出现一些敏感词告警或粉丝对主播的产品介绍表现出不满时，可以采用 F（特征）—A（优点）—B（利益）—E（证据）原则进行营销话术的调整。即找出客户最

感兴趣的产品特征，分析这一特征产生的优点，找出这一优点能够带给客户的利益，并辅以实例说明。

3. 福利发放措施

通过在直播过程中发放代金券、红包等福利，或采取秒杀、抢购、福袋等营销方式，提升直播间粉丝的参与热度，优化直播效果。

4. 备用场景演绎

在主播进行产品试吃或使用演示时，为了提高粉丝的代入感，往往需要提前准备多套方案。当 A 方案带货效果不佳时，即启动备用的 B 方案，甚至是 C 方案。

在设计直播带货方案时，要遵循“峰终定律”，即只要在最能影响粉丝体验的“峰点”和“终点”上多下功夫，采取一些技巧和手段强化粉丝的认同感和参与感，就可以为粉丝打造一次完美的直播购物体验。

三、经营数据分析与诊断

经营数据是直播活动最直接的价值体现，一场直播活动的成功与否可以直接在数据中找到答案。直播的经营数据通常可以分为以下几类。

1. 订单量与销售额

订单量与销售额能够反映本场直播的带货效果。

2. 商品上架品种数与上架时间

商品上架品种数与上架时间能够反映本场带货直播的节奏，如一场直播总时长 4 小时，直播间共上架 20 件商品。根据商品上架时间，可以发现低价商品讲解时长在 8 分钟以内、高价商品讲解时长在 12 ~ 16 分钟为宜。结合直播间人气数据，适时控制商品讲解时间，就会有更好的转化。

3. 正在购买人数

正在购买人数能够反映直播间的购买吸引力。通过直播间正在购买人数的变化趋势，可以迅速了解本场直播中各商品的人气。主播可以针对数据优秀的产品进行重点讲解，甚至进行二次返场销售，进一步提升销售量。如图 10–17 所示。

4. 商品类别与价格分布

商品类别与价格分布能够反映直播间的选品策略。直播间的销售业绩和选品策略是紧密相关的，一个成熟的直播间不仅需要高价单品保证利润，也需要低价产品引流。通常高销量产品是粉丝购买意愿的直接反应，也是下次直播时选品的重要指导依据。

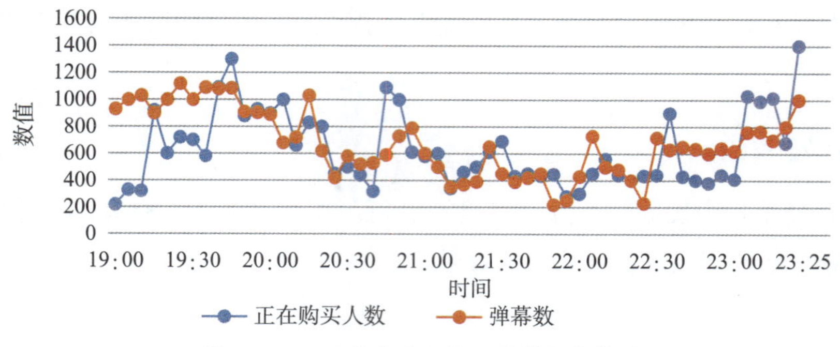

图 10-17　正在购买人数、弹幕数趋势图

例如，某场直播中有多款低价产品，但销量第一的却是一款中高价产品，意味着这款产品及类似特征的产品，可以在后续的直播中进行持续推广。

小贴士

抖音平台数据查询路径为“我”—“创作者服务中心”—“主播中心”，如图 10-18 所示。

图 10-18　抖音平台数据查询路径

以抖音为例，直播的基础数据包括观众总数、新增粉丝、付费人数、评论人数、收获音浪等。观众总数，即进入直播间的观众总人数；新增粉丝数，即直播期间关注了主播账号的新粉丝总数；付费人数，即直播期间为主播付费的总人数。

抖音直播复盘数据 PC 端数据包括商品展示次数，即商品展示给用户的次数，

包括直播间内的弹窗（粉丝刚进入直播间的时候，右下角会弹出一个弹窗）、用户点进购物袋浏览商品等；商品点击次数，即用户实际点击商品的次数。

如某直播间，商品展示 2 000 次，商品点击 0 次，说明用户没有进行点击，由此可以推断直播间内主播的引导力、货品的吸引力不足，也有可能是账号粉丝定位与直播间的电商产品不匹配。如某直播账号的粉丝以单身白领为主，但主播在直播间推荐的产品都是大包装规格的，或是需要加工制作的时候，商品点击次数肯定就不会高。

引导转化数据，即粉丝通过访问商品详情页后产生的相关销售数据。如某直播间，商品详情页访问次数是 200，订单量是 50，转化率就是 25%，说明产品对点击进来的用户具有强购买吸引力。

PC 端数据分析还可以看到直播次数、直播时长、用户观看次数、总时长、用户平均观看时长等数据。其中用户停留时长、互动率、商品点击与转化都是直播的关键数据。

四、直播预热与广告投放

直播开始前可通过微信公众号、微博等媒体进行活动的预热和宣传，以吸引用户的关注。通过对用户的媒体接触习惯进行数据分析，定向选择合适的媒体进行直播活动的广告投放，既保障精准触达、有效覆盖，又可以节省广告投放费用。

1. 常用的直播预热与广告投放方案

（1）直播文案预热

好的文案能够勾起用户的好奇心，吸引用户点击观看。如撰写热门原创文章，选择覆盖人群广的网站发布，在内容中附上直播间的网址链接和相关开播信息，可以有效提升直播间人气。

（2）短视频预热

短视频预热是直播预热的重要环节，一般选择在开直播的前 1 ~ 3 小时内进行短视频发布。短视频的内容可以是预告直播内容，也可以是直播的热门产品展示，还可以是直播间的助阵嘉宾阵容。

（3）站外预热

通过在直播平台以外的媒介发布直播预热，称之为站外预热。例如，很多淘宝主播在直播前，会在微博、微信公众号等平台上对直播时间、直播产品、直播卖点等信息进行宣传预告，借此提升直播间人气。

（4）付费预热

除了自然导流外，还可以通过付费推广为直播间导流。如抖音的 DOU+ 直播上热门、快手的直播推广等，都是借助平台收费服务获取更多曝光。如图 10–19 所示。

图 10–19　快手和抖音平台的付费推广

（5）同城定位

开启同城定位，能够吸引更多同城的用户进入直播间。如果主播在实体店内直播，甚至可以通过直播为实体店引流。

2. 分析预热推广效果的方法

通过对直播预热和广告投放的分析与诊断，可以帮助我们找到更适合自己的直播引流方式，从而带来更高的直播间人气和更好的直播间转化。常用的方法如下。

（1）查看投放广告的阅读或观看量，通过阅读或观看量对广告效果做初步分析。

（2）查看投放文案或广告的留言，如公众号、微博、微信群、朋友圈，如果留言都是积极的且对直播活动表示期待的，说明此推广有一定的有效转化率。

（3）直播过程中，主播在互动的时候可以引导性提问，如“哇！感谢各位宝宝的支持，宝宝们都是从哪里来到直播间的呀？”，根据直播间回复做个小调研，借以判断不同投放渠道的推广效果。

（4）付费预热和同城定位预热通常使用数据对比分析，如未开通付费预热前直播间人数通常在 280 ~ 300 人，开通付费预热后直播间人数能达到 350 ~ 400 人，则基本可以判定，增加的直播间人数就是付费预热产生的效果。

直播复盘与总结

通过直播复盘，可以帮助我们发现直播活动的不足，进行有针对性的直播策略优化，不断提升直播效果。直播复盘的价值主要有以下四个方面，如图 10–20 所示。

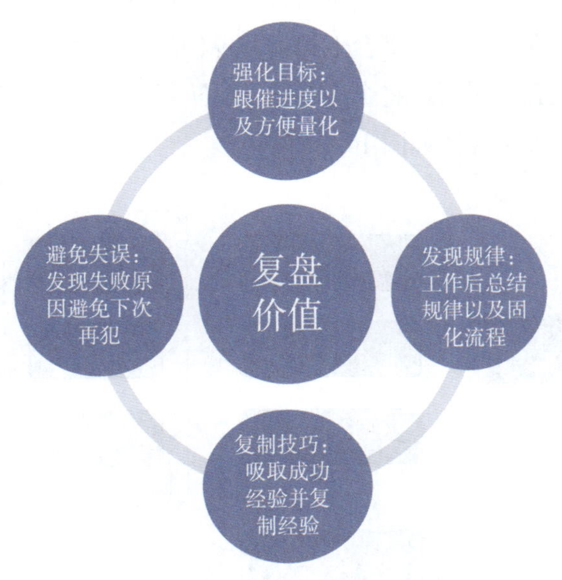

图 10–20　直播复盘的价值

每次直播活动结束后，运营团队应及时组织力量，对直播进行网络舆情分析，研究本场直播在互联网上的声量、传播路径、正负面评论等，为下次的直播活动策略设计提供依据。同时，结合粉丝反馈和评论数据得出满意度指数，通过粉丝下单率占比、单位时间的订单数和销售额等，计算带货效率指数。此外，直播运营团队还应及时回顾直播流程，梳理出本场直播的优点和不足，吸取教训、沉淀经验，最终形成一份完整的复盘报告。

一、直播复盘的步骤

1. 回顾目标

以目标为导向，是直播活动成功的引路旗。每场直播活动结束后，都应回顾设置的目标是否达成，以判定直播的总体效果。

2. 数据分析

数据是结果最真实的呈现。直播活动结束后，应该对直播间的各主要数据进行深入分析，如商品数据、销售数据、互动数据等，找到直播的短板和缺陷，并进行优化改进。

3. 问题改进

通过对直播数据的分析，发现问题并将问题进行分类提纯，如流量问题、转化问题、留存问题等，进一步研讨解决方案，最终形成直播运营的行动计划。

4. 记录总结

直播间粉丝的反馈信息，是复盘到位与否的重要板块。直播平台上的评论、私信及客服收集到的粉丝问题、预热时媒体平台上的留言等，都是反馈信息的重要来源渠道，我们也需要对其进行系统复盘。最后，将个人总结、团队研讨结果、复盘结果等形成一份完整的总结报告。直播复盘参考导图如图 10-21 所示。

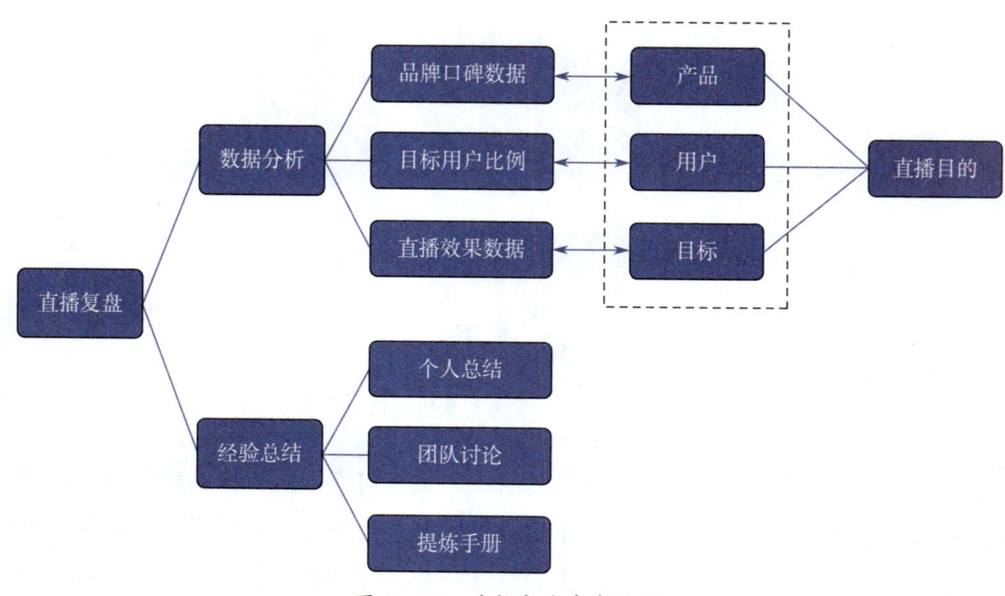

图 10-21 直播复盘参考导图

二、直播复盘的主要内容

1. 主播和粉丝的复盘

主播和粉丝的复盘，通常会以直播间的互动数据作为主要分析依据。直播间的互动数据如下：

（1）千次观看成交金额。主要是反馈流量与产品的精准匹配度。

（2）曝光观看率。主要反馈直播间的吸引力。

（3）直播时间及时长。可以帮助测试不同时段 / 时长的直播效果。

（4）点赞数。粉丝的点赞数量，主要反映直播间的热度。

（5）观看人数。主要反映直播间人气。

（6）评论数。粉丝在直播间的评论数量，反映直播间的人气和互动效果。

（7）转发数。主要反映直播间的吸引力和精彩程度。

（8）直播涨粉数。主要反映直播的精彩程度和主播的吸引力。

2. 产品和供应链的复盘

产品和供应链的复盘，通常会以销售数据作为主要分析依据。销售数据如下：

（1）商品点击数。主要反映粉丝对产品和店铺的兴趣度。

（2）成交数。主要反映本场直播的转化效果。

（3）销售金额。主要反映本场直播的销售效果。

3. 流程和场控的复盘

流程和场控的复盘，通常以自我总结和分析反馈作为主要分析依据。其中，收集粉丝反馈的主要方式如下：

（1）评论反馈。记录直播间 1 ~ 3 个评论热点，如物流包装、规格型号、口感等，下次直播时需要对此进行重点关注。

（2）私信反馈。在活跃粉丝中随机进行“私信回访”，通过私信收集深度反馈。

（3）客服反馈。通过客服人员在线解答粉丝疑问，主动在粉丝群里收集直播反馈。如“宝宝们给刚才的直播打几分？”“小主们喜欢今晚直播的果果吗？”“下次直播想看试吃还是介绍？”“下次直播我们约几点？”

（4）其他反馈。通过亲友、同事或其他站外渠道调研，及时发现直播待优化问题。

三、复盘总结与报告编写

复盘总结报告是对直播效果最直观的呈现。复盘总结报告尽量一目了然、切忌繁复，可通过表格实现有效表达。直播总结报告参考案例见表 10–4。

表 10-4　　　　直播总结报告参考案例

参考案例 1

<table>
<tr><th colspan="5">×× 日场　直播总结</th></tr>
<tr><th>主播</th><th>浏览次数</th><th>商品点击次数</th><th>主要流量来源</th><th>粉丝人均观看时长（秒）</th></tr>
<tr><td rowspan="6">张三</td><td rowspan="6">2 500</td><td rowspan="6">620</td><td>来自直播</td><td rowspan="6">30.5</td></tr>
<tr><td>来自店铺</td></tr>
<tr><td>来自搜索</td></tr>
<tr><td>来自视频</td></tr>
<tr><td>来自推荐</td></tr>
<tr><td>来自关注</td></tr>
<tr><td rowspan="6">李四</td><td rowspan="6">2 000</td><td rowspan="6">310</td><td>来自直播</td><td rowspan="6">41.5</td></tr>
<tr><td>来自店铺</td></tr>
<tr><td>来自搜索</td></tr>
<tr><td>来自视频</td></tr>
<tr><td>来自推荐</td></tr>
<tr><td>来自关注</td></tr>
</table>

总结：整体数据并没有因为 618 大促活动获得爆发提升

主要原因：

1. 活动时间段有同类达人和店铺在强势直播，直播流量向头部账号聚集，竞争十分激烈，建议后期优化活动时间。

2. 活动前期推广力度有待加强，直播预热曝光有限，导致直播间人气不足。

3. 主播 ×× 直播间互动较少，粉丝兴趣度未得到有效提升，建议后期通过营销活动提升直播间氛围。

重点	
1	直播时段优化
2	直播预热提升
3	主播互动性

备注：活动结束后针对前期直播数据总体诊断和对比，每日复盘发现问题可以供运营参考，后期再做周期复盘跟进

参考案例 2

<table>
<tr><th colspan="3">直播数据复盘</th></tr>
<tr><td>直播日期</td><td colspan="2"></td></tr>
<tr><td>直播产品</td><td colspan="2"></td></tr>
<tr><td>参与人员</td><td colspan="2">主播：　　助理：　　场控：　　客服：</td></tr>
<tr><td>项目</td><td>数据</td><td>备注</td></tr>
<tr><td>时间 / 时长</td><td></td><td></td></tr>
</table>

续表

项目	数据	备注
点赞数		
观看人数		
评论数		
转发数		粉丝评论截图
直播涨粉数		引导转发有礼
电商数据复盘		
订单管理		查看全部 / 状态订单
账单管理		查看交易中 / 交易完成金额
点击数		到达商品 / 店铺点击数量

参考案例 3

直播复盘数据表

类别	项目	数据	备注
主播	引导分享次数		
	引导关注次数		
	引导加微次数		
	互相打断次数		
涨粉	新进福利群人数		
	新添加微信人数		
	新关注主播人数		
销售	进店人数		
	下单人数		
	成交订单数		
	新客		
	退货人数		
	加购未成交人数		
	总金额		

二次传播方法与实施

一、直播粉丝转微信营销

受直播时长等因素影响，主播与客户在直播间的互动有限，主播可以通过适当引导客户添加客服人员微信的方式来强化与粉丝的联系。微信营销的方式有微信号和公众号两种。两者各有优劣，微信号互动性更强但权威性稍弱，公众号更具权威性但互动性稍弱。直播商家可以根据自身情况进行选择。

受各直播平台相关规则影响，直播间主播引导观众添加微信是具有风险的，严重的甚至有可能被直播平台封号。因此，应间接引导观众添加工作人员微信，如设置直播间客服，通过客服在直播间发言引导；录制直播营销短视频，在短视频留言区留言引导；对于已经成单的客户，通过附寄产品服务卡引导；已建立售后回访体系的商家，在售后回访时引导。

二、粉丝群管理

直播活动结束后，商家要做好粉丝维护工作，将直播吸引到的流量转化为自己的粉丝。当粉丝数量达到一定规模后，直播活动前即使不进行大规模宣传，也能取得良好的转化效果。

直播粉丝群是粉丝维护的必备工具。以淘宝店铺直播为例，详解直播电商团队创建淘宝直播粉丝群和利用淘宝直播粉丝群做好粉丝维护的方法。

1. 建群方法

淘宝店铺创建直播粉丝群的方式主要有 3 种。

（1）使用店主账号登录手机淘宝客户端首页，点击左上角扫码图标，扫描二维码创建粉丝群。

（2）使用店主账号登录手机淘宝客户端，点击右上角“消息”选项，再点击“+”创建粉丝群。

（3）使用店主账号登录群聊电脑版，点击右上角“+”创建粉丝群。

2. 建群注意事项

（1）设置群简介、群公告、新人欢迎语及入群门槛。

（2）单个群组可以支持创建 50 个子群，每个子群最多可以容纳 500 人。

（3）群组设置的群简介、群公告、新人欢迎语等对所有子群生效。

（4）粉丝加群时，系统会优先将其加入群成员未满且群序号靠前的子群。

3. 粉丝群维护

（1）操作指南。

1）电脑端操作指南。登录淘宝卖家中心，在营销中心的群聊中可以编辑消息发送到粉丝群。

2）手机端操作指南。登录手机淘宝，通常“消息”进入粉丝群，进行消息发送、群成员管理等粉丝群维护工作。

3）注意事项。淘宝粉丝群的群发消息目前仅支持群组发送，而且消息会被同时发送到所有子群。

（2）维护技巧。维护淘宝粉丝群时，应重点提高群成员的活跃度，引导粉丝下单购买。维护技巧见表 10–5。

表 10–5　　淘宝粉丝群维护技巧

粉丝维护技巧	使用条件
红包	群管理员可以在群内设置抢红包活动，增加趣味性的同时还能提高粉丝群活跃度
投票	淘宝群投票活动仅支持群成员达到 10 人及以上的群，投票活动可以引导社群成员进行话题讨论，增强社群成员之间的信任
拼团	淘宝群拼团活动仅支持群成员达到 10 人及以上的群，拼团活动可以刺激群成员下单购买，提高产品销量
抽奖	淘宝幸运大转盘抽奖仅支持淘宝群电脑版使用，要求群成员数量在 10 人及以上

三、粉丝分享传播

与商家的营销推广相比，粉丝分享传播的成本相对较低，而且更容易刺激其他用户的购买欲。因此，为了让直播活动的效果最大化，在直播结束后，商家要积极引导用户对产品进行二次传播分享。为了方便用户对产品进行二次传播分享，商家需为用户解决分享内容的来源问题，解决内容来源的方式如图 10–22 所示。

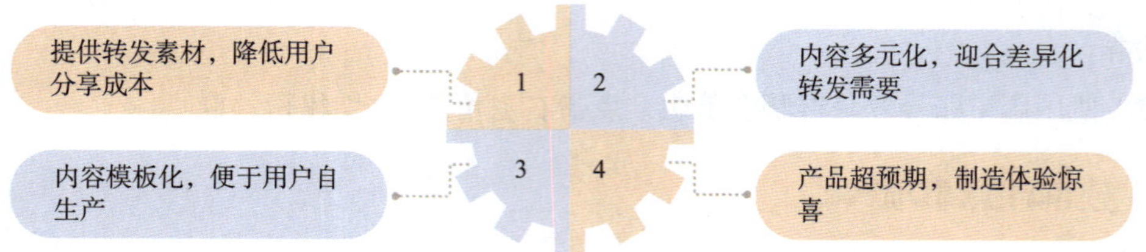

图 10–22 解决内容来源的方式

1. 提供转发素材，降低用户分享成本

通常，用户之所以不在社交圈转发分享产品，并不是因为产品质量不佳或分享产品的行为会损害个人形象，而是因为没有合适的内容素材。因此，商家可为用户提供分享素材，方便用户直接转发。

让用户可以简单快速地在社交圈内传播分享。

2. 内容多元化，迎合差异化转发需要

在不同社交媒体或同一社交媒体的不同分享场景中，用户的转发需求存在一定的差异。以微信为例，用户在微信中的转发分享主要有两个场景：一是熟人间的好友分享。包括家人、朋友、同事等，这是典型的强社交关系链中的传播分享，需要接地气、娱乐化的分享转发素材，如去掉人设伪装的搞笑段子，可以帮助熟人省钱的优惠类内容等。二是朋友圈转发分享。朋友圈中的用户虽然有一定的社交关系，但用户之间的信任度相对较低，属于弱社交关系链，需要高质量、有助于个人影响力塑造的转发素材，如精美的创意文案及海报、有哲理的漫画图文、有启发性的短视频等。

3. 内容模板化，便于用户自生产

模板化的内容只需要用户进行简单加工，就能创作出属于自己的个性化内容。例如，漫画家喃东尼创作的《友谊的小船说翻就翻》漫画曾经火爆全网，引发全民参与二次创作，追其原因，除了漫画本身趣味十足外，二次创作门槛低也是一个重要因素，普通用户只需要简单地添加几个字就可以将其赋予属于自己个性的内容。因此，商家可以与创作者合作推出内容模板，刺激用户传播。

4. 产品超预期，制造体验惊喜

超出用户预期的产品可以给用户带来惊喜，促使用户主动传播分享。让产品超出用户预期、给用户创造惊喜应注意的关键点如图 10–23 所示。

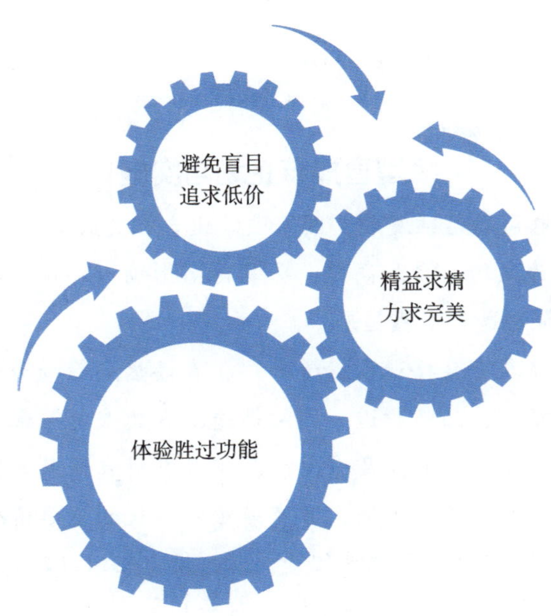

图 10-23 为用户创造惊喜的关键点

实训操作

实训主题：模拟制定助农直播售后方案并做直播复盘。

实训目标：通过实训掌握直播订单处理与售后处理，并通过模拟直播复盘掌握复盘的流程与方式。

实训流程和要求：

任务一 模拟售后服务

时长	流程和要求	备注
8 分钟	制定售后服务流程和话术	建议使用 XMind 思维导图软件
8 分钟	制定产品与服务的售后标准	

任务二 模拟复盘

时长	流程和要求	备注
10 分钟	根据复盘表格，模拟复盘数据和内容	
4 分钟	根据复盘结果，提出下次直播的改进方案并讨论	

实训心得：

大型直播节企划与实施

随着农村直播电商的迅猛发展，国家陆续出台相关政策鼓励和规范行业发展。与此同时，一种更为集约、更加高效、更具传播影响力和销售爆发力的新型直播形式——大型直播节也蓬勃发展起来。

大型直播节往往具有直播观众覆盖面广、直播热点影响力大、传播效应深远等特点，对于市场推广、品牌打造、网红塑造、爆款催熟等都有很大的价值和意义。此外，它在推动乡村产业高质量发展，完善农村直播电商区域生态，开展电商赋能、数商兴农实施工作等方面，亦有着难以替代的重要价值。为此，本书准备了“大型直播节企划与实施”拓展阅读内容，供大家学习研究。

农村直播电商的风险管控

农村直播电商，既具有信息传递与交互的媒体属性，又具有品牌与产品曝光的广告属性，还有着引导销售与推广的销售属性，即农村直播电商兼具媒体、广告、销售等多重功能，是一种多元化、集约化、强交互的新型农产品营销方式。在发挥农村直播电商的各种功能时，都会受到相应的限制性要求和系统体系的约束，任何内部执行环节和应对外部环境的不合规、不合法行为都会给农村直播电商的工作带来相应的风险。

为此，本书准备了“农村直播电商的风险管控”作为拓展阅读内容，一方面从外部环境和平台环境的合法合规层面，进行系统地分析；另一方面从内部执行层面，将行为禁忌与案例相结合，进行相应的分享与警示，便于大家对从事农村直播电商工作的基础风险有更为全面系统的认知。

拓展阅读内容请扫描二维码免费查看学习。